China's Experience:
Diversified Practice of Intangible
Cultural Heritage Inheritance

中国经验：

多元化的非遗传承实践

乔晓光 主编
董永俊 苏欢 副主编

江西美术出版社
全国百佳出版单位

U0802226

谨以此书纪念改革开放40周年

目录

CONTENTS

序言

绪论

第一篇　大学与非遗：文化整合与文化遗产实践

第二篇　社区非遗：来自社区传承的实践经验

第三篇　少年非遗：艺术教育的文化启蒙与传承实践

第四篇　海外非遗：跨文化的交流与传播实践

序言　绵延的实践·在时代的转折中坚守与探索

在人类生存实践中，信仰的情感和生存心理需求都和人的实践行为紧密相连，民间文化即是生存实践的文化。人的口传方式与日常传习行为，是文化活态性的基本特征。围绕着信仰需求的习俗行为构成了日常生活传统，生活中常识的意义是在日常的实践中实现的。

为生存的艺术，是民间艺术的基本功能。身与心、手与心的参与实践，成为民间艺术最基本的实践方式。民间艺术也是一种包含着社会公共性的群体行为艺术，在不同民族节日的民俗活动中，艺术的各个门类都融合在了吉祥喜庆的仪式之中。身体的表演与表达，也是约定俗成的行为符号，是有时间过程的“动态图像”。民间艺术是身心情感的表达与实现，情感功利性的追求超越了单一的物质性，回到了生存与生命精神的基本诉求，生存与繁衍成为民间艺术经久不衰的文化主题。在民间日常生活中，信仰的力量源自生存群体内心的求祷与企盼。民谣里唱：“水有源头树有根，民歌无本句句真”，比喻的即是民间艺术来源于“心”的真切，“心”为歌的源头，“心”为手的依托，“心”又永远指向当下。我们民族的文化记忆与集体意识，正是在族群之人“心”的文化认同与文化禁忌中存活延续的。文化以人为本的深层，是以族群之人的文化之“心”为本。

一个学科的实践同样如此，关于学科的梦想、信念、设想及目标，都需要通过实践的历程去探索完成。中央美术学院民间美术学科的生成与发展历史，即是一部持续七十多年的独特社会实践史。

说其独特有两个原因：其一，学科的生成起因于特殊的抗战年代，延安鲁艺的办学方针与毛泽东《在延安文艺座谈会上的讲话》，构成了学科最初向民间艺术学习的方向和价值观，这个土生土长从陕北农村和革命战争中开始实践的学科理想，始终保持着和农村、农民生活的紧密联系，保持着对民间艺术的田野采风和艺术创作的借鉴，“延安木刻艺术”即是这条道路上艺术实践的经典；其二，在长达半个多世纪的历史过程中，每在时代转折的时候，这个学科的实践者总是以自身的敏感与坚定的信念，随时代去行动、去发出声音，坚持敬畏和认同中国多民族乡村民间艺术的文化价值，坚持不懈地把这个传统引入中国美术教育。新世纪以来，开拓建设非物质文化遗产的新学科，为民族文化的传承发展做贡献，成为学科发展的文化信念。

中央美院民间美术的学科信念，始终秉承着前辈开创的文化价值观，立足于中国乡村农民群体所创造的民间艺术，认同和倡导文化人民性的价值观，尊重并推崇民间艺术的生命价值、艺术价值和文化贡献。回顾学科七十多年的发展历史，我们发现源于革命文艺传统的学科思想史中，一直贯穿着“文化人民性”这条坚韧顽强的思想主线，这条主线把学院和村庄持久地联系在一起，把艺术与生活连在了一起，把艺术的信念与本土本原的文化连在了一起。

《中国经验·多元化的非遗传承实践》这本书的编撰宗旨，即在把近四十年民间美术与非物质文化遗产相关的社会实践个案梳理出来，其中也包括了中央美院民间美术学科发展的七十多年历史。作为非物质文化遗产最具普遍性和文化多样性的民间美术传统，几乎涵盖了民间生活的各个方面。可以说，多民族生存的历史即是一部心手造物的历史，也是一部多彩丰富的民族民间艺术史。但是，“五四”新文化运动以来，关于民间美术研究的专业学科建设和学术研究，发展规模小，学术队伍建设滞后，专业基础理论研究薄弱，年轻一代研究者后继乏人，这些都是民间美术学科领域弱势现状的成因，这与当下非物质文化遗产保护的现实需求是极不相称的。

20 世纪上半叶，中国最早的民间文化研究是从民俗学、民间文学开始的，这是后来影响中国民间文化研究的主体文化类型，同时期开始的还有关于少数民族艺术的研究。20 世纪上半叶的中国，是一个大的时代转折期，一方面是时代的动荡和国家面临列强入侵的危机；另一方面是西方文化思潮与学术的传入，这些都影响了人类学、社会学领域对民族艺术的田野关注和研究。

总体讲，中国多民族的民间美术研究已经形成了一定的研究领域，虽然这个领域规模不大，但已经积累了一定的学术成果和社会影响力。尤其是 20 世纪 80 年代改革开放以来，中国的民族民间艺术田野调查与理论研究，有了比较大的普及与发展，这从各类项目成果、展览与出版书籍的实践中可见一斑。但这些与类型众多的民族民间美术文化物种，需要抢救、发掘、整理与研究的现实相比，还相差得很远。尤其是建立在严谨田野基础上的民间美术研究，以及深入到民族社区日常生活的文化研究，仍十分欠缺和有待提高。实际上，现实还存在更多的问题有待我们发现、发掘，并在实践中去解决。目前仍有一些民族民间美术类型的研究还是空白，其背后独特的文化内涵我们还不知道。

2016年，我们接受了联合国教科文组织亚太非物质文化遗产培训中心委托项目，希望把我们所从事的非遗与民间美术的课程实践经验总结梳理出来。我们总结了学科史，总结了参与和支持的社会项目，以及我们认为有实践范式意义的其他项目。新世纪初以来，文化部在国家非遗四级名录体制内，不断推出新的保护理念，从非遗原生文化形态保护到生产式传承，以及目前正在实施的“中国非物质文化遗产传承人群研修培训计划”，国家的非遗保护与传承发展理念，正在成为大众熟悉的文化事项。2015年3月，文化部启动的非遗传承人群研修培训计划，试点工作是从中央美院开始的，经过四期的试点培训工作，中央美院非遗中心已实践总结出一整套完整的培训经验，以及面对社区非遗传承保护与可持续的文化实践理念，这些经验和文化理念的一些内容被写入国家非遗培训计划中，我们也把中央美院的培训经验总结收录在本书中。

目前，中国正处于农耕文明向现代工业文明转型的时代，承载着多民族非物质文化遗产的农村社区，在发生着前所未有的深刻变化，活态的非物质文化传统如何传承和可持续性发展下去，成为一个艰难而又令人困惑的问题。农村生活的变化与民俗文化的淡化衰退，年轻人离开农村到城市生活，这些都使文化传承受到极大的影响。更为重要的是，昔日农村日常生活的习俗文化心理在改变，推动民俗文化传统的内驱力衰弱下来，高龄非遗传承人群在互联网时代的文化实践中被忽视和边缘化，一个自发性文化传承的时代正在结束和转型。受现代城市化影响，农民新的生活需求和文化消费在增強。年轻一代农民群体已经成为城市、城镇生活的新一代，土地与乡愁已不再成为新一代农民的生存归属。一个不断开放的社会，深刻的影响了乡村的年轻一代，这也是开放社会的必然。以往“传统与现代”的二元思维，已经应对不了当下社会化非遗传承复杂浑沌的现实，没有现成的经验模式可以照搬，一切在实践与探索中。

从日常生活的视角思考当下非遗的现状，我们发现传统衰弱了但依然存在，而生活本身也在滋生出自身的“现代性”问题。生活的日常性在时间意识上是复合、混生的，隐含着动态的流变性与不确定性，也隐含着模糊的历史性。因此，我们更倡导通过田野调查和有探索性的实践，去发现寻找可持续传承的途径，去发现生活内在活力呈现出的发展趋势。早在上世纪40年代的延安鲁艺时期，中央美院的先辈们就开始了借鉴民间剪纸，创作新窗花、新剪纸和新艺术的实践。著名诗人艾青在1949年出版的《西北剪纸集》序言中，就谈到了民间剪纸和现代生活结合的可能，也谈到了延安鲁艺时期，木刻家力群和农家女合作新剪纸的事情，谈到了古元、陈叔亮、孟化风、夏风、罗工柳创作表现边区人民新生活窗花的事情。看到表现自己生活的新窗花贴在窗户上，老百姓也非常喜欢。1943至1946年延安鲁艺时期，江丰实践民间剪纸采风，提出在延安鲁艺开设剪纸窗花课和民间年画课，倡导把人民大众喜闻乐见的艺术形式引进学院课堂。今天，我们编撰《中国经验：多元化的非遗传承实践》一书，似乎又看到了学习践行民间美术的先辈们，看到了他们在生活中为农民创作新窗花的一幕。我们开始理解，为什么在中央美院向民间艺术致敬、坚持乡村民间采风的传统经久不衰。

关于《中国经验：多元化的非遗传承实践》这本书的编辑体例，我们以当下最具非遗传承现实意义和紧迫性的视角，梳理总结了不同领域的相关非遗实践，其中包括大学与非遗、社区非遗、少年非遗、海外非遗等4个板块。基于多视角、多领域的实践范例，我们提出了非遗传承实践的多元化命题。我们通过不同的板块选取相关的个案，以尽量呈现其事实、方法与问题。这些个案的背后关联着更为复杂的社会因素，而时代快速的发展变化，也在不断更新拓展着实践的边界。我们不企望寻找一劳永逸的答案，文化的传承与发展，是一个不断与生活和时代互动关联的时间过程。非遗的保护和传承，需要更多的是对传统的敬畏和人文精神的关怀。

这本书的编辑过程得到了许多人的支持与帮助，我的博士董永俊、苏欢作为副主编，做了大量的编辑和审稿工作，江西美术出版社给予了全力的出版支持，危佩丽编辑为此书投入了大量心血。在这本书即将付梓之际，我们也借此感谢那些乡村里老一辈高龄传承人，他们的文化记忆使我们看到了活的传统。还有那些曾经在乡村常年奔波的基层文化干部，没有他们辛勤的采风发掘，就不会有这么多的个案故事，也会缺少许多民间美术类型的发现。还有长年奔波在边疆民族社区小学、推广民族民间美术传承的谢丽芳老师和她的“蒲公英”团队，这些都为本书带来了感人的故事与经验。

21世纪是中国古老农耕文明转型的时代，许多传统的民族民间美术类型，面临着文化流变与消失的困境。今天，如何在教科文组织《保护非物质文化遗产公约》与《中华人民共和国非物质文化遗产法》框架下，去实践本土文化的可持续传承，去拓展和创建适应当下文化遗产时代的专业学科，这都是亟待开展的时代课题。大学应该为国家与民族的非遗保护传承事业发挥作用，全社会应当同心协力去应对文明转型期的文化传承与发展的诸多公共性问题。当下的文化遗产时代需要有实践意义的“中国经验”，需要我们去深入社会生活和乡村社区，付诸真正的文化实践。

乔晓光

2017年国庆节写于中央美院非遗中心

2018年3月31日百年校庆之际修改

绪论 互联网时代的文化传承

——基于非遗社会实践与现象的观察思考

从万维网诞生到今天的自媒体时代，不论城市还是乡村，我们的生活发生了翻天覆地的变化，中国这个古老的文明国家正在经历着前所未有的文明转型。现代化、城市化以及互联网带来的全球化，都在深刻地影响着中国传统的乡村生活。与互联网同时步入我们生活的还有文化遗产时代的到来，随着国家对非遗的重视，相继设立了国家文化遗产日、颁布了《中华人民共和国非物质文化遗产法》，开展了中青年非遗传承人群培训。在大众文化生活当中，“非遗”一词不再陌生，一些年轻人开始关注和体验非遗。虽然非遗已进入人们视线，但是，传统村庄的减少、农耕方式的改变让非遗的原生环境发生改变，自发性的民俗生活在发生流变、衰退甚至消亡，传统村社文化正在成为亟待保护的文化遗产，由此引发了一系列非遗现象与非遗传承难题。一方面非遗保护进入日常化，一方面非遗依赖的文化生态发生着深刻改变，传统与现代的消长，让我们思考今天该如何面对非遗的传承与实践。

互联网时代与文化遗产时代的相遇产生了一系列文化现象：文化物流、文化流变、文化融合、文化同质、文化衍生、文化功利……这些非遗传承问题的突显为非遗传承带来挑战。在互联网时代，非遗传承与保护实践工作的推进，非遗正在由文化自发传承转向文化自觉传承。大学非遗、社区非遗、少年非遗、海外非遗是我们所倡导的非遗传承的多元化方式，在这个传统与现代不断碰撞的对偶时代，我们的思考和实践要不断的探索与开拓。

一、互联网时代的文化生态

在近十几年的时间中，中国进入了文化遗产时代，无论是国家的政策还是人们的眼光都在逐渐向非遗聚焦，关于非遗的保护方案和措施不断出现。虽然国家与社会对非遗的关注度不断增加，但是非遗消失的速度远快于保护的速度，消失的根本原因是非遗所依赖的生存环境的变更。改革开放以来，我国的城市化进程不断加快，自然村落在国家新农村建设和快速城镇化建设的大潮中被逐渐淹没。自1994年，我国城镇化进入快速发展的阶段，城镇化水平从1978年的17.92%提高到2011年的51.27%，与之而来的是乡村数量的急剧下降，我国的基层行政村数量从改革开放时的690388个，减少到2011年的589874个，平均每年减少2956个[1]。行政村递减速度尚且如此，自然村数量减少的速度可想而知，从2000年到2010年的十年时间里，约有90万个古村落消失[2]，自然村庄的消失同时意味着村落中的物质及非物质文化遗产存在环境的消失。随着农耕社会生活方式相对发生的巨大改变，现代化的公路、电缆、网络让村庄与外界紧密相连，农村地区网络通讯建设的发展，也在悄无声息改变着村庄文化传统。

（一）互联网时代非遗保护工作的历程

2001年5月18日，联合国教科文组织在巴黎宣布第一批“人类口头和非物质遗产代表作”名单，昆曲列入其中，中国成为首次被列入世界非遗名录的19个国家之一。昆曲进入世界非遗名录，开始让非物质文化遗产概念被我国公众认知。

2003年，联合国教科文组织通过了《保护非物质文化遗产公约》，2004年经全国人大常委会批准，我国成为率先加入该条约的公约国，随即，我国对非遗保护的一系列措施相继出台。同年，由中国民间文艺家协会发起的中国民间文化遗产抢救工程启动，唐卡、年画、剪纸、古村落、口头文学等一系列非遗的建档与整理工作在全国铺开。

2005年，《国务院办公厅关于加强我国非物质文化遗产保护工作的意见》和《国务院关于加强文化遗产保护的通知》正式下发，确立了“保护为主、抢救第一、合理利用、传承发展”的十六字非遗保护指导方针，要求各地认真开展非物质文化遗产普查工作，建立国家级和省、市、县非物质文化遗产代表作名录体系，各级非遗工作部门相继建立。2006年，《国家级非物质文化遗产保护与管理暂行办法》实施，对国家级非遗的记录、保护、传承，传承人的认定、职责、培养以及各级管理部门的职责和管理等一系列具体行为和要求做出了明确规定，这一办法的实施为明确我国的非遗四级保护体制工作方法指明了方向，非遗保护开始走向常态化。

2011年，《中华人民共和国非物质文化遗产法》（简称《非遗法》）通过并实施，《非遗法》是《文

1.“加快公共文化服务体系建设研究”课题组：《城镇化进程中传统村落的保护与发展研究——基于中西部五省的实证调查》，《社会主义研究》，2013年4期

2.冯骥才：《失去古村落的速度从没这么快》，《文汇报》，2015年3月11日

物保护法》颁布后近30年来，我国在文化领域的又一部重要法律，以法律的形式保护本国的非物质文化遗产，是联合国教科文组织《保护非物质文化遗产公约》赋予缔约国的重要职责。这部法建立在我国对非遗保护进行探索的基础之上，根据我国实际情况而制定。《非遗法》的出台将非遗保护工作正式纳入到国家法律体系，使非遗保护具有了法律效益，具有里程碑的意义。[3]

2016年的政府工作报告中提出要“培育精益求精的工匠精神”，“工匠精神”成为热词，再次引起社会对非遗的关注，杰出的非遗代表性传承人频繁登上代表工匠精神的人物榜。

在相关文件颁布和非遗保护的四级体制建立后，我国开展了自上而下的一系列非遗保护工作。2006年、2008年、2011年、2014年，国务院分别公布了我国第一至第四批国家级非物质文化遗产代表性名录，共计1219项，其间另有省级非遗名录8786项，地市级非遗名录18186项，县级非遗名录53776项[4]，共计8万余项，同时伴随着代表性传承人的评选和相关活动的开展。

以上数字让我们看到我国丰富的非遗资源，也代表着各级管理部门在非遗保护方面做出的切实努力。文化遗产时代已经到来，非遗保护工作已经步入日常化轨道，非遗技能比赛不断，传承人被频繁邀请参加表演，有的传承人开起了非遗工作室或合作社，中小学校将地方非遗纳入校园活动……非遗管理工作让我们看到了非遗保护工作的成效，同时，自上而下、层层递进的管理机制的问题也越发突出，如专项资金短缺、非遗传人评选制度疏漏等。

（二）互联网时代的乡村生活变化

90年代初万维网在美国诞生，随即传播到世界各国，也来到了中国。互联网作为与蒸汽机相提并论的伟大发明，这张无形的大网让世界各地可以跨越时空交汇，它改变了人们认识世界的方式，也改变了非遗依存的乡村生活。

网络刚诞生之际，全球的互联网用户为20万，20年后，全球拥有30亿网民。一个微博网站一天发出的信息量相当于《纽约时报》60年的信息量；世界最大的视频网站一天上传的视频可以连续播放98年。海量的信息充斥在我们身边，互联网无时无刻不在惠及和改变我们的工作和生活，也为改善传统的农业生产方式、农产品销售方式带来了福音。

90年代初，我国对农村地区实施了“村村通”[5]工程，在实现了绝大多数的公路、电力、自来水、电话网络的通畅后，“村村通网络资讯” 工程发起，这项工程要让每一个村庄接通网络，让农民像市民一样获得便捷丰富的咨询。截至2006年，我国97.6%的村庄安装了电话，57.4%的村子安装了有线电视或网络。[6]我国农村互联网普及率保持稳定增长，截至2015年12月，农村互联网普及率达到31.7%，中国农村网民数量达1.95亿，占我国全

3.蔡武：《〈非物质文化遗产法〉具有里程碑意义》，《人民日报》，2011年3月2日

4.叶鹏：《基于科技与文化融合的我国非物质文化遗产保护机制及实现研究》，武汉大学博士学位论文，第48页

5.“村村通”即“村通工程”，是国家对农村公路、电力、生活和饮用水、电话网、有线电视网、互联网等进行的大规模改造项目

6.张赤东：《实施“村村通网络咨询工程”，加速科技兴农步伐——以信息化推动农村建设的思路》，《科技论坛》，2011年2期

体网民的 26.9%。手机制造商专门在农村地区推出 160-800 元的低价手机，手机上网成为带动农村地区网民增长的主要动力[7]。

乡村中使用网络的大部分人是接受过基础教育、会操作电脑的年轻人，年轻一代传承人和城市中年轻人的信息生活无异，他们几乎无时无刻不盯着手机。传承人将自己的作品上传到网络平台，传承人的作品可能迅速被为数众多的网民受众欣赏到，网络为非遗的传播提供了极为宽广的展示舞台。年轻的传承人可以通过一部手机结识热爱非遗的海外客户，并把作品卖到国外，更有很多年轻人用便利的网络开起线上商店，销售作品。除了销售作品、自我宣传，网络也是传承人获取非遗咨询、接收文化部门工作通知的主要方式。

虽然网络社交平台方便了传承人获取通知，互联网让传承人开阔眼界、熟悉专业领域，但是，新兴的网络方式的快速发展对于非遗传承也暴露出一些实际问题。例如，在这种网络普及的情况下，那些不会使用互联网的老一辈传承人逐渐脱离活跃的传承场域而处于封闭的状态，信息获取与社会交流相对滞后，一定程度上并没有促进底蕴深厚的老一辈传承人的文化传递与发展。

（三）互联网时代的农民迁移

十一届三中全会的召开，开启了改革开放的时代。工业生产和城市建设任务需求大量的劳动力，农民离开土地涌入城市。农民的移动，也改变了农村的人口结构，改变了乡村延续了千百年的农耕社会生态，非遗传承的原生环境发生了改变。

80 年代开始的“农民工潮”是我国建国以来继“大跃进”“上山下乡”后的第三次大规模人口迁徙，这次人口迁徙的数量远大于前两次。大跃进时期人口迁徙数量大约占我国总人口的 4.5%，上山下乡时期的人口流动数量约占总人口的 2%[8]，而在 2005 年，农村流动人口数量为 1.4 亿，[9] 占总人口的 11%。这一数据在 2015 年的统计中再次被刷新，此时我国的农民工人口数量为 2.7 亿，[10] 乡村人口数有 6 亿，也就是说，接近一半的农民都在城镇谋生。相比前两次国家行为的人口迁徙，第三次由市场经济引起的农民主动自发式的人口移动，数量规模更大，方向更为多元和分散。

青年人对城市充满向往，他们是农民工群体的主要力量，同时也是改变乡村生活方式的重要力量。2004 年，农民工的平均年龄为 29 岁，30 岁以内的农民工占到总数的 61%。[11] 城市中的农民工快速融入新生活、接触新事物，他们用电话、网络与

7. 数据来源：中国互联网络信息中心（CNNIC）《第 38 次中国互联网发展状况统计报告》，发布时间：2016 年 8 月 3 日

8. 数据参考杨黎源：《建国后三次人口大迁徙的流动机制比较及启示》，《探索》，2007 年 3 期

9. 数据来源：国家统计局 2005 年全国 1% 人口抽样调查主要数据公报 http://www.stats.gov.cn/tjsj/tjgb/rkpcgb/qgrkpcgb/200603/t20060316_30326.html

10. 数据来源：国家统计局 2015 年农民工监测调查报告 http://www.stats.gov.cn/tjsj/zxfb/201604/t20160428_1349713.html

11. 国务院研究室编，《中国农民工调研报告》，中国言实出版社，2006 年 4 月，第 71 页

家乡亲人联系，将城市生活方式与理念快速传递到乡村，更直接的影响来自年轻人的定期返乡，他们将城市里的服饰、信息、生活习惯甚至互联网直接带到乡村，让更多的村民认识外面的世界。

长期的城市生活不得不让年轻人放弃乡村里的信仰和民俗，只有重要节日或活动时回乡，这些民俗对年轻人来说遥远而陌生，有的年轻人用手机拍摄照片、视频上传到网络，原本的参与者成为游客般的旁观者；也有部分年轻人对“新鲜”的乡村民俗产生兴趣，更加喜欢乡村传统的民俗方式，并模仿老辈的样子学习、体验传统民俗，可是过不了多久，他们又要投身到忙碌的城市生活中。

年轻的农民工像候鸟一样在城市和乡村之间往返，巨大数量的农民迁移对传统民俗的改变产生着巨大的影响。互联网，让乡村中的农民认识更广阔的世界，形成乡村与城市沟通的循环往复，乡村生活和传统民俗在循环中逐渐弱化。现在的乡村缺乏年轻活力，民俗活动的组织只能靠老一辈支撑、维持，非遗的存在环境、生存状态在农民的迁徙中发生前所未有的改变。

二、互联网时代的非遗传承现象

丰富的信息资源改善了农民的生活，为传承人提供了更多机会，有利于非遗普及和宣传。同时，传承人对互联网的接受也改变了非遗的传统形态和传承人的传承状态，非遗在互联网的作用下发生巨大的变化，一系列文化现象相继产生，这让非遗传承实践面对不同于以往的挑战。

（一）文化物流

互联网的最大优势是为人们快捷地提供信息资源，这一特征产生了非遗时代的“文化物流”现象，即在互联网的影响下，非遗类型、文化符号甚至民俗从源生地流通到其他地区展示、销售或表演。

产生文化物流现象的原因是多方面的，既有人为因素的引导，也是现代化社会发展的必然，尤其是互联网在其中起到了不可小觑的作用。互联网的普及也将各地的非遗资源呈现到传承人眼前，无时无刻不在激发传承人的创作欲望。传承人在创作前期以个人审美倾向选择参考图像，在不顾忌地域特色的情况下，无意地将外地的非遗“物流”到自己的作品当中，我们常常可以在传承人新创作的作品中看到非本地区的图像来源。一个地区的传统工艺品中受欢迎的图像，也有可能正被输送到其他城市，出现在另一位异地非遗传承人的作品中。

近几年，博览会成为非遗传承人传承活动和提高经济收入的重要方式，频繁的博览会也是造成文化物流现象的原因。传承人通过组织推荐或网络在第一时间获得展会或展览信息，之后便带着他们的各式作品奔赴展场，甚至有的传承人带着作品参加海外会展活动。展会为传承人提供了销售作品的良好契机，全国各地的各种门类的非遗产品在同一时间集中在同一场所展示，观众可以任意挑选、购买喜欢的作品或产品。

对于参会传承人来说，博览会为大家提供了交流学习的机会，而这种“学习”经常会出现图样借鉴的情况，传承人相互参考，竞相模仿销售较好的产品或样式。因此我们可能会在传统北方神码的摊位上发现东南沿海风格的年画，会在西南少数民族剪纸的摊位上发现陕北地区的剪纸花样风格，甚至外国风格的剪纸也“流通”到了中国传承人的作品当中。对于消费者而言，全国的非遗类型集中展出为他们提供多样的消费选择，但是对作品的民俗内涵，消费者并不理解，甚至不知道名称，博览会上的文化物流，让非遗作品的地域性含义消解，成为单纯摆放在家中的工艺品。

（二）文化同质

文化物流现象催生出文化同质化问题。互联网、博览会、农民迁徙等事件直接改变了非遗的传承方式，使原本在我国广泛分布多样的非遗类型，出现作品同质化的现象。传统的传承方式是在前辈的指导下学习技艺，既有以血缘为纽带的家族传承，也有作坊中的师徒传承。在乡村生活中，传承人自觉积累与非遗相关的民俗文化知识，由此构成非遗传承“技艺”和“记忆”的双重知识体系。今天的非遗传承除了师父的言传身教，网络成为年轻传承人离不开的学习方式，非遗传承人可在互联网上查阅任何有关非遗的资讯。多元化的知识让传承人开阔了眼界，对于丰富知识体系固然有益，但是，如果传承人没有坚定的立场与辨别能力，所谓的学习就成了不加分辨地“搬运”。尤其对于传统手工艺领域的传承人，网络图像对作品的影响更为直接，很多中青年传承人都有通过在网络上寻找图像资源而获得创作灵感的经历。

在传统手工艺领域，传承人在作品中“嫁接”网络资源主要有三种方式：一种是传承人将其他地域或领域中的非遗图像运用到自己的作品中，两个远隔千里的艺术风格出现在同一件作品上；第二种是将网络上的风景、名胜等图片转化到自己作品中，我们可以看到名胜古迹在不同的非遗类型中不断出现。以上这两种现象直接导致非遗失去地域性文化特征。还有一类是将古今中外的著名画作用不同类型非遗表现，力求逼真，这使传统民间工艺出现模仿名画的趋势。便捷的图像搜索使非遗创作脱离自身传统，出现了模仿或抄袭流行图像的现象，多方位的“文化融合”造成的共同结果是让全国各地的非遗面貌出现同质化的倾向。

传承人将网络上的图像资源或制作方法嫁接到自身的非遗创作中，改变了传统非遗作品的面貌。长此以往，外来的风格被频繁使用，非遗原生地的传统作品却被弃之如敝屣，非遗的地域特征淡化。在2015年“中国民间文化艺术之乡”剪纸交流展示活动中，我们看到来自全国27个“剪纸文化之乡”的非遗传承人的剪纸创作中，很多作品有相似的创作主题以及相近的语言风格，一些作品几乎无法从图像与风格上区分地区。

（三）文化流变

无论古今，文化流变是文化传承和发展过程中的必然，今天，我国文化流变的速度在逐步增快，外力的冲击因素也更为突出，我们对文化抢救、记录、研究的速度赶不上流变的速度。互联网信息、农民的迁移都在对文化流变产生影响，文化物流引起的文化同质等问题本身就是非遗传承中的流变现象。另外，由于传统乡村的生产生活方式发生改变，社会风俗、礼仪、节庆类的非遗变化更为显著。传承人对非遗的传承情况也在发生流变。老一辈传承人在传承上具有技艺与记忆的双重知识体系，但是在今天，年轻一代的传承人对记忆层面的文化继承越来越少，单一的技艺学习让非遗传承的完整性缺失。例如，传统陕北剪纸的很多纹样是使用在巫俗当中的，比如，“娃娃”纹样根据形态变化而有不同的祈求功能：“扫天婆”挂在院中为了求晴免涝，“瓜子娃娃”贴在门上为了辟邪挡鬼，“碰头娃娃”贴在院子水缸上以祈天降雨……现在人们很少再剪娃娃许愿，失去了民俗实用价值的剪纸演变为图案纹样运用在剪纸创作当中，在制作目的、使用方法、悬挂方式等方面都发生了流变。

很多传承人出生并成长在乡村，成年后搬到城镇生活与工作，即使掌握传统民俗，在城市生活中也难以复现。农民从乡村迁移到城市，生产方式和生活习惯发生改变，原本生长、熟悉的乡村只有在节日时得以回乡小住，“旅游观光式”的短暂停留让年轻人失去学习民俗的基本条件。新一代传人对非遗产生“文化陌生感”，乡村的民俗、信仰失去年轻一代的传承群体，传统习俗不再，非遗的原生环境不再，年轻人传承继承的更多是技艺。

（四）非遗的“新”功利

传统乡村民俗仪式中使用的民艺品往往具有象征性的民俗或信仰功能，是在特定时空下地区性群体共通的文化物象，所以，非遗类型本具有“文化功利性”，往往蕴含相对稳定的主题内涵，比如求子长寿、招财纳福、驱邪禳灾是民间美术类非遗的重要表现寓意，我们熟悉的年画、剪纸、面具、银饰、刺绣、建筑彩画等纹样都以此为功利性目的，并在民间信仰、民俗仪式、生活用品三个层面的使用中发挥其象征性与审美性的价值。功利性驱使着这些非遗类型被使用、传承，功利性是非遗在原生环境中得以传承的根本动力。但是，进入互联网时代的今天，科学知识被广泛普及，解决问题的渠道不再单一，即便是生活在乡村中的人们，生活习惯也越来越接近城市。很多非遗项目失去了原有功利性的传承动力，延续便成为难题。

我们国家已经迎来文化遗产时代，非遗传承人的评选成为刺激传承的新动力，这是新时代促生的“功利性”。一些传承人从县一级开始层层向上申报，努力取得更高级别的传承人身份，这条途径可以为他们带来更多的荣誉、渠道、机会以及更高的展示平台，其作品的价值也将逐步提升，传承人认定机制与经济利益息息相关。非遗传承人评选本身为传承、宣传非物质文化遗产而设立，在个别地区这些利益往往又与非遗传承人评选的初衷相违背，非遗传承人成为人们争夺的荣誉，往往会制造出一系列人事矛盾，在基层非遗传承人评选工作中，真正技艺优秀的传承人难以上榜、弄虚作假现象时有发生。

纵观当下非遗事业发展现状，一些传承人的作品已经脱离民俗生活，非遗的服务对象发生了改变，因此，我们应该思考非遗传承在互联网时代的“新功利”，在接纳现代文化的语境下根据传承的文化生态、传承人的传承心理而创造新的文化功利，用新的文化功利价值连接传统与当下。这种功利性不能是单纯的经济利益，不能是项目化的利益刺激，应该基于文化功利的探寻与引导，使非遗回归到日常化的生活当中。

三、多元化的非遗传承实践

非物质文化遗产的活态传承关联着多民族文化的社区生活，非遗的文化传承不能仅仅在体制内进行项目保护，更应在一个开放的社会生态中进行可持续发展的探索，尤其应注重不同非遗类型在原生地日常生活中的传承实践，这是非遗文化物种保护和可持续存留的基础。今天，进入文明转型期的中国，在经历着日新月异的现代化发展，这样的社会背景下，我们应该探索多元化的非遗传承途径，学校教育是文化传承的重要场域，教育介入非遗传承将成为新趋向，涉及中小学教育、职业教育与大学教育，也涉及高校与社区的互动，步入互联网时代，非遗将进入多方位探索实践的传承发展阶段。

（一）大学与非遗

2015 年 11 月，文化部、教育部联合启动的“中国非物质文化遗产传承人群研修研习培训计划”在全国 57 所高校展开，这成为大学教育和社区非遗文化传承发生关联的契机，培训也让我们在实践中探索解决互联网时代非遗传承的诸多问题。

大学代表着主流文化的知识体系，也代表了一个国家在文化遗产相关专业领域上的认知、研究与创造的能力。大学与民间的结缘在 20 世纪初业已开始，从“新文化运动”时北京大学发起的民间歌谣采集与民间风俗调查运动，到“延安鲁艺”时期青年革命艺术家对民间文化的考察借鉴，再到建国后艺术院校对民间美术的学科设立与探索，直至 21 世纪初高校所承担的申报世界非遗、非遗保护抢救、非遗政策研究等工作，大学成为实践探索、研究并解决非遗问题的重要社会力量。中国非物质文化遗产传承人群研修研习培训计划将大学与非遗的互动传统进一步发扬，不仅让高校直接参与到非遗传承保护的行列，也为高校师生与社区传人的教学相长提供了交流平台。

中央美术学院有着重视民间美术教育的传统。50 年代中央美院成立了“泥人张”“面人汤”“皮影路”等工作室；80 年代中央美院成立了民间美术系，邀请陕北“剪花娘子”到学院讲学；进入新世纪，中央美院成为较早开展非遗教育的高校，成立了国内首家非遗研究中心。中央美院作为最早开始启动的“中国非物质文化遗产传承人群研修研习培训计划”试点院校，在培训过程中结合多年教学和研究经验，探索出“三知”“三化”的培训经验。三知理念提倡“让传承更加传统”，让传人深刻认识到传承传统的深刻意义。面对非遗依附的社区文化生态在互联网时代的深刻变化，我们倡导非遗传承从“文化自发”走向“文化自觉”，为社区非遗传承的可持续寻找存活与发展的新方式。三化的理念让非遗培训更加贴近社区传承实际情况，让培训进入日常化，让传承更加靠近非遗的活态本质。中央美术学院的研培理念，即倡导“培训让传承更加传统”，新时代的非遗发展在于“为民族传承，为生活创新”。三知与三化培训理念的提出是大学参与文化部传承人群培训工作中的实践探索，也是高校对互联网时代出现的一系列非遗问题提出的应对方案。

大学与社区非遗传承的关联与互动是亚太地区高校已经开始的社会实践课题。中国目前已成为世界遗产大国，但高校的文化遗产专业发展与社会需求是不匹配的，中国高校在文化遗产尤其是非物质文化遗产相关学科建设方面是滞后的。文化多样性的非物质文化传统作为知识体系应有的文化尊重还没有完全实现，高校对非物质文化遗产作为知识体系的接受还没有真正开始。高校在非物质文化遗产学科与科研方面滞后的现状，给国家非物质文化遗产保护与传承发展工作带来了被动的局面，基层社区文化遗产传承问题的解决以及相关濒危文化遗产类型的抢救与基础研究，都有待大学的积极介入，并承担起当下文明转型期应有的文化使命。后续几年的研培工作也是大学发展非遗相关专业学科的机会。

在中国快速发展的城市化进行中，许多乡村消失了，以生活为载体的许多文化遗产也随之消失。当然，不是所有的文化遗产都能顺利传下来，但是具有文化艺术独特价值的非遗类型可以进入教育传承的渠道中。在中国这样的文化遗产大国，教育是非物质文化遗产可持续存留的重要的不可替代的途径。大学不仅是非遗的教育传承之地，也可以成为有当代价值的非遗文化物种的“活态博物馆”，如：剪纸、造纸术、木版雕版术、活字印刷术、印染、陶瓷、民间建筑营造等许多非遗手工艺传统，都可以成为大学新的知识资源和实践的文化艺术类型的课程。尤其是文化遗产地的高校，非遗传承社区的双向互动与交流学习是非遗传承不可忽视的可持续模式，文化部开展的中青年非遗传承人群研培工作为这个目标带来了机遇与可能。

（二）社区非遗

互联网时代产生的文化现象涉及方方面面，解决文明转型期的非遗传承问题需要探索多元的渠道，通过多种方式方法进行全方位的传承实践。

多民族社区非遗活态文化传承是非物质文化遗产保护与可持续的根基，乡村社区是区域文化发展的精神情感之源，是非遗赖以生存的土壤，传承实践的过程尤其要关注社区群体。中央美院首开前往传承人社区进行回访式调查的工作模式，回访是融历史与现实两个维度于一体的社区非遗实践方式，这个方式也在研培工作中传给了其他培训高校。回访让参与调研的大学生进入社区中认知非遗传承与保护现状，青年大学生从传承人身上学习与体悟到工匠精神、传承品质、非遗技艺，并运用与转化到自身的艺术创作中；传承人也会将自己难以实现的创作想法与大学生探讨，合作完成创新创意作品，形成互动互惠的艺术碰撞。此外，中央美术学院还在剑川、贵州等少数民族乡村社区设立实践教学基地，让大学生直接进入社区学习非遗技艺，并在教学基地开展“艺术介入乡村”的社会实践。

高校对社区非遗的参与，旨在大学与社区之间建立互动互惠的可持续模式。非遗的发展问题应该基于其赖以生存的社区生态来解决，了解传承人真实的生活状态，发现社区群体对非遗传承的切实想法，在以社区为本的基础之上检验和调整工作方法，探索和发现促进非遗传承的有效途径。社区非遗的文化认知是传承人群参与实践的核心内容，除了高校对社区非遗的关注，还应鼓励社区内的有心人自发对社区文化进行田野调查与资料记录，带动非遗的社区传承。

（三）少年非遗

在文化快速流变的今天，对于“文化陌生”的年轻一代，传统文化的启蒙教育是不可忽视的传承方式。教育传承涉及大学教育中的青年群体，也涉及中小学教育中的少年儿童。传统农耕社会时期，练就技艺依赖童子功，文化传习是从童年和少年开始的。少年时期是接纳手工技艺与文化启蒙的理想时段，如何将非遗作为地域性文化与艺术资源，以适合的方式在少年阶段开展认知实践和启蒙教育，是摆在我们面前的一个重要课题。教育部开展的“全国农村学校艺术教育实验县”工作，将农村学校艺术教育与社区文化建设相结合、与优秀民族文化传承相结合，可以让农村学生在享受公平优质艺术教育的同时，促进地方非遗的少年传承。国家教育部艺教委“成就未来工程”中的“‘蒲公英行动’少儿美术教育专项课题”，将民间美术资源与美术教育联系在一起，为我们思考非遗在儿童美术教育中的介入提供经验方法。在少年时期培养孩子对非遗的兴趣与认知能力，关系着更长久的未来。如何在初等教育中讲好认识民族文化的第一课，如何在少年的未来发展规划中让非遗事业有一席之地，应该成为新的时代教育课题。

（四）海外非遗

中国在文化遗产领域已经取得丰硕成果，世界对中国文化的认识在不断增进，国外对中国非遗的关注度和热情度也逐渐高涨。2004 年孔子学院建立，这是中国走出国门对外进行中国文化推广的重要措施。截至 2014 年 10 月底，全球有 471 所孔子学院、730 个孔子课堂，遍布全球 125 个国家和地区。中国对外文化交流协会、文化部海外中国文化中心组织的官方或民间海外文化交流活动接连不断。而网络更将世界各地紧密连接起来，将中国非遗推介、传播到海外，让国外人认识和体验中国非遗，促进中国文化软实力在世界舞台的提升。“海外非遗传播”是新生的文化交流与传播活动，必将成为我国文化外交的常态，尽管开启的时间尚短，但我们正在实践中探索有效的经验模式。

将非遗进行海外推广，不同于国内的非遗保护工作，不会过分强调传承与保护的社会意义。而国外非遗推介则注重观众性的文化体验，建立在文化平等、文化尊重、文化包容的基础上，用非遗进行国际间的文化交流。以剪纸为例，剪纸是中国的世界非遗，剪纸在中国普遍存在，国外地区也有民俗剪纸传统，今天，已经成为世界非遗的中国剪纸可作为连接中国与世界的文化纽带，将中国剪纸推介到国外，让外国人了解剪纸深厚的文化底蕴与独特的艺术魅力。用剪纸艺术推进对外文化艺术交流，十余年时间，中央美术学院不断与国外进行艺术项目合作，取得了一定的国际影响力，这一过程既提升了本土非遗传承的文化自信，也推动了世界对中国剪纸的认识与了解，甚至对其产生文化影响。

结语：创造性传承的时代

非物质文化遗产的普及和日常化，推动了传统文化的复兴与发展，互联网时代的到来对传统与现代化形成了新一轮的冲突与融合。中国自新文化运动以来，传统与现代的对话与对抗是一个延续至今的问题。非遗传承在时间维度的混生中，正在酝酿新的时代风尚与文化波澜，客观现实要求我们接纳这个对偶的文明时代，接纳快速变迁的时代给予我们的挑战，用创造性面对不同的非遗传承问题。从不同的非遗传承视角发现一个民间的中国，发现其中蕴含的古老故事与智慧，探究传统与现代的互补与共生。创造性传承是我们不可回避的时代选择。

（原载于《文化遗产》2017 年 01 期，文章内容略有调整）

乔晓光
中央美术学院非物质文化遗产研究中心教授、博士生导师
苏欢
中央美术学院非物质文化遗产研究中心博士研究生

第一篇

大学与非遗：文化整合与文化遗产实践

人民的文脉

——中央美术学院民间美术与“非遗”专业的发展沿革与实践历程

中国民间文化艺术被现代教育关注，开启于20世纪初的“新文化运动”，在中国兴起了“到民间去”的浪潮，北京大学发起的民间歌谣采集运动被视为重要事件之一。民间美术的现代教育实践的发展脉络，肇始于延安鲁艺时期的民间美术采风与延安木刻创作活动，这是中央美术学院民间美术学科的历史渊源。从延安鲁艺的民间采风到改革开放后黄河流域民间艺术考察；从民间“本原文化”发现到村社“活态文化”研究，中央美术学院的民间美术与非物质文化遗产（简称“非遗”）专业延续了关照民生的“人民文脉”，并逐步探索出一条本土化教育实践之路。

一、到民间去：知识分子的民间文化观

20世纪初期的新文化运动，在北京大学发起的民间歌谣采集运动，被视为现代民俗学的发端之一。以1918年2月1日《北京大学日刊》发表的《北京大学征集近世歌谣简章》为标志，北京大学成立“歌谣征集处”，并逐日刊登收集来的民间歌谣。1922年12月《北大日刊》发展为《歌谣》周刊，1923年5月，北京大学“风俗调查会”成立。[1]以刘复、周作人、顾颉刚等为代表，推进民间文学的发现，极力颠覆正统文学观，这批年轻学者猛烈批判儒家思想的禁锢，转而在从民间文化中寻找新的出路与希望。“中国民间文学运动的发展，逐渐将

1. 容肇祖：《北大歌谣研究会及风俗调查会的经过》，《民俗》第17、18合刊，国立中山大学语言历史研究所，1928年7月25日编印，第14-31页

知识分子的注意力转向了农村。……重新塑造了中国知识分子的农民观。”[2]在中国知识分子的意识中，甚至形成了对民间文化的理想、浪漫的情怀与向往，当时流行一句口号“到民间去”。

20世纪初，在中国开始兴起的到民间去运动的部分观念借鉴于1870年俄国民粹运动的思想，其精神领袖李大钊（1889–1927）是俄国民粹思想的赞同者，他在1919年发表的《青年与农村》一文中，传达出浪漫的农民观。北京大学一群进步学生响应号召，率先组织“平民教育讲演团”，成员有邓中夏、张国焘、罗家伦、常惠、俞平伯等。[3]知识分子开始走向农村。

伴随西方社会学的传入与发展，社会调查在中国的运用和推广，意味着向传统思维方式及生活习惯的挑战。一些知识分子主张，要进行乡村改造，才能实现政治改造，于是发动一场新的变革，其意义：一是打破传统，提倡民主与科学，以实现思想启蒙；二是目光向下，关注平民生活，以到民间去的口号为标志。中国乡村教育改造与建设的发起者，以陶行知、晏阳初与梁漱溟等为代表。陶行知主张乡村教育改造，开办乡村小学与师范学校；晏阳初致力于开展平民教育，选定河北定县为“华北实验区”，在“文艺教育”的平民文学研究项目下，采集了当地的秧歌和歌谣、鼓词等，并编辑出版了《定县秧歌集》《定县歌谣集》；[4]梁漱溟提出“乡村建设”，在山东邹平创办乡村建设研究院，编辑出版了《邹平民间文艺集》。这一时期的农村改造与重建的思潮，简言之，即“中国社会的改造在于乡村改造，而乡村改造的根本在于人、组织、文化的改造”。[5]

知识分子精英对民间文化的关注，是新文化运动的重要思想价值倾向，代表了更普遍意义的人性精神。民间文化中蕴含的民族根性和美好纯朴的生命情感，也成为知识分子实现民族复兴的希望和心灵寄托。民间文化被纳入现代教育体系，也对知识分子产生深刻影响。其实“‘到民间’的目的，是去向民众学习，还是去教育他们”？[6]这是一个讨论民间文化的耐人寻味的辩证问题。

二、概念形成：民间美术的收集、研究与术语化

从近百年民间文化研究的整体发展背景去考察，对民间美术品的认识与研究是随着民俗学的发端而开始的，因其所具有民俗佐证价值而进入民俗学研究的视野。

2.[美]洪长泰著、董晓萍译：《到民间去：中国知识分子与民间文学，1918–1937》（新译本），北京：中国人民大学出版社，第2页

3.[美]洪长泰著、董晓萍译：《到民间去：中国知识分子与民间文学，1918–1937》（新译本），北京：中国人民大学出版社，第15–16页

4.刘锡诚：《20世纪民间文学学术史》，开封：河南大学，2006年，第11页

5.阎明：《一门学科与一个时代：社会学在中国》，北京：清华大学出版社，2004年，第51、76、92–95页

6.[美]洪长泰著、董晓萍译：《到民间去：中国知识分子与民间文学，1918–1937》（新译本），北京：中国人民大学出版社，第163页

容肇祖在《北大歌谣研究会及风俗调查会的经过》谈道："到1879年以后，民俗学便是包括'人民一切文化'。然而乡民、土人、蛮人的风俗，尤为研究民俗学的人所注意的东西。……中国的歌谣以及风俗上一切的事情，从前学者很少注意。"[7]尽管中国学者也在不同程度地关注民间风俗文化，难免存在"好事之徒"，其实只是"借以为娱情的谈助"。然而"外国籍者传教，……反有所得。"外国传教士与学者开启先行之举，1898年，在俄国圣彼得堡大学东方系就读的阿翰林，参观了植物学家科马罗夫自中国带回的年画展览后，颇为震撼并向学校的中国老师请教，却得到"那是凡夫俗子所为，不愿在大学里见到它"的答复，阿翰林于1906-1909及1912年先后两次赴中国考察并收集中国木版年画，这批藏品后收藏于圣彼得堡冬宫博物馆，很多藏品已是国内难觅的珍品。[8]西方传教士是早期在中国调查民俗的主要力量，他们也编写出版了一些书籍，如最早在英国出版的《中国风俗画》，清宣统三年（1911）上海天主教堂刊印《中国迷信之研究》[9]。为了传教，西方传教士已经意识到研究中国民间风俗习惯、宗教信仰的重要性，并以此渗透并转化中国人的思想。

根深蒂固的"重道轻艺"的正统文化观，对民间风俗存在偏见与贬低。鸦片战争后，在探索救国图存道路上，中国知识分子意识到到"民众对社会、国家的意义"[10]，那么，欲"治国化民"必须研究通晓民俗[11]。1914年周作人首提"民俗学"[12]，民俗学缘起被认为起始于民间歌谣运动，从民间文学领域开始扩展。1923年（民国十二年）"风俗调查会"成立，民俗物品、民间美术品也被纳入民俗学的视野，在成立会当日，便议决调查方法三项：1. 书籍上之调查；2. 实地调查；3. 征集器物。在风俗调查表的旨趣（即分类）中已经涉及"民间美术"的范畴，如"美感：雕刻、图画……织绣"等。在"十三年（1924）一月中曾征集各地的新年风俗物品（如神祇、年画之类），……所得成绩如下：神祇，二四二；花纸，二六；符策，七；红笺，五；杂件，六。共计二八六（件）"。[13]同年，刊发了《北大风俗调

7. 容肇祖：《北大歌谣研究会及风俗调查会的经过》，《民俗周刊》第17、18合刊，国立中山大学语言历史研究所，1928年7月25日编印，第25页
8. 杨先让：《艺苑随笔：杨先让文集之二》，北京：中国书籍出版社，1998年，第234-235页
9. 王树村：《民间神像与民俗版画》，《中国民艺学：理论研讨会论文集》，北京：北京工艺美术出版社，第108页。法国神父禄是遒（Henri Dore，1859—1931）撰写《Recherches Sur Les Superstitions En Chine》一书。中译版：《徐家汇藏书楼文献译丛：中国民间崇拜（1-10卷）》，上海：上海科学技术文献出版社，2014年
10. 陈勤建、毛巧晖：《20世纪"民间"概念在中国的流变》，周星主编：《民俗学的历史、理论（上册）》，北京：商务印书馆，2008年，第54页
11. 杨宏海：《黄遵宪与民俗学》，《中国文化研究集刊（第2辑）》，上海：复旦大学出版社，第181页
12. "惟本于古代礼俗，流传及今者，则可以民俗学梳理，得其本意耳。"引自周作人：《儿歌之研究》，《绍兴县教育会月刊》第4号1914年1月2日。本文引自吴平、邱明一编：《周作人民俗学论集》，1999年，第133页
13. 容肇祖：《北大歌谣研究会及风俗调查会的经过》，《民俗周刊》第17、18合刊，第25页；《本所风俗物品陈列室所藏书籍器物目录（续）·物品类目录》，《民俗》第29、30期合刊，国立中山大学语言历史研究所，1928年7月25日编印，第51-60页

查会征集各地关于旧历风俗物品之说明》。此后，一些学者和爱好者也开始有意识地收集相关民俗物品，如鲁迅、郑振铎、张光宇、孙福熙、娄子匡等，引起了社会广泛关注。1927 年 8 月，广州中山大学成立语言历史研究所，顾颉刚负责民俗学会的事务，翌年成立“民俗物陈列室”，首开依民俗学分类的民间艺术品展览。[14] 1930 年夏，钟敬文、钱南扬、江绍原等在杭州又发起了中国民俗学会，创办的一些刊物像《民俗周刊》《民俗学集镌》《艺风·民间专号》等都大幅刊载了民间美术方面的研究文章。[15] 当时还有不少博物馆与研究机构如中央博物院、中央研究院等都着力收集民间美术品。在学校教育中，时任南京中央大学实验学校高中部主任兼班主任的常任侠，每年暑假都把收集民间文学和年画作为学生的作业，从 1933 年至 1938 年间共收集了数百幅南京及周边地区的民间年画。[16] 1937 年 5 月，钟敬文从日本留学回国后在浙江民众教育实验学校任教，与施世珍等人在浙江省立民众教育馆筹办“民间图画展览会”，并撰写《民间图画展览的意义》一文。[17] 当时的学者已经开始调查、收集并研究称为民间艺术或民间图画的相关民俗物品。

在 20 世纪初歌谣与风俗调查运动中，“民俗物品”“民间图画”“工艺”等术语皆见诸记载，尚未明确出现民间美术的用语，与之相近的概念为“民间艺术”。王树村认为“民间美术”是一个新拟的名词术语。[18] 1921 年胡愈之《论民间文学》一文将民俗学研究的事项分为三类：1. 民间的信仰和风俗；2. 民间文学；3. 民间艺术。[19] 此文主要基于民间文学范畴，并未对“民间艺术”进行具体阐述。1933 年钟敬文为《艺风 · 民间专号》“卷头语”撰写《关于民间艺术》一文阐述了民间艺术的内涵，即具有相当高度的社会中，大部分仍停滞或接近文化生活童年时期的民众，自己所产生和流传的艺术，晚熟民族的“原始艺术”也属此列。因而，民间歌谣、绘画、木刻、舞蹈以及晚熟民族的文身、开辟神话都属“民间艺术”。[20] 1934 年，钟敬文留学日本，广泛涉猎欧洲与日本民俗学理论，对于民间艺术理论继续深化与扩展，陆续发表《民间文艺学的建设》（1935）、《〈民间艺术专号〉序言》（1937）、《民间艺术探究的新展开》（1939）、《被闲却的民间艺术》（1943）等系列文章，逐步建构出民间艺术相应的理论体系，他接受德国心理

14. 杨成志：《民俗学会的经过及其出版物目录一览》，《民俗》复刊号，国立中山大学研究院文科研究所 .1936 年 9 月 15 日编印，第 223 页
15. 徐艺乙：《物华工巧：传统物质文化的探索与研究》，天津：天津人民美术出版社，2005 年，第 17 页
16. 徐艺乙：《物华工巧：传统物质文化的探索与研究》，天津：天津人民美术出版社，2005 年，第 19 页
17. 张士闪、耿波：《中国艺术民俗学》济南：山东人民出版社，2008 年，第 25-26 页
18. 王树村：《中国民间美术史》，广州：岭南美术出版社，2004 年，第 14 页
19. 胡愈之：《论民间文学》，《妇女杂志》，1921 年 7 卷 1 号
20. 钟敬文：《关于民间艺术——〈艺风 · 民间专号〉卷头语》，《钟敬文文集：民俗学卷》，合肥：安徽教育出版社，1999 年，第 534-538 页

学家冯特（W.M.Wundt）的艺术分类理论：一类是模写的艺术，即造型艺术，包括绘画、雕刻、建筑、装饰；另一类是记述的艺术，即文艺艺术，包括诗歌、音乐、舞蹈等。[21]民间艺术也援此分类，前者包括绘画、雕刻、建筑、装饰灯，后者包括歌谣、音乐、舞蹈等。然而，他也谈到阶段性的收集研究工作的不足，民间文学方面（如故事、歌谣等）尚有学者在做搜集和试探工作，但是造型的艺术和混合的艺术（戏剧）却少受到注意。[22]1936年，黄苗子撰文阐述民间艺术："民间艺术（在日本，有些学者称它为民俗艺术）"有广义与本义（狭义）之分，原始艺术与落后民族的艺术属于前者，大众的艺术则属于后者。文中引述了钟敬文《关于民间艺术》的论断，并且对民间泥塑作品进行推介。[23] 同年，区秋农在《时代》杂志刊登一组题为《蓬岛美艺：南洋麻厘岛民间工艺美术作风之欣赏》[24]的照片，此时已经明确使用"民间工艺美术"一词。

虽然，当时学界已经认识到民俗物品与民间美术品对民俗研究的佐证价值，但由于民间美术自成体系的独特艺术叙事方式和复杂多样的造型语言，使得民间美术并没有真正进入民族学、民俗学的研究范畴。在20世纪早期，民间艺术常被使用，这是一个涵盖民间文学、美术、音乐、舞蹈等多种艺术类别的综合概念。1940年，徐德华发表《美术到民间去的问题》一文，开篇提出"在抗战以前，大家对美术的存在和价值常常起怀疑，美术究竟有什么用"？抗战爆发后，"美术工作者……走到街头，走到乡村，跑到战地去"，研究的题材与方法的对象是民众，推动美术到民间去，创造新的年画与连环画的形式，"把那些旧有的宗教迷信的善恶报果的内容，代以抗战有意义的内容，……对于时代思想认识可以进步，就是对于美术的欣赏"。[25] 比文字更具有直接性与广泛接受度的美术，其大众教育的文化价值日益突显，采用民间文化形式而利用旧瓶装新酒，正是抗战时代美术创作的核心，从美术的视角来认识美术创作与民间艺术的关联，奠定了民间美术概念形成的社会基础。1948年，民间艺术联合会召开民间美术工作座谈会[26]，可知至迟到这一时间段，民间美术作为通行概念已经确立。在《全国总书目1949-1954》的图书分类体系中"民间美术工艺"已经成为一个文本概念[27]，在当时已经成为一个正式用语，也在社会活动中被使用，如1953年12月9日，文化部主办名为"全国民间美术工艺品展览会"。[28]

21. 钟敬文：《被闲却的民间艺术》，《民间文艺谈薮》，长沙：湖南人民出版社，1981年，第228-229页
22. 钟敬文：《<民间艺术专号>序言》，《民间文艺谈薮》，长沙：湖南人民出版社，1981年，第249页
23. 黄苗子：《民间艺术（附照片）》，《美术生活》，1936年28期，第45-46页
24. 区秋农：《蓬岛美艺：南洋麻厘岛民间工艺美术作风之欣赏》，《时代》，1936年111期，第38页
25. 徐德华：《美术到民间去的问题》，《音乐与美术》，1940年2期，第8页
26.《文化消息：民间艺术联合会召开民间美术工作座谈会》，《平原》，1948年2期，第14页
27.《全国总书目1949-1954》，北京：新华书店总店，1955年，第26页
28. 王逊：《美术工艺的制作问题：参观全国民间美术工艺品展览会笔记》《各大行政区民间艺人和美术工艺专家来京参观全国民间美术工艺品展览会》，《美术》，1954年1期，第16-17页

三、民族形式：革命文艺的民间之路

延安鲁艺时期，毛泽东《在延安文艺座谈会上的讲话》发表以后，民间美术开始进入美术家的视野和专业实践领域，并以视觉文化的形态和学院美术教育发生关联。

1930 年，左翼作家联盟成立，主张“文艺大众化”；1931 年，鲁迅开始领导“新兴木刻运动”，主张木刻工作者创作连环画，以通俗艺术的形式表现社会与现实，发挥战时革命宣传的政治功能。鲁迅主张木刻创作要吸收民间美术因素与审美特点，“自然应该研究名家和作品，但也更应注意于中国旧书上的绣像和画片，以及新年的单张的花纸，这些研究和由此而来的创作，自然没有现在的所谓大作家的受着人们的照例的欣赏，然而我敢相信，对于这，大众是要看的，大众是要感激的。”“花纸”即年画，鲁迅曾搜集不少民间木版年画，他还谈到“河南门神一类的东西，先前我的家乡——绍兴也有，也贴在厨门上，墙壁上，现在都变了样，大抵是石印的。要为大众所懂得，爱看的木刻，我认为应该尽量采用其方法。”[29] 鲁迅清楚地意识到民间年画一类的通俗艺术为大众所喜爱，能够将艺术审美的元素吸收进木刻创作中，将起到启蒙大众、宣扬革命的作用，因此他鼓励左翼木刻家要学习研究传统民间美术。

1937 年，日本发动“七七事变”，标志全面侵华战争的开始，延安成为中国共产党革命根据地的中心，很多知识分子怀着革命理想投身延安，参与到革命事业中。1938 年，鲁迅艺术学院（简

图 1 李桦《鲁迅 1931 年在木刻讲习会》木刻版画 32.4x25.3cm 1952 年

图 2 1942 年，毛泽东在延安鲁艺谈论“深入生活”的问题

29. 薄松年：《中国绘画史》，上海：上海人民美术出版社，2013 年，第 465 页

称“鲁艺”）成立。1942 年 10 月，延安文艺座谈会召开，毛泽东《在延安文艺座谈会上的讲话》中明确提出“文艺为人民服务”的思想，成为革命文艺工作的指导思想。针对鲁艺的教学与实践工作，毛泽东提出了“大鲁艺”和“小鲁艺”的实践理念。1941 年 11 月，在延安召开的陕甘宁边区参议会第二届第一次会议上提出推行“三三制”民主政策，鲁艺学制也定为三三制，在校学习三个月，到前方深入生活三个月，回校创作三个月。[30]

延安时期，美术工作者注重实践，关注农民的生存现状以及民间艺术传统，着重民间艺术的采集，虚心向人民学习，以农民群体的审美习惯为创作标准，使延安木刻运动在艺术语言叙事表达的“民族化”探索上取得了巨大的成功。1939 年春节前，沃渣与江丰各自刻制出一幅新年画：沃渣《五谷丰登 六畜兴旺》、江丰的《保卫家乡》（已失），借鉴了传统木版年画的图式与风格特征。由延安派到太行根据地的由胡一川等组成的木刻工作团，也在尝试利用新年画形式开展抗日宣传。当时，日本侵略者也在利用中国的民间美术形式进行宣传，大量印发灶神、钟馗等神码，上面印有“中日亲善”“大东亚新秩序”等反动口号，妄图在思想上侵蚀中国人的精神。针对这种阴谋，朱德在武乡县召开的文艺干部会议上提出“笔杆子要赶上枪杆子”的指示，要求美术工作者创作出具有革命内容和民族风格的为老百姓喜闻乐见的作品。[31] 延安木刻家们努力学习和吸收传统民间年画、窗花形式，提升“民族形式”的艺术表现，创作出大量为群众所热衷的新文艺作品，生动地反映了解放区生产和斗争的成就，被恰当地称为“翻身年画”。

“解放区木刻艺术的‘民族化’，实际上是木刻艺术的‘民间化’。”[32] 江丰的《读书好》，以传统“金童玉女”的样式表现宣传教育思想，古元的《拥护咱们老百姓自己的军队》和彦涵的《移民到陕北》则使用的了凤翔传统年画《纺织图》的图式表现拥军、爱军的主题；古元的《讲究卫生人兴财旺》与彦涵的《军民合作》《抗战胜利》则明确使用了门童、门神的图式。新年画的特点在于保持着传统民间年画的样式与风格特点，在主题内容上则表现进步的时代新风与气象。在延安木刻艺术的发展过程中，延续鲁迅所力行的改旧创新的思想文脉，延安鲁艺的师生们通过采风与深入实践，推陈出新而创作出民族化、大众化的新形式的文艺形态。

在下乡采风的过程中，延安木刻家在搜集、整理和学习民间剪纸的过程中，创造出了一种独特的民间美术形式——“木刻窗花”（“新窗花”）。1943 年 2 月，艾青、古元以及合作社英模刘建章一起随骆驼队到三边分区考察陕北民间窗花。12 月，华君武、计桂森在绥德分区下乡，收集民间剪纸 160 幅。江丰和艾青在搜集整理剪纸的基础上编印了《民间剪纸》，后来在此基础上增选一部分

30. 余丁、江文主编：《发现：百年江丰文献集》，南京：江苏美术出版社，2013 年，第 185 页
31. 薄松年：《中国绘画史》，上海：上海人民美术出版社，2013 年，第 467 页
32. 李小山、邹跃进主编：《明朗的天——1937-1949 解放区木刻版画集》，长沙：湖南美术出版社，1998 年，第 9 页

木刻家创作的新剪纸出版《西北剪纸集》。1944 年举行的边区文教大会上，展览窗花，既有一些从民间搜集来的剪纸窗花，也有美术家创作边区生活的木刻窗花，如夏风的《新婚》《拥军花鼓》《洗衣》、罗工柳的《祝寿》、陈叔亮的六幅新窗花、以及力群与石桂英合作的《织布》《交通员》《摘棉花》都是新剪纸的代表。古元的作品

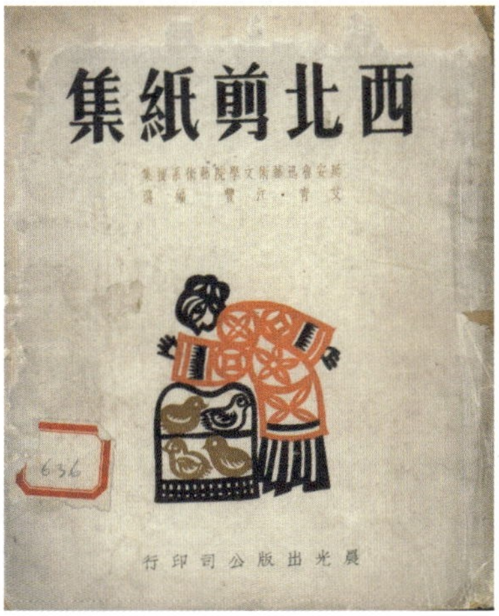

图 3 艾青、江丰选编：《西北剪纸集》，晨光出版公司，1949 年

图 4 古元 《新窗花》 1943 年

二十四幅新窗花与大窗花《合作社》也在展览之列，其二十四幅窗花表现了边区生产生活的场景，造型朴实简练，是他于 1943 年春天走访“三边”地区回到延安后所创作，他吸收了民间窗花的造型特征而消解了木刻表现语言，清新简练的新窗花得到人民群众的接受与认可。通过对传统旧形式的“扬弃”发展为新形式，对年画、剪纸等民间美术的收集、研究与学习，革命文艺家探索出了一条符合本土语境的民族化艺术道路。

1945 年，抗日战争胜利，部分延安木刻家转移到华北联合大学[33]文艺学院美术系，在教学中依然强调年画创作，并且对美术干部及民间艺人进行培训，发动师生研究武强县民间年画，与武强的年画作坊及民间艺人合作，成立冀中文协年画改造委员会，专门开展新年画工作。江丰任河北联大美术系主任，他和学生一起，挖掘武强年画，用新年画的形式宣传土改、减租减息，组织编选解放区木刻选，通过木刻和

33.1939 年 6 月，根据抗日战争形势的需要，中共中央决定将陕北公学、鲁迅艺术学院、延安工人学校、安吴堡战时青年训练班等四所学校合并，成立华北联合大学，校址迁到晋察冀根据地，坚持华北抗战，开展国防教育

图 5 冯真《娃娃戏》套色木刻 32×54cm 1948 年

年画艺术形式将解放区的民主生活介绍到国统区。[34] 在当时，江丰强烈主张开设民间美术课，先开窗花剪纸课，然后再开连环画和年画课。尽管尚无系统性的课程经验，但他认为：“可以边备课、边开课，开起来后再提高质量。……许多事情都是从无到有啊！……不重视民间美术是不行的。”[35] 他十分重视美术的普及，在美术学院，民间美术课程是他一生都在推进的理想。

1946 年秋天，年仅 15 岁的冯真只身前往华北解放区张家口，并进入华北联合大学开始学习，成为一名“红小鬼”，开始她的革命与艺术道路。冯真在华北联大文艺学院美术系学习，老师是江丰、胡一川、彦涵、王朝闻等来自延安鲁艺的教员，课程安排分为基础课和创作课。无论是素描基础课，还是创作实习课，都延续着鲁艺的教学理念，重视创作与实践相结合。当时，战争形势扭转，人民迫切期盼胜利，大街小巷都在传唱：“打到南京去，活捉蒋介石！”在课堂上学习画年画，长时间在农村参加土改的生活体验让冯真熟知老乡对《娃娃戏》的喜爱，于是选取这个题材，借鉴民间年画的表现形式，于 1948 年 6 月创作出《娃娃戏》（也称“打老蒋”“打倒蒋介石”）。《娃娃戏》的最初设想是仿照杨柳青年画中的五子夺魁、五子爱莲、五子登科一类作品的构图，但冯真又觉得已成定式的传统构图有些死板。在参加土改时，她跟儿童团“打成一片”，她熟悉每一个孩子的形象与性

34. 洪波：《怀念革命美术事业开拓者江丰同志》，《江丰美术论集》，北京：人民美术出版社，1983 年，第 428 页
35. 张望：《永远怀念江丰同志（1983.9）》，《张望美术文集》，沈阳：辽宁美术出版社，1988 年，第 303 页

格特征，于是冯真带着真实的情感创作了《娃娃戏》这幅作品，用活泼的“儿戏”题材表现了严肃的时代主题，孩子的形象活灵活现、呼之欲出，成为一件深入人心的新年画代表作。

1948 年，冯真作为中国人民解放军北平军管会文管会美术工作队成员进入北平，1950 年，与来自解放区的美术工作者一道进入国立北平艺术专科学校。同年 4 月 1 日，北平艺专与华北联大美术系合并成立中央美术学院，冯真开始在绘画系任教，教授创作课。1956 年秋至 1962 年，冯真前往苏联列宾美术学院油画系莫伊谢延科画室，系统学习了 6 年油画，然而，冯真坚信想要表现出民族的“魂”应该“到民间去”。回国后进入油画系任教的冯真，与民间美术的关联并未中断，在日后成立的“年画连环画系”（简称“年连系”），再续前缘，教授年画创作和色彩技法。在教课的过程中，她发现自己对民间艺术不甚了解，于是毅然决然地下乡考察。从 1980 年开始，为了充实教学内容，冯真利用业余时间自费前往陕北、河北等地调查民间美术，收集民艺品作为教学资料，并撰写调查与研究成果，她的创作也一如既往以人民群众所喜闻乐见的艺术形式为核心。冯真怀着谦虚虔诚的心到民间学习，她熟知农村生活，跟老乡成为挚友，甚至在他们有困难时，倾囊相助。冯真用一生在民间艺术道路上践行着她的理想与信念。

革命时代，美术家躬身实践着到民间去的理念，关注和深入乡村的现实生活，在当时的历史背景下，对民间艺术的扬弃式地吸收并转化为民族化的新形式，是以革命宣传为目的，在这个过程中，学院派发现并学习民间，与农民建立起深厚的情怀，这一走向民间、汲取并守望我们称为“人民文脉”的艺术道路，在中央美术学院民间美术专业得以继承与延续，指引延安鲁艺教学的大鲁艺理念也在中央美院的民间美术教育实践中继承与延续，由此建构出连结大学与社会生活的教学模式。

四、第三体系：民间美术进入现代学院教育

中华人民共和国成立后的一段时期内，民间美术事业的发展呈繁荣之势，民族民间艺术的收集、研究与教育工作逐渐展开与深化，在美术展览中，代表群众艺术的民间美术创作是重要组成部分。民间文艺事业呈现“百家争鸣、百花齐放”的发展势态，然而，也随着“文化大革命”的到来戛然而止。

1946 年，国立杭州艺术专科学校复校，设国画、西画、雕塑、图案四系，雷圭元任图案系主任。1950 年，改组为“中央美术学院华东分院”，图案系改为实用美术系。[36]1949 年 9 月至 1951 年暑期，江丰任杭州艺专党委书记，其间除“大力提倡年画、连环画这一普及 形式外，还热心支持民间美术，聘请民间艺人成立民间美术创作研究室”[37]。江丰离开后，延续他的设想举办两期“华东民间美术工艺

36. 袁熙旸：《中国设计教育发展历程研究》，南京：东南大学出版社，2014 年，第 303 页

37.1953 年创办“民间美术创作研究室”朱金楼：《论江丰——为纪念江丰同志八十诞辰作》，《新美术》，1990 年 2 期，第 11-12 页

培训班”。1958年6月，中央美术学院华东分院增设工农专修班、民间美术系和工艺美术系[38]。民间美术系设石雕、镶嵌、木雕、彩塑4个班，学制4年，由著名老艺人任教，东阳木雕老艺人马凤棠任副系主任[39]，雕塑家周轻鼎担任系主任[40]，旋即学校进行科系改进，于1959年召开座谈会决定撤销民间美术系。[41]

1946年，国立北平艺术专科学校复校，设绘画、雕塑、图案、工艺（含陶瓷组）、音乐五科。1950年，经过合并、改组成立中央美术学院，陶瓷科、图案科合并为实用美术系，下设陶瓷、染织、印刷美术三科，张仃任系主任。1952年，中央美术学院华东分院绘画系主任庞薰琹提出将中央美术学院与华东分院的实用美术系合并为工艺美术学院的设想，并在随后全国展开的高等院校院系大调整中得以实现。至1953年初，华东分院实用美术系的庞薰琹、雷圭元、柴扉、顾恒、程尚任、袁迈、柳维和、温练昌、田自秉等教员北上[42]，与张仃、张光宇领导的中央美术学院实用美术系汇合，同时调入清华大学营造系的高庄、王逊、常沙娜等教师。徐悲鸿在礼堂欢迎大会上致辞说：“南北艺术界的大会师，必将促进我国新兴的工艺美术事业的大发展。”[43]合并后建立起中央美术学院使用美术系的教学特点，由田自秉总结为“四点（深入生活、学习传统、强调实践、重视理论）、三化（工业化、日用化、大众化）”。当时中央美术学院十分重视民间美术教学，并且吸收民间艺人参与教学、创作与研究工作，成立了“泥人张”（张景祜）、“面人汤”（汤子博）、“皮影路”（路景达）等工作室。1954年，实用美术系改为工艺美术研究室，庞薰琹任主任，为建立工艺美术学院做必要准备。1956年3月依照毛泽东在关于手工业工作的指示中提到：“提高工艺美术品的水平和保护民间老艺人的办法很好，赶快搞，要搞好一些。你们自己设立机构，开办学校，召集会议。”[44]在多方协力筹备下，同年5月，国务院正式批准建立“中央工艺美术学院”，由此标志中国的工艺美术与艺术设计教育走向独立发展阶段，中央美术学院的工艺美术与民间美术教育也由此一度中断。“文化大革命”期间，中央美术学院停止招生，1974年建立中央五七艺术大学美术学院，恢复办学，至1977年，文化部恢复中央美术学院建置。

1978年“十一届三中全会”召开后，开始倡导民族文化复兴，在基层开展了广泛而深入的群众

38.1958年6月22日，中央美术学院华东分院改名为浙江美术学院。吕澎主编：《中国艺术编年史》，北京：中国青年出版社，2015年，第654页

39.郭艺：《留住手艺：手工艺活态保护研究》，杭州：浙江摄影出版社，2015年，第121页

40.吕学峰：《民国杭州艺术与教育》，杭州：杭州出版社，2012年，第54页

41.中国美术学院编：《王伯敏美术史研究文汇》，杭州：中国美术学院出版社，2013年，第82页

42.袁熙旸：《中国设计教育发展历程研究》，南京：东南大学出版社，2014，第106-106页

43.袁运甫：《有容乃大——论：公共艺术、装饰艺术、美术与美术教育》，广州：岭南美术出版社，2001年，第269-270页

44.文化部教育科技司编：《中国高等艺术院校简史集》，杭州：浙江美术学院出版社，1991年，第120-122页

文化工作，其中就包含了“民间艺术之乡”的评选以及民间美术的普及、发掘和推介，至80年代改革开放，正值西方文化涌入的热潮，民族民间文化也在悄然复兴，“民间美术热”也带来了鲜活强烈的有本土文化内涵的精神启示。

1979年江丰院长平反后，重返工作岗位，他不遗余力地推进民间美术相关学科的建立与发展，于1980年建立“年画连环画系”，彦涵首任系主任，行政与教学工作的筹建者与执行者由杨先让承担，教师队伍逐步扩充，包括冯真、贺友直、刘千、顾群、胡勃、陈文骥、文国璋、李振球、杨逸麟、高潮、刘金贵、戴士和、王沂东、翁如兰、叶欣，以及后来留校的尤劲东、吕胜中等。1985年至1986年之交，调入靳之林和叶毓中，其间靳之林带领六位陕北和陇东的剪花婆婆来学校传授民间剪纸技艺，这一举动产生了轰动效应，被杨先让称为“建立民间美术系的前奏”。随后于1986年4月，年连系改建为民间美术系。[45]

图6 靳之林带领6位剪花婆婆到中央美术学院传授民间剪纸技艺

图7 1988年，在青海平安县考察皮影戏，在皮影艺人刘文泰（后排左四）家合影，后排左五为杨先让，前排右一为杨阳，前排中间坐者为乔晓光

45. 杨先让：《中央美术学院年画、连环画成立始末》，《美术》，2010年10期，第86-88页

自创系之初，中央美术学院民间美术系就十分强调采风实践与艺术创作实践的紧密结合。从民间采风到比较深入的民间美术田野考察，再到有开拓性研究方法的创立。为了探索民间美术的教学与研究方法，1986年建系之后，杨先让作为系主任组织了黄河流域民间艺术考察队，沿黄河流域进行田野考察，前后持续四年，行程几万里，制作了纪录片《大河行》；杨先让、杨阳合撰《黄河十四走》；考察中所收集到的民间美术品也构成中央美术学院“民间美术陈列室”的重要藏品。至1990年，研究生毕业并留校任教的乔晓光，开始承担起带学生下乡进行民间文化田野调查、研究与创作的教学任务。

在民间美术理论研究上做出突出贡献的是靳之林，他于1973–1985年工作和生活在延安，因为崇仰古元在延安革命时期创作的木刻艺术，靳之林毅然前往延安工作与生活，从事延安地区文物的发掘保护工作。1979年，靳之林参加并主持延安地区13市县以民间剪纸为主体的民间美术普查，成为上世纪80年代民间美术热的重要发端事件之一。长期“进入”村庄现实生活，让他认识并回归到了生活的常识哲学。靳之林说，陕北农村的老大娘给了他打开本原文化之门的“金钥匙”。在研究观念上，受到滕凤谦对民间剪纸纹样“生殖崇拜”研究的启示[46]，靳之林开启了民间美术中所蕴含的“本原文化”的研究，成果反映在他的三部专著《抓髻娃娃》《生命之树》《绵绵瓜瓞》中，代表了这个时代研究民间美术的方法论和开拓性的文化视野。

1985年靳之林发表《我国民间艺术的造型体系》一文，在大量分析了民间美术作品中所蕴含深刻哲学内涵的本土造型体系的论述之上，提出我国的美术学院包括西洋（外国）、民族和民间三个体系，应该建立“立足民间，三大造型体系并列的基础课教学”[47]。民间美术作为“第三体系”进入美术学院，这无疑在探索本土美术造型艺术表现的道路上做出了有益的尝试。然而，至90年代，民间美术热消褪，中央美术学院民间美术系改为民间美术研究室，由此，也标志着民间美术事业走向了阶段性的低潮。

五、社会参与：以实践推动非遗的社会认知与基础研究

20世纪末，中央美术学院民间美术专业也如同跌入低谷的民间文化命运一样，面临着生死抉择，同时也抓住了时代和社会发展的新机遇，即新世纪初联合国教科文组织所启动的非物质文化遗产项目。进入新世纪，中国的“非物质文化遗产”保护事业开始兴起，在国家与社会各界的推动下，经过十余年的社会实践，“非遗”已经成为深入人心的价值观念，成为国家体制内的日常工作。

“最早从学术研究的视角切入非物质文化遗产

46. 靳之林：《陕北剪纸中的图腾文化》，中国艺术研究算美术研究所编《中国民间美术研究》，贵阳：贵州美术出版社，1987年，第535页。文末写道：“关于民间艺术研究中的生殖崇拜问题，最早给我们启示的是中央工艺美术学院教授滕凤谦先生，特致谢意。”
47. 靳之林：《我国民间艺术的造型体系》，《美术研究》，1985年3期，第21–36页

保护运动的，是美术界学者。”[48]这里所指的，正是中央美术学院，以民间美术学科传统为根基，中央美术学院一马当先，在乔晓光的极力推动下，建立专门研究机构，从事非遗教学与研究工作，开展剪纸普查申遗工作、乡村民间艺术传承保护、非遗传承人培训等一系列活动。中央美术学院已经成为开创非遗教育的案例，就学科专业的发展历程而言，也历经了从民间美术向非遗的转变。

基于20多年的教学、研究与实践的底蕴，同时顺应新的社会发展形势，为了更好地发挥大学教育在传统文化方面的重要作用，中央美术学院在民间美术研究室基础上，于2002年5月8日成立“非物质文化遗产研究中心”（简称“非遗中心”），在国内高校率先创建并完善以“非物质文化遗产—中国民间文化艺术”研究为主旨的新专业领域，将民间美术作为人类文化遗产正式系统地列入大学

图9 2003年，为拍摄中国剪纸申遗纪录片，在贵州梭嘎地区苗寨进行田野调查

图10 在中国美术馆举办“走进母亲河：中国民间剪纸天才传承者生活和艺术”大型申遗剪纸展

图8 陕北延川小程民间艺术村是中国民间剪纸申报非物质文化遗产项目中建立的民间剪纸生态保护社区，目的是为了探索民间剪纸作为非物质文化遗产传承保护的可持续发展模式

图11 在中央美术学院举办的“中国非物质文化遗产·民间剪纸国际研讨会”

48.施爱东：《学术运动对于常规科学的面影响——兼谈民俗学家在非遗保护运动中的学术担当》，《河南社会科学》，2009年3期，第10页

图 12 2002 年元旦，在北京王府井步行街举行“青年文化遗产日”活动

图 13 2004 年元旦，中央美术学院联合部分北京和外地高校，在北京大学成功举办第二届“青年文化遗产日”，这是当日部分组织者合影

图 14 2003 年，受全国人大教科文卫委员会委托，中央美院非遗中心组织在京专家讨论《中华人民共和国民族民间传统文化保护法（草案）》

艺术教育，主要从事非物质文化遗产方面的普查、抢救、保护、研究、文化发展规划、人才培养等科研教学及社会实践工作。中心创立的基本理念：关注人类文化遗产，关注民族优秀文化传统的可持续发展价值，关注民间文化遗产保护传承，关注民间社区文化发展创造，关注大学教育在社会转型期对文化与遗产方面的重要作用，探索以“产、官、学、民”的科研理念实现科研社会参与和新型专业人才培养。

早在 2001 年，靳之林已经在陕北延川小程村策划并主持原生态传承保护模式试点工作，建立“小程民间艺术村”和“碾畔黄河原生态民俗文化博物馆”，实施教育传承普及项目，率先开启探索社区非遗保护的项目模式。时值非遗中心成立之际，乔晓光作为项目主持人正式承接“中国民间剪纸”申报联合国教科文化组织《人类口头和非物质遗产代表作名录》的相关工作：确定传承人；调查、记录并整理图文资料；编纂申报文本与拍制纪录片；筹办“走进母亲河：中国民间剪纸天才传承者生活和艺术”大型展览；召开“中国非物质文化遗产民间剪纸国际学术研讨会”。先后经过三次申报，最终于 2009 年申报成功，“中国民间剪纸”正式列入联合国教科文组织《人类非物质文化遗产代表作名录》。

2002 年 6 月，由乔晓光主持，为文化部“中国民族民间文化保护工程”提供《民族、民间美术保护与可持续发展规划草案》，为中国民间文艺家协会启动的“中国民间文化遗产抢救工程”起草《中国民间美术分布地图册》编撰大纲。10 月 22–23 日，由教育部、文化部、联合国教科文组织驻京代表处支持，中央美术学院主办并召开“中国高等院校首届非物质文化遗产教育教学研讨会”，来自近 30 所高校、研究机构的 160 多人参会，研讨会综合主题为：大学教育与人类非物质文化遗产，并推出《非物质文化遗产教育宣言》，呼唤青年群体的文化自信与判断，关注民族民间文化的命运，这次研讨会也被认为是首次将民间文化艺术作为人类文化遗产正式引入高校的会议。[49] 在中国非遗启动之初召开首次教育教学研讨会，无疑起到了在高校与各专业领域进行推介与动员的作用。同月，受教育部体育卫生与艺术教育司委托，撰写《中华民族优秀传统文化中小学教育传承项目实施规划草案》；在甘肃环县建立“西北非物质文化遗产保护研究基地”（皮影类）。

2003 年 1 月，由中央美院非遗中心发起，与北京大学、清华大学、中央民族大学等在京高校联合发起中国第一个“文化遗产日”，在北京王府井步行街举行首届“青年文化遗产日”活动，并确立每年元月 1 日为青年文化遗产日的倡议，提出了关注“三农”与非遗问题的呼吁，倡导走向延安、走向农村、走向更边远的少数民族村寨；9 月，受全国人大教科文卫委员会委托，非遗中心组织在京专家讨论《中华人民共和国民族民间传统文化保护法（草案）》。

2004 年，根据教科文组织非遗理念与项目实践原则，结合社会实践，乔晓光编著《活态文化》[50] 一书，提出了“以村社为文化生态主体，以人为本的活态文化研究方法”，揭示出非遗的“活态性”

图 15 2015 年 9 月，在四川理县蒲溪村考察羌族剪纸

的本质属性，倡导基于乡村社区的田野调查与基础研究的理念。

2009 年，受教育部体卫艺司委托，乔晓光领衔主编全国高等学校美术学（教师教育）本科专业必修课程教材——《中国民间美术》[51]，于 2011 年 8 月正式出版。数年间，乔晓光也一直致力于到西部高校推介民间美术课程，已经前往 30 多所西部高校进行宣讲，然而收效甚微。

开展中国少数民族剪纸艺术传统调查的最初设想，是 2001 年非遗中心在进行剪纸申遗项目前期工作过程中逐渐认识到，随着中国民间剪纸申遗工作的基础调查的展开与深化，尽管全国范围的剪纸普查工作已经全面获得了各地区的剪纸概况，但只以汉族剪纸为主，少数民族剪纸还并未被全面认知，调查与研究还是一片空白。当时还不清楚中

49. 张鹏：《推动民族本源文化的可持续发展——“中国高等院校首届非物质文化遗产教育教学研讨会”述要》，《美术研究》，2003 年 2 期，第 69-72 页

50. 乔晓光：《活态文化》，太原：山西人民出版社，2004 年

51. 乔晓光主编：《中国民间美术》，长沙：湖南美术出版社、杭州：浙江人民美术出版社，2011 年

图 16 2012 年 5 月，为纪念《讲话》发表七十周年，乔晓光带领研究生在陕北延安考察，在碾庄乡政府旧址前合影，这里曾是古元居住、工作与创作的地方（董永俊拍摄）

国少数民族剪纸的整体分布情况，只是选取了部分有代表性的少数民族剪纸材料编入了申报文本。继“剪纸申遗”项目之后，我们决定继续拓展对少数民族剪纸状况的调查研究，也为了在项目实践中探索新兴的非遗专业的研究方法与学科建设模式，于是承担起一项旷日持续、范围更广、操作难度更大的基础工作，对中国少数民族剪纸传统进行摸底调查。我们申报了国家社会科学基金艺术学重点项目《中国少数民族剪纸艺术传统调查与研究》（项目时间 2009 年 10 月至 2012 年 12 月，项目批准号 09AF006），团队成员以志愿者的方式参与到这项艰巨的事业中，虽然项目时限为四年，实际上前后投入的时间是 16 年。

根据已获得的文化信息与调查材料显示，在中国境内至少有 34 个民族传承着和剪纸相关的习俗传统[52]，我们为其中 29 个少数民族的剪纸传统建立了相对全面的文化档案，完善了一手田野调查资料。项目最终成果以《村寨里的纸文明——中国少数民族剪纸艺术传统调查与研究》八卷本丛书出版面世，这也标示着自本世纪初持续至今的少数民族剪纸项目工作取得了阶段性的成果，然而这项事业并未中止。

如今已经退休的乔晓光在继续组织团队，计划补充丝绸之路河西走廊至新疆地区的多民族剪纸传统调查与研究，这一线路自古就是重要的文化混生区，也是连接多元文明的纽带，保存了不同时代的文化叠层与剪纸实物，无疑是探讨剪纸文化的发生、传播、生成以及当下活态性的重要区域。将地下的考古发现与地上的活态文化相结合的考量，也开启了新的剪纸研究视角与方法。完成对河西走廊与新疆地区的剪纸传统的调查与研究，我们对民间剪纸传统的基础调查也基本涵盖了我国所有地区，在实现了对中国民间剪纸全面实证调研的前提下，我们意在建立中国剪纸学，推动剪纸学研究成为世界性的新兴研究领域，引发全球范围对剪纸艺术的讨论、研究与创作。

在中央美术学院，从江丰、古元到杨先让、靳之林、冯真再到乔晓光三代人，延续着一条对剪纸持续七十余年的发现、创作与研究的文脉传统，在不同的时代背景下，民间美术人坚持在实践中深化

52. 包括壮族、藏族、裕固族、彝族、瑶族、锡伯族、维吾尔族、土家族、土族、水族、羌族、纳西族、苗族、蒙古族、毛南族、满族、傈僳族、黎族、拉祜族、柯尔克孜族、回族、赫哲族、哈萨克族、哈尼族、仡佬族、鄂温克族、鄂伦春族、侗族、德昂族、傣族、达斡尔族、布依族、布朗族、白族（排序不分先后）等 34 个少数民族

对剪纸的认知，取得举世公认的成就。进入遗产时代，中央美术学院积淀深厚的“剪纸”经验模式已经构成探讨非遗学科发展的重要案例，如今乔晓光正带领着第四代人在探索的道路上继续前行。

六、教育实践：民间美术及非遗的专业教学探索

民间美术作为专业进入美术学院教育体系，当属开创之举，但也面临无成熟的教学经验可供借鉴的现实，其实，这也为建构符合本土语境的新的美术学科模式提供了可能性。“千里之行，始于足下”，民间美术专业正是在实践中逐步探索与推进。杨先让对民间美术专业的设定：1.民间美术专业的设置，不是培养民间艺人的教学组织，而是在学习研究中国传统民间美术的基础上，培养进行现代再创造的美术专业人才；2.被培养的人才所具备的专业能力及出路，将比其他专业培养人才的路子广，因为该专业是个综合性的艺术构成，不是以画种分专业，因此所培养的人才，不仅要掌握民间美术的造型规律及史论，而且要掌握西方绘画造型及中国水墨工笔技能和史论；3.该专业只能通过边学边干，促进民间美术教学事业健康发展。[53]

1980年，年画连环画系获批招生，招生研究生六名、本科生十余名，年画、连环画两专业各占半数。年画专业由冯真负责，顾群协助，连环画专业从上海人民美术出版社借调贺友直为客座教授，也不定期邀请外地名家短期任教。新建立的年连系并无先例可循，两个新专业的课程设置，依托于中央美术学院专业体系，在既有的学院中西美术技能训练的基础上，拓展中国民间美术的专业特色。年连系学生的课程，除了史论、外语等共同课，素描、色彩、西画以及中国画的工笔重彩、书法等都要学习，另加下乡实习与创作课。年画专业强调学习民间艺术，连环画专业强调自编自画。1980年，第一批六名研究生（年画专业：黄素宁、李振球、韩喜增；连环画专业：刘宇廉、韩书力、徐纯中）一入学即前往敦煌莫高窟、芮城永乐宫考察并临摹实习，再回学校上课。1982年，英国首相撒切尔夫人访华期间参观中央美术学院，在吴作人的陪同下，参观了陈列馆，恰逢年连系六位研究生的毕业创作在大厅展览，撒切尔夫人对韩书力表现西藏人物的画卷颇为赞赏，并一再询问其艺术表现手法。[54] 年画连环画系创建七年，培养了三届研究生共9人，本科生五届共28人，进修生四届有27人结业，留学生及国外学生短训班各一届共6人。先后走出众多优秀的毕业生，既为本系培养了师资，也为社会输送了诸多颇有建树的艺术人才。

在当时，社会对年画的需求主要依靠出版，而不是展览，多数又以“月份牌”年画为主，艺术品质不高。市面上盛行“大美人”“胖娃娃”等世俗年画，甚至有出版社直接发行真人戏装摄影，这些现象都不利于年画艺术的发展。针对这种流行的社会现象，年画专业制定了“巩固，研究，稳步发展”

53.杨先让：《千里之行》（1988年6月），杨先让：《梦底波涛》，桂林：广西师范大学出版社，2016年，第9页

54.杨先让：《中央美术学院年画、连环画成立始末》，《美术》，2010年10期，第86-88页

的方针，民间与月份牌画法都学习，但重点放在研究民间艺术上。在教学中，要求年画专业的素描、色彩、工笔重彩和临摹课，必须教得扎实，造型性基础修养提高了，再去进行“月份牌”年画创作，要画得古典雅致，可以吸收重彩、水彩和民间艺术的一些艺术效果。学习民间年画及民间艺术需要直面的课题，一方面，要学习木版年画、皮影、剪纸、刺绣、玩具、农民画等民间艺术，也要涉猎画像石之类的古代民间创作的艺术；另一方面，要深入到民间采风。目标就是在研究、吸收民间艺术的过程中有所创造，让年连系的学生不仅可以创作多幅的连环画、组画、插画、年画，也可以创作独幅画，同时也能具有适应社会多方面需要的能力。[55]

1986 年，随着对民间美术教育的认识与实践的深化，年画连环画系改为民间美术系，原连环画专业保留，原年画专业扩大为民间美术专业。本科生学制四年，研究生学制二至三年，在职进修生班学制一年。同时设立民间美术研究室，负责理论研究，编写有关民间美术著作与教材，并承担研究生的培养。当时，民间美术系有教师 20 余人，系主任杨先让，副系主任刘千、胡勃，民间美术工作室由吕胜中、李振球主持，连环画工作室由陈文骥、尤劲东主持，民间美术研究室（包括资料室、陈列室）由靳之林、冯真主持。[56] 在最初的专业设置方案中，原计划还另开两个附设工作室：丝印工作室、金属工作室。

循着年画连环画系的教学经验，改建后的民间美术系，连环画专业的教学方针不变，继续加强民间美术造型的学习研究，以拓展连环画的创作路子。民间美术专业的课程设置，除了学习西方造型与色彩课、中国画工笔白描、色彩写生以及木版年画、剪纸造型的临变课，还要广泛研究学习其他诸多类别的民间美术[57]的造型、色彩及艺术手法。想要真正获取民间美术的精髓，理论研究是重要教学内容之一，这是设立民间美术研究室的重要目的，有关民间美术的理论和创作，美术史、民间文学、民俗学、历史学、人类学、文艺心理学和考古学均在教学和研究范围之内。[58]

靳之林的《我国民间美术的造型体系》一文为民间美术系的教学提供了理论基础，其“到民间去学习民间艺术”的观念提供了实践指导，到民间生活中深入考察民俗，才能真正地感受、发掘与学习民间艺术，“民间采风是掌握民间艺术造型体系和造型规律的课堂”[59]。民间美术系创立后，杨先让组织的黄河流域民间艺术田野考察之行，从实践上奠定了民间美术教学注重田野考察的教学模式，对后续的学科发展产生了深远影响。

1994 年，民间美术系被改为民间美术研究室，

55. 杨先让：《连环画年画系的创建》，《美术研究》，1985 年 1 期，第 67-69、78 页
56. 杨先让：《民间美术系的创建》，杨先让：《梦底波涛》，桂林：广西师范大学出版社，2016 年，第 22 页
57. 如刺绣、布制品、面塑、泥塑、石刻、木雕、皮影、岩画、彩陶、民瓷、画像砖、画像石、民间宗教美术、辟邪、脸谱、墓葬壁画等
58. 杨先让：《民间美术系的创建》，杨先让：《梦底波涛》，桂林：广西师范大学出版社，2016 年，第 22 页
59. 靳之林：《民间美术的整体认知与教学》，《美术研究》，1987 年 4 期，第 7 页

由专业教学系转变为科研机构，从造型艺术体系的美术创作实践转向艺术学理论框架下的文化遗产学研究，其学科定位更突显出学术性。2002年，以民间美术研究室为基础创建非物质文化遗产研究中心，顺应了时代发展的需要，民间美术专业实现了向非遗化转型，由此，开始拓展遗产学语境下民间美术的研究与保护的学科化道路。2004年，以美术史系、非物质文化遗产中心的师资为基础组建中央美术学院人文学院，并创建中国第一个文化遗产系，学科范围以视觉文化遗产为中心，涵盖了文化遗产的发现、发掘、研究、鉴定到保管、推广和修复的整个流程，形成融物质文化遗产和非物质文化遗产、传统精英艺术与传统民间艺术、西方文化遗产先进理念与传统文化宝贵经验为一体的鲜明特色。[60]

图17 2011年，作为《非物质文化遗产与民间美术研究》课程教学成果展示，由学生自主策划、筹备与完成的《纸境——中央美术学院人文学院文化遗产学系教学实践展》

文化遗产学系面向国内外招收本科、硕士、博士学位生和进修生，本科学制4年，硕博士学制3年。文化遗产学倡导在具体文化环境（空间）和人类历史传承（时间）双重视野中考察视觉文化遗产的价值、功能和意义，强调从艺术作品的视觉实物、相

60. 中央美术学院编：《人文学院：教学计划 课程大纲》（内部资料），第55页

关文化观念和实际操作三个方面，培养学生相应的审美感受、文化传承、文化推广以及实践操作方面的能力。[61]

人文学院文化遗产学系开设的专业课程：一、二年级开设基础课程，包括《艺术概论》《中国通史》《世界通史》《考古学概论》《中国美术史》《世界美术史》《历史文献学》《美学》《绘画基础》等必修课程；三、四年级开设专业必修课和专业选修课，必修课包括《文化遗产学概论》《民间美术与非物质文化遗产学概论》《美术考学概论》《书画鉴定概论》《古代书画修复和临摹概论》《文化遗产田野考察与实践》等，专业选修课包括《文化遗产与民族艺术专题》《文化人类学》《美术博物馆学》《艺术学》《中国古代美术史研究专题》《世界美术史研究专题》《美术理论与美术批评专题》等。[62] 文化遗产学系的教学特点：在艺术学的理论框架下，兼顾理论与实践的双重素养的训练。

在文化遗产学的课程教学体系的建构中，我们灌输了承自民间美术专业的“田野”与“实践”的理念，开设《文化遗产田野考察与实践》一课，形成文化遗产学系学生一定要进行田野考察的实践惯例。非遗是有着时效意义的新兴专业领域，而理论研究要实践先行。多年来，以剪纸为个案，我们一直坚持创作、教学与研究“三位一体”的深入实践。在课程设置方面，我们在文化遗产学系开设《非物质文化遗产与民间美术研究》专业基础课，面向全校开设公共选修课《中国民间剪纸语言研究与艺术实践》。在课堂教学之余，也展开了跨专业的剪纸工作的研习活动。

通过不同的课程形式以推动学院的多元化非遗传承实践。乔晓光常跟学生讲，他要传授两大专业技能：田野与剪纸。首先，要掌握过硬的做田野基本功，能调查，能做研究；再者，要掌握剪纸技艺，谙熟文化内涵，精通传统纹样，进而能够进行艺术创作。在剪纸教学中，乔晓光总结出“十样法”[63]，精选晋陕甘地区的十种地域性民间剪纸代表纹样，通过解读传统剪纸的文化背景，以认知造型规律和掌握民间艺术语言，目的就是将理论研究与艺术实践相结合，促进学生的全方位发展。要深入临摹传统剪纸作品，技艺要纯熟，文化内涵要熟识，同时又不墨守成规、拘泥于传统的范畴，开启头脑风暴，大胆创新。从无到有，让学生能够从文化学的视角认知剪纸。历年教学成果颇丰，学生们积极进行临摹与创作，并且自主策划、筹备并举行作品展览，由此，实现了从授受到创作再到展示与传播的全面性的实践锻炼。在课堂教学与论文指导中，乔晓光也始终坚持“田野”作为基本理念，鼓励学生进行长期深入的田野调查，发现社区非遗传承的现状与问题，并制定有针对性的解决方案。培养有实战能力的复合型人才，这是中央美院非遗与民间美术专业的核心教学目标。

2015 年 11 月 2 日，鉴于在中国非遗教育领域

61. 中央美术学院编：《人文学院：教学计划 课程大纲》（内部资料），第 55 页

62. 中央美术学院编：《人文学院：教学计划 课程大纲》（内部资料），第 55-56 页

63. “十样”，即花花草草与生命树、鱼戏莲、老鼠偷油、鹰踏兔、鹿回头、扣碗、虎、团花、抓髻娃娃、牛耕图等

所取得的成就，乔晓光受邀参加联合国教科文组织在曼谷召开的“亚太地区非物质文化遗产研究生学位课程发展区域论坛”，与会各国专家根据议题进行具体而深入的讨论，通过交流了解到亚太地区高校的非遗课程的基本概况。目前，亚太地区高校的课程与项目的着眼点主要是关注物质文化遗产，针对非遗的相关设置还比较薄弱。会议呼吁推进非遗研究生课程。非遗的文化构成复杂，需要多学科的介入，从不同的专业背景切入非遗研究，比如人类学、考古学、文化地理学等。中央美术学院则是从艺术学视角“进入”非遗。乔晓光做了题为《大学与“非遗”——中国剪纸田野调查与研究个案》的报告，介绍了中央美院非遗中心持续十五年的中国多民族剪纸传统项目的理念、工作与成果。以田野为基本工作方式，以基础研究为宗旨，长期立足乡村社区，对剪纸这一中国颇具普遍性和多样性的非遗类型进行持续性的跟踪调查与个案研究，以此探究非遗的研究方法、保护机制以及非遗作为大学课程的发展模式。中央美术学院的实践经验与学科理念得到了各国专家的认可。

在日常学院教学与基础科研之余，中央美术学院也在探索非正规教育的研培模式。2015 年 7 月中旬，文化部与教育部联合启动“中国非物质文化遗产传承人群研修研习培训计划”工作，预示着培训计划全面展开。早在 3-4 月份，文化部非物质文化遗产司率先与中央美术学院合作，先期开办了一期“非遗保护与现代生活——中青年非遗传承人交流实践活动”，作为试点探索研培计划的可行性模式，我们制定了详尽的课程标准，开展了实践交流活动，通过传承人与学院的双向互动，共同探讨传统技艺在当代生活中的传承和发展，为开展大范围的研修培训提供经验模式。同月，中央美术学院举办第二届“非遗保护与现代生活——中青年非遗传承人高级研修班”（简称“高研班”），总结首次研培经验与问题，并针对社区传承困境，提出了“知情、知艺、知辩”的“三知”理念。2016 年 4 月，在云南昆明举行的“‘中国非物质文化遗产传承人群研修研习培训计划’各高校项目负责人及文化专管部门管理人员培训”会议上，三知经验得到广泛认同，并成为研培计划推广的重要价值理念。在后续开办的高研班研培实践中，为了推进项目化培训模式的改进与深化，建立长期有效的研培机制，我们又提出培训工作“常态化、互动化、职业化”的“三化”理念，推进研培教育进入大学主体教育体系中，逐渐形成长期有效可持续的教育机制。高校的职责不仅是推进学科建设、健全常规专业培养机制，也应该建立国民教育与终身教育机制。非遗可以成为惠及社会的文化与教育资源，如果非遗可以回归市井生活，也意味着回植到涵养其生长的土壤。

目前，中国的美术学院教育在价值观念上，更倾向与国际接轨。在全球一体化的国际形势之下，学院教育应当探索多元文化教育的实践，与本土文化传统接轨，事实证明，大学是研习民族文化遗产的重要场域之一，而青年学生将成为民族文化遗产传承的新生力量。在持续的教育实践探索中，中央美术学院一直不遗余力地推进学科建设与基础研究，带动社会对非遗的关注与认知，进而激发大学生乃至社会大众的自觉传承与文化使命。

余论：建立大学与社区之间的互动传承模式

中国正在经历文明转型期，城市化正在快速发展，乡村正在减少，许多以民俗生活为载体的非遗正在随之消失。对于教育而言，非遗潜在着巨大的可持续价值。大学是非遗教育传承之地，非遗作为多样性民族文化资源以及本体艺术体系，潜在着巨大的本土知识需求以及文化实用与使用的价值。大学应该成为具有当代价值的非遗“活态博物馆”，尤其是遗产所在地的高校在保存文化艺术类非遗文化物种方面潜在着巨大的学科发展需求，高校与非遗传承社区的双向互动的交流学习，是非遗可持续传承的重要途径之一。

目前，大学和非遗的关系仍处在项目化的参与和科研课题的研究上，非遗课程普及仍处于起始阶段。社会化的非遗保护对大学的需求是急迫的，许多大学也以极大的热情投入进来，但从可持续的视角来看，由于缺乏相关非遗的专业学科建设和课程普及，大学在社会项目的实践中，欠缺活态保护经验以及系统深入的研究能力。由于缺少与非遗相匹配的专业学科，高校的研究缺乏长远的规划，忽视基础研究，很少有高校能持续跟踪一些濒危非遗物种，缺乏长期的田野调查和文化保护方面的持续性深入研究。

当今，面对全新的文化遗产时代，亟需建立针对中国本土发展需求的新专业学科，培养非遗保护、发掘与研究的专门人才。大学应当通过基础研究和合理的课程设置，来研究、探索中国非物质文化遗产可持续传承与发展的时代课题。中央美术学院的非遗与民间美术的教学、研究、实践的经验已经成为一个典型案例，在社会实践、学科建设、课程模式与教学方法等方面都具有社会推介的参照价值与意义。大学应该推动知识体系的整体发展，建立非遗相关学科，培养非物质文化遗产保护、发掘与研究的专门人才，发挥高校在文化遗产时代应当担负起的社会服务与文化使命，这是时代的需求，也是社会发展的必然选择。

董永俊
中央美术学院非物质文化遗产研究中心博士研究生
乔晓光
中央美术学院非物质文化遗产研究中心教授、博士生导师

学院与田野
——中央美术学院的民间美术收藏与陈列

图 1 中央美术学院（花家地校区）民间美术陈列室，为学院民间美术教学和艺术实践提供良好的教学空间，也是与社会良性互动的平台

位于北京花家地的中央美术学院五号教学楼二层一间不足 100 平米的普通房间里，在朴素甚至有些陈旧的展柜中，陈列着来自乡间的各类物件，这些由籍籍无名的劳动者倾注了真挚情感所制作的具有审美价值的物用，被称为“民间美术”或“民间艺术”（简称“民艺”），也被称为“本原文化”“本源艺术”或“母体艺术”等。这间投注了两代人心血的展室就是“中央美术学院民间美术陈列室”，这里展示的来自乡村生活、蕴含古老本原哲学的民艺品，在现代美术学院收藏展览格局中自成一格，独树一帜。

一、走进民间的学科道路

若论中央美术学院民间美术陈列室的发展脉络，就要追溯民间美术系的历史渊源。1979 年，重返工作岗位的江丰院长不遗余力地推进民间美术学科的建立与发展，于 1980 年建立了“年画连环画系”，彦涵任系主任，杨先让担任副主任，也是组系及教学的实际执行者。1985 至 1986 年之交，靳之林带领 6 位来自陕北和陇东的剪花婆婆来学校传授民间剪纸技艺，这一举动产生了轰动效应，随后于 1986 年 4 月，年画连环画系改为“民间美术系”[1]。刚刚起步的中国民间美术学科，也面临教学模式和理论建设的问题，最有效的方法就是民间采风考察。在靳尚谊和朱竹的协助下，杨先让争取到基金会资助，遂启动“黄河流域民间艺术田野考察”项目。[2] 1987 年夏，在奔赴黄河流域考察前夕，吴作人对杨先让说道：“你马上要去黄河采风，我想了几个字给你。”说罢在一张四尺宣上写成 8 个大字：“从无到有，积少成多。”[3] 尽管推进民间美术学科的发展困难重重，情真意切的嘱咐激励着承继者奋然前行，这幅题词现原封原裱悬挂在陈列室，见证了中央美院三十余年民间美术事业的筚路蓝缕。

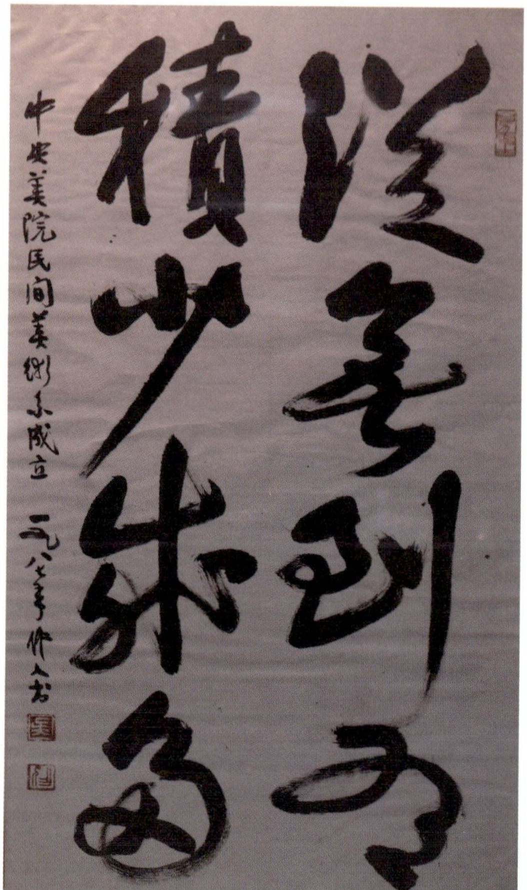

图 2 吴作人先生为原民间美术系题“从无到有，积少成多”

1987 年 7 月至 1989 年 6 月，考察队对黄河沿岸的 8 个省、7 个民族、100 个左右县镇进行了田野考察。由杨先让带队，每次行程组织不超过 8 人的不固定的小型队伍，前后参加的人员有冯真、靳之林、叶蕾蕾、杨学芹、吕胜中、陈开民、张彤、马路、杨阳、张朝辉、刘乃胜、乔晓光、王赓飞、孙勤、刘长春等，同行的还有录像人员。两年间，考察行程不顾寒暑挤车投宿赶路，辛苦异常。先后进行了十四次考察，杨先让自始至终走完全程，考察中采集到的影像素材编成了一部 45 分钟的纪录片《大河行》。杨先让将考察途中的所见所闻所思所想记录下来，写成了 20 余万字的考察笔记，累计近千张图片，经过整理编撰成《黄河十四走：20 世纪 80 年代黄河流域民间艺术田野考察报告》一书，对黄河之行进行了全面的记录与总结。当接到一大叠书册时，黄永玉不禁感叹：

1. 杨先让：《中央美术学院年画、连环画系成立始末》，《美术》，2010 年 10 期
2. 杨先让：《梦底波涛》，桂林：广西师范大学出版社，2016 年，第 11 页
3. 杨先让：《海外漫纪》，北京：新星出版社，2005 年，第 58 页

“《黄河十四走》这一走，就好像当年梁思成、林徽因为了传统建筑的那一走，罗振玉甲骨文的那一走，叶恭绰龙门的那一走……理出文化行当一条新的脉络，社会价值和文化价值无可估量。”“《黄河十四走》点明了研究民间艺术的一个方向，一个方法。……开辟了一条宽阔的道路！”[4] 在前辈开创的民间美术道路上，杨先让继续在摸索中前行，经过脚踏实地的黄河流域考察之行，逐步确立了以田野实践为根本的学科理念。

考察过程中，队员节制花销、省吃俭用，收集到大量民艺品，这些来自原产地的民间美术杰作及其文化内涵都记录在《黄河十四走》一书中，实物与文本相印证，极具文献学术价值。尽管基金会明确指出，研究成果和收藏品归杨先让个人所有，但是，他坚定地将这批珍贵的收集品留在院系，作为教学与研究资料，并创建了“民间美术陈列室”，这批藏品被布置在陈列室以供参观学习，以实物陈设方式供教学与研究使用，同时为公共教育服务。

在“第十一走”青海考察结束时，杨先让在笔记本上写下感想：“我们必须从理论上、艺术实践上以及组织和教学上，去对中国的民间美术进行全面的、深度的科学与学术研究，而那些简单的‘寻根’和走与‘世界艺术同步’的道路，与我们的目的风马牛不相及，为了复兴中华民族文化艺术的元气，为了摆脱那些矫揉造作的胭脂气，还有象牙塔里做哗众取宠、无病呻吟和自作多情的姿态，就必须向民间去！”[5] 接受系统学院教育的杨先让对民间艺术的价值有着切身而深刻的体会，他认为要创作出有历史厚度的民族化艺术并不是表面取些民间文化元素或风情就能实现的，更需要建立在理论、实践与教学层面上的“进入”，深入到民间的“大课堂”中磨砺与学习，进入文化原乡，才能真正理解民族文化的本源。

中央美术学院民间美术专业的建立，旨在将本土文化艺术资源引入学院，此举在现代美术教育体系中另辟蹊径，开启了新的文化视野。陈列室虽小，却是浩如烟海的民间文化的缩影，是了解中国乡土社会的一个窗口。在现代学院美术教育中，民间美术陈列也将日益发挥着补益性与拓展性的价值。当时的黄河之行，那些经历过传统农耕时代的老一辈乡村传承者当时还很活跃，随着时间流逝逐渐凋零，很多承续传统的民艺品日渐消失，或成为标本而仅存在陈列室中。

二、进入“非遗时代”

1994 年，民间美术系改为“民间美术研究室”。1995 年，中央美术学院迁出王府井校尉胡同原址暂驻大山子北京电子器件二厂中转办学，即所谓的“二厂时代”，民间美术陈列室的藏品被完整装箱打包运往二厂，是年 9 月开学后，在四楼的一间屋子内重新布置陈列室。2000 年，另有部分藏品被

4. 杨先让、杨阳：《黄河十四走：二十世纪八十年代黄河流域民间艺术田野考察报告》，北京：作家出版社，2003 年，第 VI-VII 页
5. 杨先让、杨阳：《黄河十四走：二十世纪八十年代黄河流域民间艺术田野考察报告》，北京：作家出版社，2003 年，第 376 页

运往东岳庙（北京民俗博物馆），举办“中央美术学院民间美术展”。2001 年 8 月，中央美术学院搬迁至花家地新校区。

世纪之交，中央美术学院民间美术专业的命运跌入低谷，正值生死抉择的当口，适逢新世纪初联合国教科文组织启动“非物质文化遗产”（简称“非遗”）项目，民间美术专业抓住时代和社会发展的新机遇而实现了非遗转型。基于 20 多年的教学、研究与实践的底蕴，为顺应新的社会的发展形势、更好地发挥大学教育在传统文化方面的重要作用，中央美术学院在民间美术研究室基础上，于 2002 年 5 月 8 日成立“非物质文化遗产研究中心”（简称“非遗中心”）。民间美术陈列室的藏品也随即迁往今址，部分作品被放置在展室内长期陈列，这一陈设格局保持至今。2003 年，以中央美术学院美术史系、非遗中心的师资为基础组建人文学院，创建了中国第一个文化遗产学系，民间美术陈列室成为人文学院非遗教学的重要资源。

非遗中心刚成立之际，乔晓光受教育部委托作为主持人正式承接“中国剪纸”申报联合国教科文组织《人类口头和非物质遗产代表作名录》相关工作，前期项目操作过程中，中心征集到的部分中国民间剪纸艺术佳作被陈列室收藏，成为剪纸申遗项目工作的历史见证。

2002 年 10 月，由教育部、文化部、联合国教科文组织驻北京代表处支持，中央美术学院主办并

图 3　2000 年，原联合国秘书长安南及夫人参观中央美院民间美术藏品在北京民俗博物馆的展览

图 4 2002 年，联合国教科文组织文化官员爱得蒙·木卡拉至中央美院非遗中心考察非物质文化相关项目

召开“中国高等院校首届非物质文化遗产教育教学研讨会”，来自近 30 所高校、研究机构的 160 多人参会，这次研讨会也被认为是首次将民间文化艺术作为人类文化遗产正式引入高校的会议；[6] 2004 年 4 月，由联合国教科文组织驻北京代表处与中央美术学院联合举办“中国非物质文化遗产·民间剪

6. 张鹏：《推动民族本源文化的可持续发展：“中国高等院校首届非物质文化遗产教育教学研讨会”述要》，《美术研究》，2003 年 2 期

纸国际学术研讨会”。在中国非遗项目启动之初，在学界对非遗尚无普遍认知与深入研究的时候，在中央美术学院首次召开这样的教育教学研讨会以及国际研讨会，无疑在高校与各专业领域起到了推介与动员的作用，而参观民间美术陈列室作为会议活动安排的一个环节，对于民间美术的概念以及相关知识的传播与推介，发挥了重要作用。民间美术陈列室作为中央美术学院的特色展陈，屡有国内外政要观览，如联合国前秘书长安南携夫人曾参观东岳庙的民间美术陈列室藏品展览，联合国教科文组织亚太地区五国驻北京办事处文化专员爱得蒙·木卡拉专程前往陈列室观摩与交流，时任教育部部长陈至立以及诸多专家学者都曾莅临参观。历年来也有众多的民间艺术大师与非遗传承人到陈列室参观、授艺与示范。

三、民间美术分类研究

2014 年 11 月以来，学院对民间美术陈列室的藏品进行了全面彻底的清查，并完成登记立档工作。目前，民间美术陈列室的收藏，涉及剪纸、刺绣、服饰、染织、泥彩塑、石雕、皮影、影卷、陶瓷、年画、农民画、宣传画、连环画、照片、手迹以及原民间美术系（暨原年画连环画系）学生习作创作等藏品，有 8270 余件，在展厅长期陈列 350 余件，其他藏品则保存在库房中。

这些主要来自于黄河流域民艺考察途中、点滴收集到的民艺品，尽管不能构成博物馆学意义的系统性收藏，但都极具代表性，是当时尚属活态的民俗生活的物质载体。陈列室的收藏构成仅是中国广阔疆域上乡村社区中品类繁多的民族民间艺术的冰山一角，但建立在田野考察基础上的民间美术收藏，为学理性的分类研究提供了实证参照。

分类是学科研究的基础，《说文解字》云：“方以类聚，物以群分，同牵条属，共理相贯，杂而不越，据形系联，引而申之，以究万物。”即指事物的分类。西学“类”的词源为拉丁文“Classis”，在古罗马，类是根据财产多寡划分的市民的称呼，可见，类是按学科有一定标准划分的结果。[7] 爱德华·泰勒讨论“关于文化的科学”的问题，认为“研究文化的第一步，应该是把文化分成若干组成部分并给这些部分分类”。[8] “科学分类在实际中的主要用途是列举和归类”。[9]

经历了黄河十四走的亲身体验，“就像捅破了窗花纸，看清楚民间美术的来龙去脉，也摸清了民间美术的根”。这正是经过田野考察有了深刻再认识所发出的慨叹，杨先让对民间美术的发生、发展、类别都有比较清晰的看法。先民创造“本源文化”，随着经济、政治情况的发展而分化为“上层文化”和“民间文化”。从多次考察的印象，结合考古发现的材料，他强烈地感受到，中国的民间艺术，

7. 刘延章：《文献分类法》，郑州：中州古籍出版社，1990 年，第 1-2 页
8.[英] 爱德华·泰勒：《原始文化》，连树声译，上海：上海文艺出版社，1992 年，第 8 页
9.[美] 斯蒂·汤普森：《世界民间故事分类学》，郑海等译、郑凡译校，上海：上海文艺出版社，1991 年，第 496 页

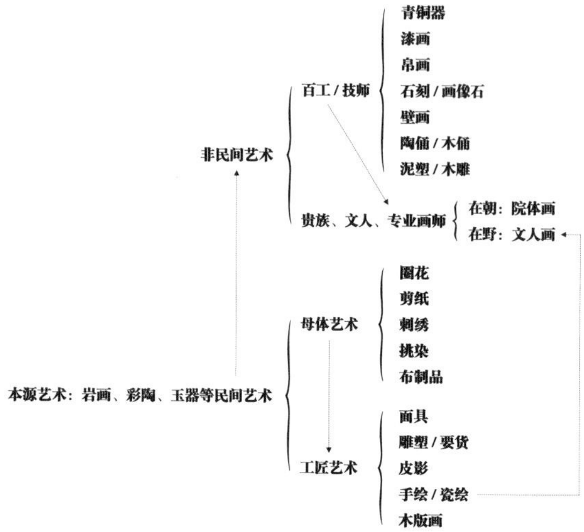

表一：民间艺术与非民间艺术的分化示意表（摘自杨先让、杨阳：《黄河十四走：二十世纪八十年代黄河流域民间艺术田野考察报告》，作家出版社，2003 年，第 473 页）

是直接从中国的本源艺术发展出来的。民间艺术的主体是母体艺术，包括面花、剪纸、刺绣、挑染、布制品等，母体艺术的发展是工匠艺术，包括面具、雕塑 / 要货、皮影、手绘 / 瓷绘、木版画等，母体艺术与工匠艺术构成民间艺术。由此，杨先让在感性地实地考察与理性地反复思考基础上建构出了中国民族艺术的发生、发展和走向的脉络。[10]

靳之林将民间美术划分为四个基本形态的大类：1. 人生礼仪中的民间美术；2. 节日风俗中的民间美术；3. 衣食住行中的民间美术；4. 信仰禁忌中的民间美术。[11]

随着民间美术专业步入学科化发展，在中央美术学院的民间美术研究教学中，以陈列室收藏为参照，基于田野经验，提倡多元的分类研究法，倡导以田野调查实践为基础的分类个案研究。在教学中，乔晓光尝试从不同角度与层次对民间美术分类：1. 从文化功能分类；2. 从传统制作材料及工艺分类；3. 从造型艺术形态分类；4. 从地域文化及考古文化区域背景分类。[12]

2002 年，乔晓光为中国民间文艺家协会“中国民间文化遗产抢救工程”《中国民间美术分布地图册》编撰大纲时，考虑到非物质文化遗产保护原则的特点，对原有的民间美术分类进行了调整，概括性分为四大类：1. 民间生产、生活类美术；2. 民间节日、礼俗类美术；3. 民间生存形态空间类美术；4. 民间仪式与表演类美术。对于民间美术的分类方法及学术观点本应当是多元的，现实生活的多样性与混沌性，不会统辖于单一的原则与标准，“因为民间生活本身即是开放的‘多重实在’的活力现实”[13]。

2005 年 8 月 29 至 31 日，时任中国民间文艺家协会主席冯骥才在天津大学主持召开了“中国民间美术分类研讨会”，邀请 20 余名专家针对民间美术的分类问题进行了研讨，与会专家各抒己见，通过研讨，基本形成共识，“起初提出以艺术形态

10. 杨先让、杨阳：《黄河十四走：二十世纪八十年代黄河流域民间艺术田野考察报告》，北京：作家出版社，2003 年，第 460-473 页
11. 靳之林：《中国民间美术》，北京：五洲传播出版社，2004 年
12. 乔晓光：《活态文化——中国非物质文化遗产初探》，太原：山西人民出版，2004 年，第 189-190 页
13. 乔晓光：《作为非物质文化的民间美术分类》，冯骥才主编：《鉴别草根：中国民间美术分类研究》，郑州：中州古籍出版社，2006 年，第 85-86 页

和民俗应用为主的分类法。即根据应用范畴不同，既可以从民俗应用的角度也可从艺术形态上加以划分。……进一步提出分级分类的方法，即在艺术形态和民俗分类的基础上进行更细致、更具体的逐级分类。”[14]会议成果结集出版为《鉴别草根：中国民间美术分类研究》，乔晓光所撰《作为非物质文化遗产的民间美术分类》一文被收录其中。2009年，受教育部体育卫生与艺术教育司委托，编写全国高等学校美术学（教师教育）本科专业必修课程教材《中国民间美术》，将中央美院非遗中心在民间美术的界定、分类、分布、田野、教学与学科建设等方面所取得的研究成果融入在课程体系中，其知识参照与作品择取也主要得益于民间艺术陈列室的收藏与积累。

四、陈列室的庋藏

世纪之交，从王府井到“二厂”再到花家地，中央美术学院经历了两次迁址，民间美术陈列室也辗转迁移，展览条件有限，经受时光损耗，藏品的色彩已有些许消褪，但是，这些饱含鲜活生活的作品被完好保存在陈列室当中，依然令人感动与震撼。两代民间美术人在执着与勉力地守望与维系着这一方民间文化阵地，那精挑细选的每件作品背后都有着村庄的足迹，蕴含每一个参与者的心血与情感，每件藏品也都有独属的故事。

长期展览设在陈列室展厅，展示了各类有代表性的民间美术品，展厅空间呈“凹”字形布局，根据作品的体量与材质特征，通过展柜陈放与立面悬挂等方式展示，除作品实物外，还通过展板与灯箱

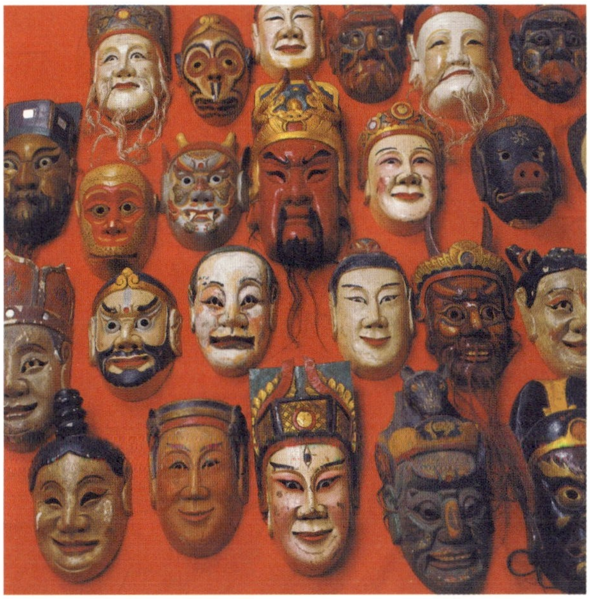

图 5 江西南丰傩戏面具

图 6 陕北地区用于系在娃娃身上的“拴娃石”

14. 天津大学冯骥才文学艺术研究院文化研究中心：《中国民协主席冯骥才主持召开“中国民间美术分类研讨会”》，《民间文化论坛》，2005 年 5 期，第 55 页

的方式呈现考察拍摄的照片以及相关信息。在文献档案方面，展厅里展览了吴作人为民间美术系题写的题词，江丰于 1981 年为年画连环画系学生成绩汇报展览撰写的前言手稿，以及彦涵、杨先让、靳之林等诸位先生做研究或教学工作留下的手迹，也有艾青、江丰编选的《西北剪纸集》（1949 年）及历年来中央美术学院教师在民间美术与非遗领域的代表性著述。另外，也通过展板的形式展示了部分田野调查期间拍摄的具有文化价值的照片。

关于展品陈列，选取各类具有代表性的作品进行展示。如泥彩塑类陈列作品，主要有陕西凤翔泥塑、河北的彩塑、山东的叫虎以及河南的泥泥狗、泥咕咕等泥塑作品；面具类陈列品，展示一系列江西南丰的傩戏面具以及云南地区的彝族吞口等作品；石雕类陈列品，展厅陈设有各地区的小型石狮；年画类陈列品，主要为陕西凤翔、河北武强、山东杨家埠及高密扑灰年画等；染织刺绣类陈列品，主要有土家族西兰卡普与挑花、苗族刺绣、山西汉族刺绣等作品；服饰类陈列品，包括汉族虎头帽、虎头鞋、绣花肚兜以及苗族百鸟衣、背带等作品；陶瓷类陈列品，包括民间瓷器以及瓷人等作品；此外，还展陈了部分日常生活用品以及儿童玩具。

民间美术陈列室所有类型的藏品中，以布艺作品为大宗，都是在黄河之行沿途中，由考察队收集到的。这一极具代表性的民间美术类型分布广泛，并且具有地域性的色彩、造型、功用与习俗特点。在考察行程中，杨先让眼见并记录下了传统乡村民俗生活所制作使用的“布制品”（即布艺品）的本质内涵，他在《“黄河十四走”之后的思考》中写道：（布制品）属于民间妇女艺术创造中一项综合性品种，是主体造型、平面造型和色彩造型的综合体，范围包括布玩具、娃娃耳枕、香袋荷包、童鞋童帽、

图 7 贵州苗族百鸟衣

图 8 陕北民间布老虎

肚兜围嘴、绣坠钱袋以及鞋垫等，用现代名称可曰“软雕塑”。除了香袋、荷包和肚兜是结合端午节民俗为儿童消灾纳福而做外，可以说布制品大部分是为了表达爱情的礼品与信物。具体来说，就是农家妇女对情人和娃娃表现爱心的艺术结晶。……农村妇女们以全身心的感情创造的布制品、形象大都从本源艺术传承下来，如蛙、龟、鱼、龙、虎、鸡、凤、葫芦、莲花、太极、八卦、十二生肖等。布制品与面花、剪纸、刺绣的传统题材完全一致，其哲学、美学观点以及主题也相同，都是古代阴阳五行观及生命、生殖繁衍的歌颂等等。……妇女艺术实在是民间艺术最重要的部分，是母体，故可称之为“母体艺术”。……母体艺术与商品无关，与艺术的专利无缘，它的创造是一种无保留的、开放性的艺术活动。[15] 现在陈列室中，展示了部分不同种类的布艺品，倘若驻足细细端详那蕴含着母性真切祝福的针脚与绣样所透射出的光晕，不禁令人动容。

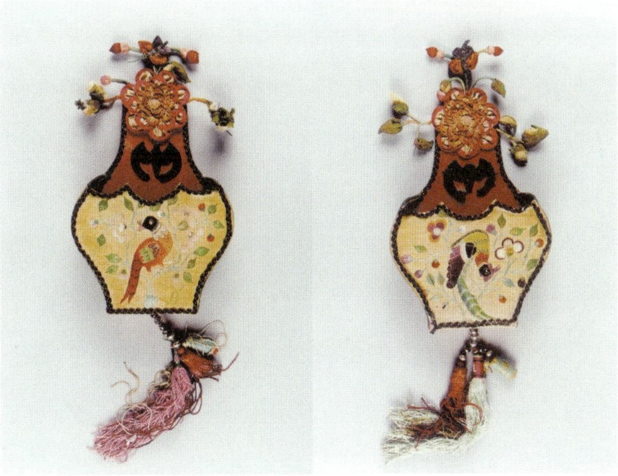

图 9 灯取罐，谐音“等娶罐”

图 10 山西侯马皮影

在展品中，有 3 件形状如信插的作品往往引起观众的注意，这是一种用硬纸、布、刺绣制作的彩挂盒，很像土陶罐，上面绣有传统纹样。这 3 件展品分别是一单与一双，俱为前罐式，前者为“娃娃坐莲”形状，后者为一对瓶插花形状，罐面为花鸟图案刺绣，罐口上端装饰布花、蝙蝠，罐底垂挂吊坠，造型雅致、工艺精细。这一物品收集于陕西，当地人称之为“灯取罐”，所谓“灯取”也写作“灯曲”，据说，来自古代“崇火”习俗，用于保存火种的陶罐称为“火种罐”，经过发展，取火技术提高，在薄木片上沾硫磺，这种引火物即灯取，灯取罐就是用来盛放灯取。[16] 陕西关中西部的一些乡村，姑娘出嫁前要制作一对灯取罐，这是婚俗里必不可少的东西。灯取罐实际上已无实用价值，取的是谐

15. 杨先让、杨阳：《黄河十四走：二十世纪八十年代黄河流域民间艺术田野考察报告》，北京：作家出版社，2003 年，第 466-467 页
16. 李福蔚：《灯曲罐的文化内涵及传承流变》，《寻根》，2015 年 3 期

音“等娶”的意思。[17] 灯取罐成了女人等待男人来娶的象征物，寓意传宗接代的“子孙罐”，蕴含生殖繁衍、阴阳和合的象征性。以灯取罐为代表可以折射出民间美术中所蕴含的本原文化：人类一要生存，二要繁衍，生命意识与繁衍意识构成人类的基本文化意识。[18]

在立柜式灯箱里布置了 3 组皮影人物、道具及布景作品，这套皮影造型端庄，刻工精细，质地厚实细腻，可明显感觉到岁月侵蚀的痕迹，颜色已经黯淡，然而薄厚均匀的皮质并未卷曲，可见其用料与做工的考究。尽管这套皮影已经黯黑，当按通灯箱开关，灯光透过乳白色的背衬漫射出柔和的芒光，映透出皮影的状貌，色彩隐约映现，尽管光彩不再，但另有深沉古雅的韵味。靳之林认为，这套来自于山西侯马地区的牛皮影，可能是清代中期甚至更早期的作品，其价值即在于完整性，过去有财力的地主会请巧匠制作一套精良的皮影珍藏，演影戏时，只请艺人表演，自己提供皮影，并不使用戏班影箱，所以，这套在地主大院中有序传承并且保存相对完整的皮影比较珍贵。上世纪 90 年代，在靳之林先生与李振球先生的促成下被陈列室收藏。

命运坎坷的库淑兰以其创造的灿烂吉祥的剪纸艺术而闻名于世，库淑兰用生锈的大剪刀将五颜六色的彩纸剪贴出她心灵中的美好世界，在表现技巧和语言元素上都是传统的，而多彩套贴的剪纸艺术手法是她深厚传统功底的创造性升华。民间美术陈列室收藏了库淑兰的《一树梨花靠粉墙》《想起贤妻睡不着》《官凭印，虎凭山》《剪花娘子》等剪纸作品。品读库淑兰的作品，绝不能脱离和“口夸子”（即民间歌谣）的关联，因为库淑兰为每幅作品都配上了歌谣[19]。“剪花娘子”是库淑兰的自况，她用最美好的艺术将自己装饰起来贴在墙上，自豪地对人们宣布：“那就是我！”[20] 歌谣与剪纸浑然一体，投射着淳朴的人性和诗意。陈列室内陈设

图 11 库淑兰彩色套贴剪纸《剪花娘子》

17. 乔晓光：《沿着河走》，青岛：青岛出版社，2015 年，第 134-135 页
18. 靳之林：《论中国民间美术》，《美术研究》，2003 年 3 期

了一孔用木板制作的窑洞模型，墙壁上装饰仿制库淑兰的彩色拼贴剪纸，再现了窑洞的生活场景。此外，民间美术陈列室展示的剪纸种类还有陕西、河南、河北、贵州以及吉林等地区具有代表性的作品。

多年来，乔晓光在中央美术学院一直开设《非物质文化遗产与民间美术研究》专业基础课以及《中国民间剪纸语言研究与艺术实践》公共选修课，他始终强调民间美术的学习重在田野与实践，参观陈列室是重要的一堂课。这一方不大的民艺天地，每件展品背后都有着深厚传统与精彩故事，在讲述中徜徉，在视听的双重引领下感受已经渐行渐远的传统农耕生活的余温，能够在观者心中留下了认识民艺的印象。

结语

深居中央美术学院青砖灰墙的院落式校舍中，一个普通的屋室空间寄寓了平凡而朴素的民艺世界，在默默讲述着已经渐行渐远的乡土社会的故事。如今，传统农耕生产生活方式正在转变，村社民俗逐渐演变，曾经世代传承的手工造物传统濒临断裂。当务之急，收集已经或正在失去实用功能性的民俗物品，记录文化信息，通过陈列进行宣教与传播，实现文化传承与授受，应该是现代学院教育的题中要义。民间美术陈列室仿若一口隔世的“窖藏”，尘封着那些业已远离现代生活却蕴含本原文化观念的民艺品，它们在默默等待再现光辉的契机。[21]

参考文献

[1] 杨先让、杨阳：《黄河十四走：二十世纪八十年代黄河流域民间艺术田野考察报告》，北京：作家出版社，2003 年。

[2] 乔晓光主编：《中国民间剪纸天才传承者的生活和艺术》，太原：山西人民出版社，2004 年。

[3] 冯骥才主编：《鉴别草根：中国民间美术分类研究》，郑州：中州古籍出版社，2006 年。

[4] 汉声编辑室：《剪花娘子库淑兰》，上海：上海锦绣文章出版社、上海故事会文化传媒有限公司，2009 年。

[5] 乔晓光主编：《活态的纸文明：作为世界非物质文化遗产的中国剪纸传统》，哈尔滨：黑龙江人民出版社，2011 年。

[6] 乔晓光：《沿着河走：黄河流域民间艺术考察手记》，青岛：青岛出版社，2015 年。

[7] 杨先让：《梦底波涛》，桂林：广西师范大学出版社，2016 年。

董永俊
中央美术学院非物质文化遗产研究中心博士研究生

19.《一树梨花靠粉墙》（节选）：一树梨花靠粉墙，娘到绣房教贤良。一学针线毛帘绣，二学裁剪缝衣裳，三学人来客去不慌张，出厨房、进大房。《想起贤妻睡不着》（节选）：黑了歇到店子河，想起贤妻睡不着。第二转回家，我门前有个西坪摊，柳树把梢窝。《官凭印，虎凭山》（节选）：两口子打捶没人说，弟兄们打捶动乡约。官凭印，虎凭山，婆娘凭哩男子汉。《剪花娘子》：剪花娘子把言传，爬沟遛渠在外边，没有庙院实难堪。热哩来了树梢钻，冷哩来了烤暖暖。进了库淑兰家里边，清清闲闲真好看，好似庙院把景观。叫来童子把花剪，把你名誉往外传，人家剪的琴棋书画八宝如意，我剪花娘子铰的是红纸绿圈圈

20. 杨先让、杨阳：《黄河十四走：二十世纪八十年代黄河流域民间艺术田野考察报告》，北京：作家出版社，2003 年，第 334 页

21. 本文图片中的藏品均为中央美术学院民间美术陈列室收藏

大学与社区

——中央美术学院中青年非遗传承人群研培理念、模式与实践

在快速发展的城市化进程中，“乡村空心”“文化断代”等各类问题突显，非遗的自发性传承趋向弱化，现实在呼吁着文化自觉传承时代的到来。如何继承活态文化传统、如何处理好传统与现代生活的关系、如何让文化内涵丰富的非遗传统可持续发展，是当下不可回避的巨大挑战。

据此，2015 年 3 月，文化部前期试行“中国非物质文化遗产传承人群研修研习培训计划”（以下简称“研培计划”），并委托中央美术学院开展首期试点工作，“非遗保护与现代生活——中央美院中青年非遗传承人高级研修班”（以下简称“非遗高研班”或“高研班”）就此诞生。2015 年 7 月中旬，文化部、教育部联合启动“中国非物质文化遗产传承人群研修研习培训计划”，首批培训高校 58 所，培训工作从而在全国范围内推行开来。

截止到 2017 年上半年，中央美院高研班已成功举办 4 期，涉及剪纸、刺绣、漆器、木雕、玉雕、民居营造、珐琅、扳匠共 8 个非遗门类，学员均为来自全国各地的省、市级非遗传承人以及非遗行业的优秀中青年从业者。4 期共有来自汉族、蒙古族、侗族、白族、土家族、白族、回族、布依族、藏族等 98 位中青年传承人参与研修。

中央美术学院非遗高研班是在联合国教科文组织《保护非物质文化遗产公约》及《中华人民共和国非物质文化遗产法》的框架下，结合当下多民族社区传承与发展现状的需求，及不同非遗门类的传承现状，同时有针对性的设计研习内容；中央美院多年来在非遗与民间美术领域,所进行的田野调查、学术研究以及民间美术教学实践等方面的积累，也为此项目的开展提供了扎实的学术基础。文化部“研培计划”为不同民族社区的非遗传承带来了新思路与新方法，也为高校非遗相关社会化实践与专业化

信息服务带来了挑战。

由中央美术学院举办的 4 期高研班，为研培计划在全国范围内的普及和推广积累了经验，促成了基本课程模式与教学理念的成型与落地。目前，（截止至 2017 年 3 月）研培计划已经在全国 78 所高校中全面铺开，该计划已逐渐成为我国非遗保护事业的一项基础性、战略性工作。

一、研培项目纪实

（一）首届研培：课程模式的初步探索

2015 年 3 月 16 日至 4 月 10 日，中央美院受文化部委托举办了全国首届研培计划的试点，即中央美院第一届“非遗高研班”，实际工作由中央美术学院非物质文化遗产研究中心（简称“非遗中心”）承担。非遗中心随即成立研培课程组，负责课程设置、教学安排与统筹协调。高研班接收了来自全国各地的 20 名中青年非遗传承人进入中国最高美术学府，进行为期4周的研修交流，主要研修内容为自刺绣、剪纸、木雕、漆器 4 个工艺领域。

第一周，研培课程组邀请了非遗保护以及民族艺术创作领域的领军专家、学者进行专题讲座，讲座内容大体涉及两块：一块涉及国家非遗政策、传承经验、研究成果的介绍；另一块围绕艺术家的个人艺术创作经验，介绍其对传统的认知、吸收和再创造。具体包括：

马盛德：《中国非遗保护政策及现状》

靳之林：《中国本源文化与民族艺术发展》

吕品田：《中国非遗的活化及可持续传承发展》

孙家钵：《中国古代雕塑艺术与艺术创作》

袁运生：《民族艺术的文化意义与启示》

乔晓光：《作为世界非遗的中国剪纸》

此外，利用北京的文化资源优势，课程组安排了内容丰富的参观考察，包括：国家博物馆、首都博物馆、中国美术馆、前门非物质文化遗产创意产业园、798 艺术区、中央美术学院数码工作室、中央美术学院民间美术陈列室等。

图 1 2015 年 4 月，文化部副部长项兆伦、中央美术学院院长范迪安与参与研培计划首期试点的全体传承人学员合影

第二周，学员进入小组导师的工作室进行各领域的专业课程学习、研讨与考察，担任小组导师的分别是剪纸组导师乔晓光教授、刺绣组导师吕越教授、木雕组导师萧立副教授以及漆器组导师赵斌副教授，相对应的工作室分别为非遗中心、设计学院服装设计工作室、雕塑系木雕工作室、设计学院产品工作室。

本周还邀请相应领域的国家级传承人进行示范和专题研讨，剪纸组邀请了国家级非遗延川剪纸项目代表性传承人高凤莲；刺绣组邀请了国家级非遗苏绣项目代表性传承人张美芳；漆器组邀请了国家级非遗徽州髹漆项目代表性传承人甘而可；木雕组邀请了国家级非遗潮州木雕项目代表性传承人辜柳希。

后两周的研培课程围绕每一位学员的结业创作，进行大量的创作实操和讨论，每一位传承人学员最终完成的作品在 2015 年 4 月 10 日进行了结业展览和研讨会。最终，20 位传承人以不同的文化视角以及各自非遗相关经验和阅历，向我们提供了切实的非遗传承实践信息。

以剪纸组为例，小组课程首先通过对前来研修的 5 位中青年传承人进行详细的口述访谈，了解到民间剪纸在各地区传承过程中的生存现状以及问题症结，有针对性地引导中青年传承人突破传统局限，在剪纸创作中突出本土文化特色，设计出具有剪纸风格和文化特色的衍生产品。来自河北蔚县的青年传承人陈虹羽，将本地区彩色晕染的剪纸风格延续到冬奥会剪纸海报的设计中；来自陕西安塞的胡晓姗，抓住陕北民俗文化的活态灵魂——红火，

图 2 首届高研班，国家级剪纸传承人高凤莲从陕北专程来到北京为传人学员授课（裴诗赟拍摄）

图 3 2015 年 4 月 10 日，文化部副部长项兆伦、中央美术学院院长范迪安参观指导首届高研班成果展览

把红火的精神气儿融入剪纸，创作了 12 个剪纸图案的冰箱贴设计，象征着一年十二个月红火的日子，将红火的主题和愿望融入现代生活。另外，剪纸组还开展了民间美术田野考察案例教学，引导传承人主动参与当地剪纸纹样与本土文化的搜集与研究工作。

中央美院的首次研培计划试点工作得到了文化部及各界的充分肯定，也探索出了研培计划全面推广的基本可行性方案，确定培训由“教学 – 创作 –

展览”三个基本模块构成，教学阶段则由非遗领域课程讲座、国家级传承人示范研讨、工作室小组教学三部分组成。基本培训框架的建构为研培计划常态化、规范化地开展奠定了实践基础。

（二）第二届研培：“三知”理念的成形与实践

2015 年 11 月 16 日至 2017 年 3 月 17 日，中央美院第二届非遗高研班如期举行，此次研修立足于上一次的实践经验，继续利用学科优势，邀请来自剪纸、木雕、民居营造、玉雕等 4 个门类共 38 位优秀的中青年非遗传承人，带着已有的技艺与经验来到美院，与学院师生共同探讨非遗传承与发展的课题，旨在让中青年非遗传承人增强民族传统文化学习与实践能力，开拓艺术与文化视野，提升艺术创造水平与创意能力。

本次高研班依照首次试点中摸索出的“教学—创作—展览”三阶段进行，并进一步开创性地提出了“知情—知艺—知辩”的教学主题，该主题的确立和实践，不仅代表了中央美术学院对非遗传人培训模式的探索，也反映出当今社会对非遗传承人自身素养与使命的时代要求。

所谓“三知”，即“文化要知情”“技艺要知艺”“发展要知辩”。“文化要知情”：即传承人首先要成为社区文化的“知情者”和“持有者”，不仅要知道民俗文化和禁忌，也要知道社区传承的情况，这也是“知艺”与“知辩”的基础和前提；“技艺要知艺”：即主要从传统技艺之“艺”的层面进行探讨与交流，倡导传承人秉承上一辈传人精湛的传统技艺水平，保持本社区技艺传承的代表性；“发展要知辩”：即在文化持有与技艺精湛的基础上，面对社区非遗传承与发展的新时期，辩证地对待传承与创造的可持续之路。落实到具体教学课程设置上，“知情”“知艺”“知辩”分别对应前 3 周的教学课程。

第一周：“知情”——文化要“知情”。

主要通过邀请国内在非遗相关领域的著名专家学者进行文化讲座，普及非遗在国家政策和理论方法两方面的基础知识，配以外出参观的实践活动，使传承人一方面充分了解国家在非遗领域的政策导向，更重要的是，在理论与实践的双重启发下，让传承人意识到非遗门类背后的地域性文化，了解它的特殊性与重要性。不仅要知道民俗文化和禁忌，也要知道社区传承的情况，做自身文化的“知情人”。具体课程安排见“表 ”。

表一：第二期研培计划文化遗产通识课程安排（2015）

		课程	专家
周一 11.16	上午	开班仪式 马盛德副司长专题讲座	马盛德巡视员 文化部非遗司巡视员
	下午	培训课程介绍与学员自我介绍	乔晓光教授主持
周二 11.17	上午	《中国本原文化》专题讲座	靳之林教授 博士生导师、著名民间美术研究专家、画家、中央美术学院教授
	下午	《手工技艺传承的意义》专题讲座	孙建君研究员 博士生导师、中国工艺美术学会常务理事
周三 11.18	上午	《传统手工艺的生产性保护》专题讲座	吕品田教授 博士生导师、中国艺术研究院副院长
	下午	《遗产考察——世界文化遗产的保护》专题讲座	乔晓光教授 博士生导师、中央美术学院非物质文化遗产研究中心主任
周四 11.19	上午	参观北京服装学院服装博物馆	自由活动
	下午	《手工艺与当代设计》专题讲座	许平教授 博士生导师、国务院学科评定委员会设计组召集人
周五 11.20	上午	研讨	乔晓光教授主持
	下午	自行参观指定博物馆	自由活动

本周，非遗中心课程组还对前来学习的38名传承人进行了系统的问卷调查和简单的口述调查，从传人背景、传统功底、传承谱系、职业情况、传承理念等多角度进行摸底调查。调查过程中，传承人普遍透露出对传统传承现状的担忧，希望国家能为传承人创造更好的传承环境，同时，也对研培计划提供的交流平台和机会予以肯定和期待。玉雕组福建寿山石雕传承人潘惊石在调查中说到，这次研培给他最大的期待是打破玉雕、石雕行业的传统“行规”，各地域各流派的传承人能坐在一起共同平等切磋，而不是保守地固守本门的技艺。如果是在传统师徒授艺的传承方式下，很多各门类的技艺因为门派的保守性，经历一定的时期后就会面临失传的危险。以他熟知的寿山石雕技艺为例，就出现了“建国以后的作品不如民国时期，民国时期的石雕作品又不如明清时期”的现象，这在一定程度上是传统师徒授艺传承的局限所致。

此次调查，一方面为接下来的课程进行了有针对性的准备，也为今后培训模式的深化提供了参照；另一方面，最终的数据分析将作为我国中青年传承人的样本数据纳入中央美院非遗中心的学术研究中。这项工作也为在研培第二周启动“课堂上的田野”做了前期摸底。“课堂上的田野”是此次研培中的开创性尝试，预备对那些文化与传统知情的重点传人予以关注，由乔晓光教授带领非遗中心的硕博士研究生，对传承人进行深入的口述调查。

第二周：“知艺”——技艺要“知艺”。

本周课程主要通过邀请各小组本领域的国家级非遗大师示范、交流、指导，引导传承人向大师学习专业领域的历史文化与技术经验，提高学员对各自非遗领域的理解与感悟，使传承人在传统技艺水平上向老一辈传承人看齐；另外，传承人走进高校工作室，介绍本门类的非遗技艺与文化知识，展开丰富的交流与互动，并与导师就本门类的技艺基本功以及传承中的具体问题展开讨论。

剪纸组邀请的是国家非遗项目山东高密剪纸传承人范祚信；民居营造组邀请的是清华大学建筑学院教授单德启；木雕组邀请的是国家级非遗项目徽州三雕代表性传承人蒯正华；玉雕组邀请的是国家一级美术师袁嘉骐。

以民居营造组为例，受邀专家单德启先生深入浅出地为传承人讲述了传统民居的历史演绎与发展，对中国乡土民居做了一个综合的概述，使大家更为深刻地意识到我国传统民居的悠久历史与重要价值；此外，单先生以徽州民居为例，为我们讲述了文化变迁的过程中，中国传统民居的冲突与变迁，并通过单先生的工程实践情况，讲解了中国传统民居村寨聚落的改造情况与前景，这引起了传承人们的强烈兴趣，大家就当前民居改造与村落建设中存在的问题展开探讨，通过工程实践经验互相借鉴与交流。

图 4 在剪纸组导师乔晓光教授的主持下，来自内蒙的传承人郑蝴蝶老师跟传人学员交流北方窗花的习俗文化（张冬萍拍摄）

11 月 25 日下午，“非遗传人进校园”活动之“非遗大师携中青年传承人技艺展示”在中央美院学术报告厅顺利举办。4 位专家与大师、小组导师以及 38 位传承人参加了这次活动，乔晓光教授担任活动的学术主持。这次活动面向全校开展，不仅给予 38 位传承人一次集体交流切磋的机会，更重要的是利用本次“研修班”的契机，通过面向全校的文化交流活动，让非遗资源进入大学校园文化生活，探索艺术类院校与本土非遗资源的对接方式。

第三周：“知辩”——发展要“知辩”。

课程主题为“知辩”，即在面对非遗发展的新时期，传承人面对传统与现代的碰撞要有辩证的认识和态度，在此基础上架起非遗通向艺术和生活的桥梁。

首先安排了丰富的小组特色课程，例如非遗研究中心博士生董永俊为剪纸组传承人介绍了日本非遗保护的政策机制，此外剪纸组还安排了《文化创意产品设计的案例分析》《中央美院剪纸工作坊的教学经验与创意作品》等课程。

小组创作课结束后，学员需要结合前两周的学习与交流经验，提出创作方案，与导师讨论具体实施办法和作品呈现方式，学习艺术创作与产品开发的方法，与导师交流互动，寻找非遗与现代生活结合的创意点。

课余时间，课程组还将非遗传承人请上大学讲台，邀请长白山满族剪纸传人王宏硕、大理白族民居彩绘传承人杨克文、甘肃文县藏族“池哥昼”传承人班杰军、浙江东阳卢宅营造技艺传承人吕雄心4位传承人为中央美术学院的师生讲解各自的非遗技艺与文化传统，分享他们作为非遗传承人对传承使命的思考，将鲜活生动的非遗案例引入大学课堂。满族剪纸传人王宏硕介绍了自己在家乡考察老一辈剪纸传承人的田野经历，强调田野调查对新一代传承人掌握老一辈传统的作用。通过扎实、长期的田野调查，他不仅在自身非遗门类的技艺上有了更加系统全面的接触，更在历史传统和文化生态方面拥有了更为宽广的视野。

三周学习结束后，学员带着已经确定的创作主题和思路回住地进行为期3个月的创作。创作期间，也需按照计划定期向课程组与导师汇报创作进度以及遇到的问题，以保证作品如期完成。

最终的展览与研讨于2016年3月20日开幕，展期为1周。展览开幕式当天还举办了结业仪式和研讨会。会上，文化部副部长项兆伦对央美的研培工作给予充分的肯定，并表示要将中央美院研培的成功经验纳入文化部“中青年非遗传承人研修研习培训计划”的工作指南中，把中央美院的培训作为样本在全国进行推广。

2016年1月，基于第三期研培中进行的“课堂上的田野”所积累的口述材料，中央美院非遗中心调查小组来到“池哥昼”面具雕刻传承人班杰军的家乡——甘肃陇南文县地区进行详细的回访调查，这也是中央美院针对研培计划首创的回访工作，进一步了解了传承人所处社区的文化生态与传承问题，也对研培工作为社区带来的后续效果进行了追踪。

图5 2016年3月，第二届高研班结业创作展开幕，领导、导师与学员合影

2016年4月，在云南昆明举行的“‘中国非物质文化遗产传承人群研修研习培训计划’各高校项目负责人及文化专管部门管理人员培训”会上，“三知”经验得到广泛认同，并成为研培计划推广的重要

价值理念（图6）。

（三） 第三、四届研培：探索长效的研培教育机制

第三、四期研培工作于2016年5月3日－2016年5月28日、2016年5月30日－6月24日成功举办。

基于往期培训的成功经验和出现的问题与不足，第三、四期高研班将继续推进项目化培训模式的改进与深化，建设长期有效的研培机制。在以“三知”为培训基础原则的前提下，探索培训工作的“常态化、互动化、职业化”的“三化”教学模式，让研培教育进入大学主体教育体系中，逐渐形成长期有效、可持续的教育机制。

具体落实到课程安排上，第三、四期高研班的培训周期为4周，创作周期为3个月，分别划分为文化遗产通识课、非遗互动、艺术实践、创意创作、展览研讨等五大模块，通过周期性的研习、研修、学习、交流与创作，以实现预期的培训目标与理想，

图6 中央美术学院高研班课程主持乔晓光教授在“‘中国非物质文化遗产传承人群研修研习培训计划’各高校项目负责人及文化专管部门管理人员培训”会上发言（张冬萍拍摄）

最终通过结业展览的方式呈现出来。

在已有的研培思路与模式基础上，本期研培工作继续拓展与开创，主要体现在：以往的培训只针对传承人，本次研培活动让美院在校生参与进来，与传承人“一对一”互动，这是进一步深化研培计划落地工作，避免短期“项目化”弊端所采取的应

表二：第三期研培计划文化遗产通识课程安排（2016）

		课程	专家	地点
周二 5.3	上午	开班仪式	校领导与小组导师	9:30-11:40 学术报告厅
	下午	培训课程介绍与学员自我介绍	乔晓光教授主持 小组导师与助教	14:00-16:30 学术报告厅
周三 5.4	上午	“文化”只能是观念存在	蔡华教授 北京大学人类学教研室主任、教授、博士生导师	9:00-11:30 17号楼102
	下午	价值、理念、方法 ——手上的记忆	李松研究员 文化部民族民间文艺发展中心主任	14:00-16:30 17号楼202
周四 5.5	上午	东亚地区文化遗产保护经验与研究	非遗中心课程组	9:00-11:30 17号楼202
	下午	非遗传承保护与我的留日体验	赵斌副教授 中央美术学院设计学院副教授、硕士生导师	14:00-16:30 17号楼202
周五 5.6	上午	中国传统建筑营造中的彩画技艺	陈捷副教授 中央美术学院人文学院文化遗产学系主任	9:00-11:30 17号楼202
	下午	守护与延续·文化遗产的保护与传承——世界文化遗产的考察与研究	乔晓光教授 中央美术学院非物质文化遗产研究中心主任、教授、博士生导师	14:00-16:30 17号楼202

表三：第四期研培计划文化遗产通识课程安排（2016）

		课程	专家	地点
周一 5.30	上午	开班仪式	校领导与小组导师	9:30-11:40 学术报告厅
	下午	培训课程介绍与学员自我介绍	小组导师与助教	14:00-16:30 学术报告厅
周二 5.3	上午	我和水印版画	陈琦教授 中央美术学院研究生院常务副院长	9:00-11:30 5 号楼 A102
	下午	手艺的前世今生 ——民族艺术之我见	王少军教授 中央美术学院党委副书记	14:00-16:30 5 号楼 A102
周三 5.4	上午	参观国家博物馆	非遗中心课程组	9:00-11:30 国家博物馆
	下午	参观首都博物馆	非遗中心课程组	14:00-16:30 首都博物馆
周四 5.5	上午	印度佛教的形成与发展	王云副教授 中央美术学院人文学院	9:00-11:30 5 号楼 A102
	下午	东亚地区文化遗产保护经验与研究	非遗中心课程组	12:30-16:30 5 号楼 A102
周五 5.6	上午	如何欣赏中国绘画	王瑀馆员 中央美术学院人文学院图书馆	9:00-11:30 5 号楼 A102
	下午	“两线、三点”活态发展 ——谈中国传统文化遗产之延续	杨阳副教授 清华大学美术学院	14:00-16:30 5 号楼 A102

对机制，旨在拓宽研培计划的深度和广度，将研培与大学教育建立可持续的联络与互动。

二、社区非遗传承的研培理念

中央美院在推进研培计划的课程设置过程中，围绕当下社区非遗传承的现实处境，在实践中总结并提出了一系列的思想理念，并付诸实践与检验，这些理念也逐渐成为研培计划全国推广过程中可供借鉴和参考的经验模式。

（一）研培让传承更传统

中央美院研培工作的前提，是让传承人进入被大学尊重的传习情境中，促使他们进一步认识到传统的深刻意义与长久生命力，更加珍惜和尊重自己的社区文化传统，同时，建立成为文化“知情者”与文化“持有者”的意识。回归社区的活态文化传承，是每一位传承人义不容辞的责任和文化使命。

进入学院进行研培学习，相关文化与专业课程为传承人带来了新的文化视野和国际化文化遗产传承保护的新经验，使许多中青年传人开阔了眼界，增强了文化自信。学院对其所代表的非遗传统高度认同与赞赏，使得非遗传承人提高了对自身传统的再认识，增强了坚持传承的信心。传承人带来的非遗资源，也为大学生打开了一个活态的艺术新天地，为艺术学习和创作带来了灵感。正是在这种碰撞中，传承人认识到了自身文化多样性的价值和坚持传承的意义。

中央美术学院从徐悲鸿院长那一辈开始就有尊重民间艺术的传统，上世纪 80 年代初创建的民间美术系，更是希望把来自乡村社区活态文化的民间艺术资源引进高校，融进学院的教学及艺术创作的血液中。对于民间艺术的尊重与采风学习已成为中央美术学院教育教学的传统。这次研培工作实际就是社区和大学的对话，传承人把活态的文化知识和技艺传统带到了大学的课堂上，传承人就是来到学院最好的老师。中央美院开展的“非遗进校园”活动，不仅影响和感动了学院里的师生，也感动了传承人自己。

（二）创造性传承

中央美院在研培工作中，提出“知情、知艺、知辩”的教学宗旨。

从另一层面上看，“三知”的教学宗旨，对研培的组织者——高校也同样适用，研培的过程也是高校非遗学科专业的自我开拓过程，高校同样要对多民族社区非遗的文化传统“知情”，要了解文化内涵与禁忌。同时对非遗的传统手工技艺要了解，要有对技术与民艺品质的判断能力和甄别力，要知道传统技艺的评价原则，要能辩证地对待继承与创新，要以社区的社会发展需求为主体，尊重和发挥传承人的才能和潜能。

面对非遗依附的社区文化生态的深刻变化，“创造性传承”已成为当今非遗传承不可回避的现实问题，如何“创造性传承”的问题也尤为突出，但创造性传承不是另起炉灶和从零开始，而是在非遗传承从“文化自发”走向“文化自觉”的过程中，为社区非遗传承的可持续寻找适应社会发展的途径与方法。文化的新旧交替和传承人的新老接替是一个文化适应与再创造的过程。尤其要应对那些社会突变因素带来的传承问题，这种情境下的文化适应更需要创造性地寻找存活与发展的新方式。

（三）为民族传承，为生活创新

针对文化传承与生存处境的矛盾，2016 年 3 月，在中央美院第二届高研班的教学研讨会上，乔晓光教授首次提出“为民族传承，为生活创新”的理念。

高速发展的现代化以及互联网时代快速变化的社会生态，都为非遗的传承带来了极大的挑战，非遗依附的社区文化生态正在发生着深刻的变化。中国的文化遗产已进入到渐变与突变交织的时期，此时，创新的实质是探讨传统精神如何更长久传递下去。在“三知”理念的指导下，一方面，中央美院的研培提倡“让传承更加传统”，传人在被大学尊重的传习情境中，进一步认识到传承传统的深刻意义与长久的生命力；另一方面，在民生与发展的本质前提下，中央美院的研培工作又提出“为民族传承，为生活创新”的理念。对于那些多民族的节日习俗文化和礼俗文化，传承的发展需要由社区民众意愿选择与决定。而对那些依托于商业流通领域和日常生活实用价值的手工艺类型，创造性传承可能更多来自社区新生活的需求以及个体传承人艺术才能的发挥。因此，研培既要尊重文化传统，这是非遗保护的核心，同时也要尊重个人才能，既为民族传承，又为生活创新。

云南大理白族民居彩绘传承人杨克文曾在研培过程中谈到自己的“原味传承”理念，他坚信自己的手艺是一份美丽而孤独的事业，现在，全国都掀起了保护传统手工艺的大潮，在国家政策的倡导下，他们的手工艺逐渐得到了应有的尊重，因此，应该主动在实践中不断提升自己，完善手艺的方方面面，但完善的目的不是为了一味地求新，而是能够有足够的储备更完整地将最传统的技艺传承到下一代。对于传承和创新，他表示要以原汁原味的传承为主，同时应该总结并且普及所传承工艺背后的文化价值和艺术魅力。

浙江乐清黄杨木雕传承人牟湘波也曾谈到传统与现代的关系问题，他认为，非遗传承人要扎实掌握老一辈的技艺，这是传承的基石，更是面向未来持续发展的前提，在这个前提下，才能谈与时俱进、与现代生活相融合，因此，当代传承人任重而道远。解决这个问题既需要传承人在传统上的深入探索和继承，也需要高校积极参与进来，以更宏观的视角去了解社区、了解行业现状，只有高校教育与传承人机制相互动，才能进一步推动这个问题的解决。

三、大学与社区间的互动模式

在国家层面的推行和倡导下，非遗传承人群研习培训计划的开展，使大学和社区非遗联系了起来，这是大学教育和社区的非遗文化传承发生关联的契机。当下许多非遗传承相关复杂的社会问题也凸显在研培工作中，传承人老龄化、后备传人年轻化、传统的流变以及文化不可持续传承等问题都成为研培工作的焦点。大学如何在国家非遗传承保护事业中发挥更积极有效的社会作用，被提到了议事日程上来。

2015 年 11 月，联合国教科文组织在曼谷召开了“亚太地区非物质文化遗产研究生学位课程发展区域论坛”，探讨了大学教高中的非遗课程时间，同时教科文组织强调大学对区域性非遗保护的作用、对社区非遗的尊重及关注，以及大学教育对维护亚太地区文化与语言多样性的作用。前来参会的亚太地区高校对此类问题进行了分享和讨论，并就高校如何进一步推进本区域社区非遗活态传统保护提出了新的思考。

大学代表着主流文化的知识体系，也代表了一个国家在文化遗产相关专业领域上的认知、研究与创造的能力。作为青年群体的集聚地，大学对本土文化的关注与认同，以及在遗产相关知识方面的基础研究与专业实践能力也代表着国家遗产的未来。基层社区文化遗产传承问题的解决以及相关濒危文化遗产类型的抢救与基础研究，都有待大学的积极介入，并承担起当下文明转型期应有的文化使命。

（一）高校文化遗产相关学科建设滞后

非遗进入大学校园、大学进非遗社区实质是双向互补的两方面，从这个意义上来看，高校非遗相关学科的建设是滞后的。

研培过程也是高校非遗学科专业发展的自我开拓过程，因此，研培项目的成功展开也给高校的文化遗产相关学科的建设问题提出了要求。中央美院研培项目的成功开展，离不开多年的民间美术田野研究与专业教学经验，尤其是对剪纸这一项非遗门类长期、专业的追踪和普查，这为研培计划中剪纸项目的开展奠定了重要的基础。

而对于其他参与研培计划的非遗门类，无论是传承人学员还是小组导师，都表示出了对高校非遗学科建设的期待。福建寿山石雕传承人潘惊石认为，我国是世界上拥有非物质文化遗产最多的国家，玉石雕刻作为从事人口非常巨大的非遗门类，如果能通过美术院校的专业理论知识系统来引导玉石雕刻行业从业者在传统技艺的基础上做出拓展和创新，这将对玉雕的传承事业提供有力的支持。

民居营造组小组导师吕品田教授认为，民居营造技艺的传习制度应该要跟当代的高等教育有所结合，现在的高等教育是以理论教学为主要的人才培养方式，这种方式是西方体系，实际上已经丢掉了千百年来民间营造技艺那种师徒传习方式所拥有的传统智慧，中央美术学院建筑学院向来希望并正在将传统民居营造技艺的一些观念和传承方式融入到当代的学院教学实践中，对于学生来说，接触传统对于将来接触现代建筑理念非常有帮助。同样，这种将传统营造技艺与大学建筑学教育的融合也将推进美丽乡村的建设与传统村落的保护，现代科学技术的发展给我们的城市和乡村带来了巨大的影响，在当今城乡建设中，我们可以通过吸收民居营造技艺在建造技术、建造形式和建造观念上的特性，使当代建造活动更加人性化和多元化。

综上所述，培训最本质的就是推动民族内部文化的整合，在新旧交替、新老交替的时代，如果没有学科的理论和技术支持，仅仅将非遗传承作为短期的项目只会让培训陷入被动。

（二）让高校研培走向"常态化、互动化、职业化"

为继续推进项目化培训模式的改进与深化，建设非遗社区与大学教育之间长期有效的研培机制。中央美院提出了"常态化、互动化、职业化"的"三化"教学模式：

第一，"常态化"：让非遗培训走出孤立于常规教学之外的项目化的边缘处境，进入学校日常教学主体，形成合情合理的可持续的教育教学周期。

第二，"互动化"：非遗培训教学课程，不是单向的学院知识学习，而是非遗知识体系与学院知识体系的互动传播与学习，互动共生，让传承更加传统，让传承更具活力。

第三，"职业化"：根据非遗传承类型的职业化需求培养人才，避免培训的单一"美术化"倾向，非遗传承是匠艺传承的职业，需要有匠艺的职业操守和技艺修行，提升传承人对非遗文化传统的认知与文化持有水平，拓宽传人文化艺术视野，增强文化传承的秉持与创造能力，使其成为社区文化传承发展的带头人。

致力于构建"三化"的工作模式，目的是让研培计划进入大学主体教育体系，逐渐形成长期有效、可持续的教育机制。

（三）非遗传人进校园

"非遗传人进校园"活动从第一期高研班开始，已成为每期必办的常态活动，逐渐成为中央美院校园文化生活中备受欢迎的品牌活动。

在进校园活动中，传承人通过向学院师生现场表演、现场讲授，将非遗手艺与民俗文化带入美院的校园文化生活。一系列"非遗进校园"活动的开展，加强了传承人和大学生的互动，也是传承人给高校学生上的珍贵一课；另一方面，该活动也开阔了传承人的眼界，增强了其对本地域非物质文化遗产的文化认同和文化自信。当研培传人回到所在社

图 7 中央美术学院“非遗进校园”活动，不仅使参与研培的传承人之间拥有相互学习、交流的平台，也为在校师生提供了一个亲密接触非遗的学习机会（张冬萍拍摄）

图 8 “非遗进校园”活动，现场近距离的木偶戏表演，反响热烈（张冬萍拍摄）

区，来自学院交流的体悟也将成为他艺术技艺和文化创作的独特灵感。

中央美院作为北京市“高参小”[1]项目的参与高校，自项目开展以来，积极响应市教委号召，借助学院资源优势，开展以传统文化、创新艺术思维、提升中小学生审美能力和艺术修养为核心的一系列美术教育研究与实践活动。

研培计划开展以来，中央美院“高参小”项目组借助非遗资源，多次组织项目支持学校走进美院参观非遗传承人高级研修成果展览，还特别邀请剪纸、木雕、竹编等非遗门类的传承人分赴北京九十四中学、首师大附中通州校区、徐悲鸿中学和北京青年政治学院附属中学小学部，为中小学生现场授课，走进孩子们的课堂，带去非遗技艺与民族文化的展示与体验，传播保护、传承非遗的理念，服务基层社区。

第三期高研班授课期间，中央美术学院非物质文化遗产研究中心联合“高参小”项目，邀请浙江省泰顺县新兴木偶剧团进行了 3 场木偶戏表演，让小学生进入大学校园礼堂接受非遗知识，近距离接触和熟悉非物质文化遗产。

在非遗时代，由高校整合资源参与中小学的非遗教育实践，承担振兴民族文化的历史重任，是中央美院不断探索和努力的方向。

（四）从课堂到社区的常态化回访

研培工作中，中央美院开展了“课堂上的田野”的深度访谈环节，中央美院非遗中心研究生对传承人

1.2014 年，北京市启动高校、社会力量参与小学体育美育发展工作，简称“高参小”

进行口述采访，记录传承人生活中文化传承的故事，了解乡村文化传承现状，这是培训工作深入完善不可缺少的前提基础。

传承人与非遗文化的缘分和故事深深地打动了大学生，更让中央美院对非遗技艺与文化社区的关系和现状更加“知情”。

2015 年 12 月 13 日，“央美非遗中心”微信公众平台推送了《白马藏族木雕传承人班杰军》一文，展现了部分“课堂上的田野”调查成果，介绍了白马社区“池哥昼”民俗以及参与第二期研修班的传承人班杰军的境况及传承理念。

2016 年 2 月 18 日至 2 月 24 日（即农历正月十一至正月十七），适逢白马人最盛大的祭祀民俗活动，非遗中心田野调查小组一行三人（董永俊、张冬萍、邹丰阳）来到了班杰军的家乡。通过深入传承人社区的回访调研，重新认识了传承与社区的关系。调查小组不仅看到了班杰军家乡非遗传承的现状及现实问题，也引发了大家对培训新的思考。此次回访是中央美院深化研培课程模式的重要尝试。此举具有开拓性，并对文化部的后续培训工作思路产生了影响。回访调研让高校了解并介入社区，具体地发现社区传承发展与实践的问题。

2016 年暑假，距离中央美院第一次回访结束半年后，文化部非遗司向全国参与研培计划的高校发布《关于请“中国非物质文化遗产传承人群研修研习培训计划”参与高校利用暑假安排回访学员的函》，将央美走进社区的经验全面推广。在文化部的大力支持下，中央美院又组织九支回访队伍回访历届学员十余人。

通过深入社区的回访与考察，我们认为，高校的非遗工作不能仅仅立足于提高传承人的创新与创收能力，更应该深入到根本层面，提高传承人的总体认知与文化自信，激发传承热情，通过全面的研修计划，推动非遗的可持续活态保存，让传承更加传统。

以社区为本的研培计划，应当建立在非遗文化本体可持续的价值基础上。把非遗作为资源向衍生品的延伸与创新实践，同样需要有源自文化遗产灵感的文化原创精神，这也是我们建立本土艺术信念和文化创造的必修之课。

（五）让非遗启蒙教育，让艺术照亮非遗

从第三期培训开始，中央美院开始尝试将研培工作与校内选修课相结合。以往的培训只针对传承人，在此之后，在校大学生将会参与进来，与传承人“一对一”互动，传承人进入各专业工作室，带学生进入社区；在最后的结业展览中，还将引入学生、老师、非遗传人联合创作的作品。

图 9 中央美院非遗研究中心田野调查小组赴甘肃文县开展首次传承人回访。图为小组成员邹丰阳（左一）、张冬萍（右一）与白马藏族木雕传承人班杰军合影（董永俊拍摄）

研培与专业教学的结合，让传承人进入课堂教学，让大学生了解、认知、研习、实践、传承非物质文化遗产，让传承人与大学生在交流互动的过程中碰撞出设计衍生与艺术创作的灵感火花。一方面，传承人在掌握并熟知传统技艺与文化记忆的基础上，受到年轻而有活力的创意启发，进行传统手工艺的现代化探索；另一方面，大学生增加了在民族文化遗产方面的认知，在此基础上可以进行具有文化传承意义的非遗设计衍生与艺术创作探索。

大学进社区将是非遗传承、保护与研究工作的大势所趋，在研培工作中，让传承人带领大学生进社区，在社区中，让学生学习非遗的传统工艺与技术。由此逐渐形成可行的操作模式，逐步推进大学与社区的良性互动，让大学教育开始正视并面向非遗开展体验与实践。

（六）研修成果展示

在中央美院举办的四期非遗研培中，最后的成果创作展往往是最引人瞩目的环节。前两期的展览紧扣研培课程思路及授课理念，着重展现了中青年传承人本民族社区的技艺经验与文化传统，同时，创作板块也体现了与美院师生对本领域的传承和可持续问题进行的积极探索与思考。

各小组导师在这此环节充分考虑到了各位传承人以及各非遗门类自身的特点，给予了不同的辅导与建议，也使创作部分的展览呈现了多种多样的形式，无论是衍生品的尝试，还是对传统作品进行等比例微缩的技术实验，或者通过对不同流派技术与风格的比较学习更明晰和自觉地在作品中体现本流派的优势特征等等，都是从不同的角度尝试在文化新旧交替的渐变、突变过程中，为社区非遗传承的可持续寻找适应社会发展的途径与方法，寻找存活与发展的新方式。

2016 年 10 月 21 日至 11 月 4 日，“大学与非遗——中央美术学院中青年非遗传承人高级研修创作展”于北京太庙艺术馆举行。本次展览由文化部非物质文化遗产司、北京市总工会、中央美术学院联合主办，太庙艺术馆承办，共展出剪纸、木雕、玉雕、漆器、珐琅、民居营造、竹编、刺绣 8 个非遗门类的 240 余件优秀作品。参展者包括国家级的非遗大师、年轻的非遗传人，以及来自中央美院的教授和学生共 90 余人。

本次展览首先作为第三、四期研培计划的成果展，同时，也展出了前两期研培计划过程中最优秀的创作与成果，旨在体现“为民族传承，为生活创新”的核心理念。展品中既有国家级非遗大师的高水准精品，又有中青年非遗传承人充满活力的传承与尝试；既有来自社区的百工传统技艺，又有学院师生们源自文化遗产灵感的艺术创作；既呈现了各非遗门类精湛的传统技艺与优秀的原生传统，也体现了新时代多元的创新精神。（图 10、图 11）

非遗原生社区与艺术高等学府以各自不同的视角赋予传统非遗更为多元的传承意义，更是大学教育和社区的非遗文化传承发生关联的绝佳契机。展览地点设在太庙，秉承“承载优秀传统文化、弘扬民族特色品牌”的目标，将来自民间的艺术引入皇家国庙。展览配合一系列公教活动和文化讲座，联合北京市“高参小”“高参高”项目，让首都中小学生体验非遗，让非遗走进首都职工文化生活，

图10 2016年10月，在北京太庙艺术馆举办“大学与非遗——中央美术学院中青年非遗传承人高级研修创作展”（张冬萍拍摄）

图11 第二届高研班建筑组结业展览（张冬萍拍摄）

让广大公众了解中国传统文化，使得本次展览成为连接非遗原生社区、艺术高校以及首都民众生活的桥梁。

结语

纵观四期研培的总体思路与实践历程，其中既是中央美院对文化部研培计划的积极实践，又可以看作是中央美院在研培计划推向全国过程中的前期试验。一方面，探索出了研培计划的基本教学框架，为研培计划提供了科学的底线参照。更重要的是，中央美院作为这个研培计划的起始高校，是基本研培模式的创立者，并在四次的实践过程中逐渐调整、拓展与深化，推进了新时期社区非遗传承与大学教育之间互动模式的探讨，具有一定的范式意义。

裴诗贇
中央美术学院非物质文化遗产研究中心
硕士研究生、研培项目助理

第二篇

社区非遗：来自社区传承的实践经验

安塞经验

——安塞地区民间剪纸普查、培训、推介的实践经验

陕北，大多数人对她的印象标签是革命老区、深邃沟壑连绵而成的黄土高原，若再有，恐怕就要数窑洞和窗格子上的红窗花了。剪纸在我国遍地开花，但陕北的剪纸最能在人们心中打下烙印。

地理差异使得陕北黄土高原与关中平原、陕南秦巴山区的民俗风貌迥异。陕北是陕西省剪纸尤为丰富的地带，像安塞、延长、延川、洛川、富县、黄陵、子长、吴起等地区都“盛产”剪纸。尤其是安塞县[1]，抗日战争时期，革命文艺工作者在这里开启了对民间剪纸的挖掘、收集工作，上世纪七八十年代，安塞剪纸普查的开展、剪纸创作班的火热再次推动了安塞剪纸的发现。迈向21世纪，入选联合国教科文组织“人类非物质文化遗产代表作名录”的中国剪纸迎来了“非遗时代”，安塞举办剪纸创作班的传统仍在继续，剪纸不仅成为群众业余和农闲时的文化生活，甚至成为陕北的“土特产”销往国内外。剪花娘子增添了新身份，她们成为学校的剪纸老师、剪纸合作社的负责人。基层文化工作者对剪纸开创性与持续性的发掘与保护工作，使得安塞成为我国在民间剪纸传承保护事业中取得显著成就的代表性地区之一。

对安塞地区剪纸的发现、发掘、整理、推介工作已持续开展了近70年的时间，基层文化工作者在实践探索中积攒了宝贵经验。在今天看来，安塞民间剪纸发掘、推介过程中的一些方法仍不过时，为我们探索非物质文化遗产的基层保护工作提供了一个有时间跨度的参考个案。

1. 安塞县2016年撤县为区，属延安市下辖区划。因为本文叙述的事件要早于这一时间，所以后文延续“安塞县”这一区域称谓

一、源自革命时代的剪纸调查传统

在中国剪纸申请联合国教科文组织“人类非物质文化遗产代表作名录”的申报材料中，选定的22位代表性传承者中有8位来自陕西省，这8位剪纸传承人当中有4位来自安塞。[2]安塞拥有多位天才传承者，这不仅因为安塞县自身丰富的民间剪纸文化资源，更因为安塞县基层文化工作者对当地剪纸情况的详细掌握。70年代末，在靳之林、陈山桥[3]、刘修标、宋如新、王生毅、张永革等文化工作者的带领下，率先在吴起、安塞、黄陵等县开始了剪纸普查，并配合举办剪纸创作班，进一步发掘传统剪纸的纹样与民俗。一时，剪纸普查与培训的浪潮扩展至整个陕北地区。也正是在那时，地区文化部门摸清了陕北剪纸的家底，让隐藏在乡村里的默默无闻剪花妇女和她们的剪纸备受瞩目。此后，与剪纸相关的展览、推介工作相继开展，让陕北剪纸的声名远扬。

陕北剪纸早在七十年前便引起了艺术家、学者的关注，一方面因为陕北是民间剪纸的富集之地，另一方面更因为陕北在新中国成立前的特殊身份——陕北的延安是陕甘宁边区的首府。陕北是重要的革命根据地，也是发现民间剪纸的重要之地，可以说，民间剪纸的发现与收集源于延安时期的革命文艺传统。五四运动时期，新民主主义思想催生出美术上的大众文化运动，“到民间去”的口号让知识分子走向底层。抗日战争时期，文艺成为斗争的武器陪伴着前线纷争的战火，“文艺大众化”的新旧形式问题被提出与实践。在鲁迅的号召下，艺术家们纷纷向民间学习，借鉴汉石刻画像、民间年画等民族艺术形式，创作容易被大众接受的木刻作品，这是艺术家学习民间艺术的滥觞。

1935年，红军长征到达吴起县，开始了中国共产党13年的延安时期。这一阶段，文艺民族化、大众化的问题继续被讨论，艺术家们有了到民间采风的行动。当时，延安鲁迅文艺学院的美术系教员陈叔亮、张仃、吾石、苏坚、莫里、化风等人率先开始收集民间剪纸，考察地区主要是陕甘宁一带，其中陕西省以关中和陕北为主[4]。这些艺术家一定程度上吸收了民间剪纸语言的特色，并将其应用于创作当中。[5]

1942年，毛泽东《在延安文艺座谈会上的讲话》

2. 陕西省的8位传承者分别是库淑兰（旬邑县）、高金爱（安塞县）、白凤莲（安塞县）、曹佃祥（安塞县）、白凤兰（安塞县）、王兰畔（洛川县）、高凤莲（延川县）、郭佩珍（佳县）

3. 陈山桥，男，1949年9月生，西安灞桥人，陕西省艺术馆研究员，陕西省非物质文化遗产保护委员会专家。1975年毕业于西安美术学院版画系，长期从事民间美术的辅导与研究。1999年主编出版《安塞剪纸》《安塞民间绘画》《安塞线描绘画手稿》；2003年编著出版《花草纹样剪法》《动物纹样剪法》；2011年编著出版《陕北剪纸》《关中陕南剪纸》；2014年编著出版《剪纸大师曹佃祥》；2015年编著出版《学剪几何·花草纹样》《学剪果蔬·草虫·鳞介》《学剪动物·人物》丛书；2012年执行主编出版《陕西剪纸（五卷本）》；2017年编辑《中国剪纸陕北卷》；发表民间剪纸传承研究论文及文章15篇。被文化部社图司授予“民间美术工作开拓者”称号和“优秀辅导员”称号，中共陕西省委、陕西省人民政府授予其“德艺双馨文艺工作者”称号

4. 艾青、江丰编：《西北剪纸集》，上海：晨光出版社，1949年

5. 韩慧荣：《新剪纸研究》，中央美术学院硕士学位论文，2006年

明确了革命文艺的接受者是工农兵，文艺的服务对象是劳动人民。文艺要为工农兵服务，首先要学习工农兵的生活和艺术，为此，毛泽东倡导文艺工作者要热爱工农兵萌芽状态的文艺，这些萌芽状态的文艺即是指民歌、民间故事等来自民间的老百姓熟悉的文艺类型。毛泽东还“鼓励革命文艺家积极地亲近工农兵，给他们以到群众中去的完全自由”，通过与工农兵同吃、同住、同劳动了解他们的生活及艺术，从而更好地创作出为革命和工农兵服务的艺术作品。当时鲁迅艺术学院的师生江丰、艾青、力群、古元、张仃等参加了座谈会。座谈会结束以后，艺术家开始践行毛泽东在座谈会上的讲话精神，剪纸作为陕北地区极为普遍和典型的民间艺术类型，成为美术家重点调查的对象。艾青、古元将在安塞、绥米（绥德和米脂地区）、盐池等陕甘宁边区农民家中调查收集到的剪纸代表作品汇编为《民间剪纸》，于1946年在张家口印刷，1949年在晨光出版社再版发行更名为《西北剪纸集》。1944年，《关于发展群众艺术的决议》对延安及各分区的工农兵文化艺术的工作任务做出了更为详细的指示：一面要在群众中发展新美术（新的年画、木刻、剪纸），一方面要团结和教育群众中旧有的说书人、故事家、画匠、剪纸的妇女。[6]这里，明确提到了剪纸这一民间文艺类型及其创作者，剪纸再次引起艺术家们的重视。当年，陕甘宁边区文教大会陈列室中展示了延安文艺座谈会以来艺术家搜集民间剪纸的阶段性成果，展出的剪纸作品分为两类：一部分是老百姓的民俗剪纸；另一部分则为艺术家学习民间剪纸形式创作的“新剪纸”或木刻窗花作品，如《八路军骑马》（力群、石桂英）、《光荣参军》（夏风）、《木刻窗花》（古元）等。

图1 革命文艺家力群与山西东小景村妇女石桂英合作的剪纸作品《织布图》

解放战争及建国初期，革命文艺的重点是艺术家发现和学习民间艺术；中华人民共和国成立初期，延安鲁艺时期的艺术思想被延续，文艺仍然要为工农兵服务，只是宣传抗战、革命转变为宣传发展生产力。民族民间艺术被大力推广与弘扬，一方面因为用人民熟悉的艺术形式是行之有效的宣传手段；另一方面，国家的发展需要展示能够代表国家形象的、具有民族特色的艺术品和工艺品。1953

6.1944年11月16日边区文教大会通过《关于发展群众艺术的决议》，吉林师范大学文艺学编写组：《文艺方针政策学习资料》，长春：吉林人民出版社，1961年年的“全国工艺美展”展出了32个省市和24个少数民族的九千多件工艺品，包括剪纸、陶瓷、染织、刺绣、金属工艺、木偶、年画、木雕等类型。这次展览参与面广、影响力大，体现出国家对手工艺的高度重视。

50年代开始，基层群众学习文艺的热潮在全国铺开。1956年，文化部向各地文化局下发文件布置关于建立群众艺术馆的工作任务，群艺馆最主要的任务便是“搜集整理民间艺术遗产和辅导群众业余艺术创作”，创作以“发扬民族的、民间的艺术优秀传统”为目的的作品。[7] 此后在一段时期内，我国的文化政策保持对民间文化的重视，1956年、1957年，《人民日报》分别作了关于对待民间艺人和工艺美术问题的社论[8]，这一时期工艺美术发展也在顺应当时国家大力发展工业的浪潮，适应社会主义工业化的发展需求，民间的艺术形式要“取其精华、去其糟粕”。同时，国家也在推动基层、高校对民族民间美术的关注和研究。1959年前后，与民间工艺有关的高校和部门数量增加，从中央到地方，先后建立工艺美术院校十余所，工艺美术研究所二十余所，工艺美术服务部三十多个。[9] 高职院校纷纷邀请民间艺人到学校讲授民间美术技艺，高校在搜集、整理民间艺术作品的同时，还担负着与群艺馆联合指导工农兵美术学习的任务。在基层，各地的创作班、美术小组、俱乐部办得热火朝天，工农兵劳动之余，可以到创作班上学习剪纸、年画、黑板报、美术字，通常一个县的美术小组多达几百个，美术骨干有几千人之多。工农兵群众成为参与政治宣传的主力军。

整体看来，从20世纪三四十年代开始，剪纸、年画等民间美术开始受到革命文艺家的重视，尤其在陕北地区，率先开始了剪纸收集工作。50年代至70年代，剪纸、皮影、年画等民间美术作为具有民族特色的艺术形式被重视，全国上下都以民族民间艺术作为创作宣传作品的素材和源泉，构成了民间艺术被重视、发掘、收集的社会历史环境。

二、安塞剪纸的普查与培训

在重视民族民间艺术、发展群众艺术的时代背景下，安塞剪纸的正式普查与培训工作在靳之林、陈山桥等人的推动下开始了。正如陈山桥所说：安塞剪纸的普查与培训工作是接着“文化革命后期”重视群众文化宣传与培训的热潮开始的。[10]

中华人民共和国成立后，“新壁画运动”[11] 引发了农民画创作热潮，各地纷纷办起农民画创作

7.1956年8月21日（56）文刘艺群字第（16号）《文化部关于群众艺术馆的任务和工作的通知》。中华人民共和国文化部办公厅编：《文化工作文件资料汇编（1949–1959）》，人民共和国文化部办公厅，1982年7月，第286–288页

8.《重视民间艺人》，《人民日报》，1956年10月2日社论；《工艺美术的方向问题》，《人民日报》，1957年7月29日社论

9.安性存：《紧密合作、携手前进 让工艺美术之花开得更加鲜艳绚丽》，《美术》，1960年Z3期

10.韩亮：《陕北民间剪纸艺术研究》，上海大学博士学位论文，2016年

11.大跃进时期，国家号召工农兵在工厂、公社、部队的墙壁上绘制宣传政治思想的宣传画，在全国范围内火热开展，广大工农兵在通过创作班的简单学习后便投入到创作中，这一文艺运动被称为“新壁画运动”

班。陕西户县成为陕西群众美术工作的标杆。但是在陕北，因为剪纸被广泛使用、简单易学、容易引起兴趣，因此时常开办剪纸创作班。1974 年，靳之林在延安吴起县负责开展群众美术创作班的工作，在吴起建立起的六个美术小组，包括一个专门学习剪纸的美术小组——周湾公社小口则村剪纸美术组。陕北剪花在二十世纪六七十年代曾被当作封建迷信，所以这一阶段剪纸美术组学习和创作的并不是民间形式的剪纸，而是为配合政治宣传创作的“新剪纸”，如饲养牲畜、发展生产、节约粮食等题材。[12] 1976 年到 1978 年，安塞县文化馆每年举办 1-2 期创作班，每期为期一个月，每个公社选派热爱美术的群众参加培训，学习目的是在各公社办黑板报。参加创作班的大部分都是受过教育的插队青年，以男学员为主，主要学习速写、素描，学习如何办黑板报；少部分为女性学员，她们的学习内容就是窗花，由中学老师和文化馆工作人员教授技艺，学习和创作的主要内容为新剪纸，她们的任务是回到工厂、村子带领人们在窗户上贴宣传政治思想的新窗花。

（一）开端：延安剪纸创作班

1979 年，党的十一届三中全会召开后，“文化春天”来临，国家开始鼓励复兴优秀的民族传统文化。在经历了特殊时期为政治服务的新剪纸发展的浪潮之后，传统民间剪纸的文化与艺术价值再次被认识、被重视。在这一背景下，陕北地区的传统民间剪纸发掘与普查工作旋即开始。1979 年，靳之林主办的延安地区首届剪纸创作班在延河饭店举行，参加创作班的是来自延川、富县、延长、黄陵、洛川、安塞、志丹等延安地区 13 个县的 16 名美术干部，还有 5 位特殊的学员是来自农村的老大娘，分别是子长的井三多、延安的姬兰英、富县的段金梅、洛川的雷明艳、吴起的陈英。[13] 以前，参加美术创作班的一般是有一定专业基础的美术骨干，所以，当时在场的美术干部十分困惑，为什么农村老大娘也来参加创作班。开始培训的前几天，靳之林因在外出差，由文化干部秦剑主持教学。秦剑按照以往的方法，把老大娘按美术干部一样对待，让她们按照画好的样子剪。擅长剪花的老大娘在家里都是拿起剪刀直接冒铰[14]，现在的学习方法老大娘接受不了，剪不成，闹着要回家。几天后，靳之林回到延安，了解到当时的情况后，马上召集美术干部开会，说明了这次创作班的用意。老大娘参加创作班的目的不是回村办黑板报，这次创作班另有目的：第一，创作班要在老太太身上发掘、恢复特殊政治时期被禁锢的传统剪纸纹样；第二，要动员美术干部，深入到各村发掘延安地区的民间剪纸；第三，美术干部要在向老大娘学习民间剪纸的基础上，创作剪纸作品。因此，对待剪纸老大娘不能像对待美术干部一样让她们学习新剪纸。次日，美术干部接受靳老师的指导，认真观摩老大娘剪纸，随后进行了创作。

12. 张同道：《靳之林的延安》，北京：文化艺术出版社，2009 年，第 37 页
13. 张同道：《靳之林的延安》，北京：文化艺术出版社，2009 年，第 77 页
14. 当地将不画样子，直接用剪刀剪花的方法称作冒铰

图 2 陈山桥年轻时的剪纸作品《安塞腰鼓》，他说当时只是用剪纸表现农村生活的题材，并不完全理解如何学习民间

创作班结束后暴露出两个问题：第一，在经历了一系列政治事件后，美术干部对“艺术民族化”和“民间美术”两个概念不能明确区分，认识不到老大娘的民间剪纸到底好在哪里。因此，在创作班讨论会上，美术干部对民间剪纸的意见莫衷一是，有的认为老大娘的剪纸工整精细，造型美观，有的却认为她们的作品没有透视，没有解剖，算不上艺术。这便引发了第二个问题，美术干部在创作时基本还是按照原来的思路创作，以古元、夏风等革命艺术家的作品为参照创作新剪纸，并没有真正认识到、学习到民间剪纸的精髓，所以，美术干部在这次培训班上创作的作品风格和原来相比差异不大。

创作班结束，老大娘的传统剪纸和美术干部的创作作品一同在延安展出，并且印刷成册页下发到每个公社大队。[15] 群众的反映是一致的：大家都更喜爱民间老大娘的传统剪纸。“文革”十年虽然禁止农民贴老样子窗花，但是老百姓骨子里有着对吉祥文化的诉求，还会有人偷偷把剪纸用酸枣仁扎在窗户上，有人检查时赶紧揭下来。[16] 所以，当老百姓看到生活中熟悉亲切的剪纸被展出时，由衷地喜爱。靳之林针对大家的疑问进行引导，美术干部的工作思路渐渐扭转，回到县里，美术干部们着手到村子里调查传统剪纸。虽然美术干部当时对民间剪纸的认识是模糊的，但是，这次创作班让民间传统剪纸在沉寂了十几年以后，再次亮相，这一事件也成为延安地区开始进行民间剪纸普查、学习与推介的前奏。

（二）普查：“摸索着来么”

1979 年 10 月，延安剪纸创作班结束，各县美术干部返回当地开始剪纸普查工作。当时在安塞县文化馆工作的陈山桥参加完延安剪纸创作班的最大感触：“人家子长县有井三多这样的剪纸能手，我们安塞肯定也有，我一定要把安塞剪纸普查一下，也找找像井三多这样的民间剪纸艺人。”[17] 靳之林在创作班上的指导给予了陈山桥开展普查的信心，但是，怎样普查？如何开始？人们都说陕北剪纸好，可是民间的剪纸究竟是什么样子？陈山桥

15. 张同道：《靳之林的延安》，北京：文化艺术出版社，2009 年，第 79 页

16. 邵佳茗：《安塞经验——陈山桥民间剪纸基层文化工作个案研究》，中央美术学院学士学位论文，2013 年

17. 邵佳茗：《安塞经验——陈山桥民间剪纸基层文化工作个案研究》，中央美术学院学士学位论文，2013 年

之前并没有关注过，没有方法可循，也没有案例可以参考，他只能是摸着石头过河。陈山桥决定采用最“笨”的办法：到村子里去，挨家挨户查。陈山桥选取南川的高桥乡和杏子河川的沿河湾镇作为普查的试点乡镇。高桥乡距离县城较远，交通不便，较少受到政治运动的冲击，而沿河湾镇则是历次政治运动的重点地区，因此，陈山桥选择这两个情况迥异的乡镇作为抽查样本。在人民公社化年代，每个生产队都有驻队干部，这为普查工作带来了极大便利。

高桥乡宋庄村是普查的第一站，陈山桥在妇女主任的引荐下寻找村里的剪纸能手。可是，妇女主任推荐的大部分是宣传政治思想的新剪纸，很少能看到传统纹样[18]，陈山桥十分沮丧。中午吃饭时，驻队干部家的炕围上贴的一对小狮子引起了陈山桥的注意，这正是要寻找的传统花样。陈山桥一问才知这叫“古时花”，村里上了年纪的婆婆都会剪。陈山桥恍然大悟，用“剪纸”“传统花样”“老样子”这样的术语普查，是无法达到目的的，此后陈山桥用老百姓听得懂的词语，寻找古时花，普查进展豁然开朗。妇女队长推荐了村里会剪古时花的李桂莲。李桂莲不描不画剪了一套《迎新媳妇》，陈山桥看到生动的迎亲场面，内心无比激动。第二天，高桥公社书记又向陈山桥推荐了西河口村的延喜芳，她拿出过世的婆婆留给她的一大包剪纸，陈山桥看到这些见都没见过的花样兴奋极了。连续两天的收获给了陈山桥信心，他看到好的样子就收集起来，不便收集的就请妇女做熏样保存。就这样，陈山桥一个村子一个村子地打听剪纸能手，20天下来，在高桥公社共发现了70多位剪花能手，收集剪纸纹样三百多幅。有了高桥乡的普查经验，在沿河湾镇的普查顺利了许多，李秀芳、白凤兰、王占兰、白凤莲、高玉兰等今天被人们熟知的剪花娘子陆续被发现。

陈山桥带着这一阶段普查收集来的剪纸向靳之

图3 陈山桥老师为笔者展示剪纸普查时的田野笔记（王鲁浩拍摄）

18.“文革”时期，陕北人在窗户上只能贴新剪纸，传统的老样子被禁绝，这类老样子被称为“古时花”

林汇报，靳老师十分肯定这批剪纸的价值，鼓励陈山桥进行第二次普查。靳老师对即将开始的第二次普查提出了工作建议：首先，进行剪纸普查的首要目的是发现民间传统剪纸，发现能冒铰、会创造的剪花娘子，因此，普查范围要扩大。“扩大”一是指调查地区的范围要扩大；二是调查对象要扩大，要普查到每个公社、每个村、每一户，凡是会剪纸的全部进行记录；三是不但要向老太太调查，还要向老大爷调查，向村民寻问已出嫁的剪花娘子的去向信息，按照线索层层调查。另外，年纪大的老太太尤其要重点发掘，她们往往掌握更多的剪纸花样。最后，要注意辨别老样子，区分传统剪纸和新剪纸。

靳之林的工作建议为陈山桥提供了实用的方法，他马上投入新一轮的普查。高桥乡和沿河湾镇的普查使陈山桥基本掌握了剪纸的分布规律和剪花娘子的大体情况，积累了一定的经验，这为接下来的普查做了铺垫。为了更大规模的普查，陈山桥召集自己认识的 8 位业余美术干部参与普查。靳之林也来到安塞协助，他和陈山桥先对美术干部进行了为期一周的培训，然后分为 6 路分头调查，一周以后到县里集中汇总，然后带队到村子再次调查。这样，安塞县开始了拉网式的剪纸普查。这次普查共发现 370 多位剪纸能手，技艺突出的有 78 位，收集剪纸 2300 多幅，但是整体水平不如第一次。[19] 1981 年陈山桥组织第三次剪纸普查，参与第三次普查的工作群体由文化馆工作人员扩展到各地区文化站的工作人员，人员数目的扩增将使普查涵盖的范围更广。同样，普查之前陈山桥先对工作人员进行培训，然后每人分管一个区域，一村一村地调查，力争没有遗漏。有了前两次的工作经验，第三次普查较为顺利，又发现了常振芳等一批出色的剪花娘子。三次普查完毕，陈山桥基本摸清了安塞县民间剪纸的情况，而且每次剪纸普查都收集了大量的剪纸纹样。

（三）深挖：安塞剪纸创作班

从 1979 年到 1981 年，安塞县的剪纸普查每年一次，与普查工作配套的还有剪纸创作班的举办，

表一：安塞县三次剪纸普查基本情况汇总

普查次数	普查时间	普查人员	普查地点	普查成果
第一次普查	1979.10-1980.1	陈山桥	高桥公社、砖窑湾公社、西河口公社、沿河湾公社	探索普查方法，发现白凤莲、李秀芳、高金爱、曹佃祥等剪花娘子。
第二次普查	1980.2-1980.3	文化馆业余美术干部 11 位	全县	发现剪花娘子几百人，剪纸纹样以花草居多，精品少。
第三次普查	1981.4	各地文化站工作人员	全县	摸清了全县剪纸的基本状况，发现常振芳等剪花娘子。

19. 张同道：《靳之林的延安》，北京：文化艺术出版社，2009 年，第 86 页

靳之林和陈山桥都会根据普查记录的名单遴选出技术最好的剪花娘子召开剪纸创作班。已经进行了剪纸普查并且收集了大量剪纸纹样，为什么还要举办创作班呢？首先，普查时收集到的纹样数量虽多，但并不一定全面与系统，还有大量的纹样没能挖掘出来，妇女们集中在一起通过交流，可能会回忆起、激发出更丰富的纹样，由此，对这些纹样进行整理和留档，将是日后文化传承的基础。其次，剪纸普查时重点记录的是剪花娘子的个人基本信息（如叫什么名字、住在哪里、会剪什么样子、收集了哪些样子等），主要用于参加创作班人员名单的备选。然而，对于剪纸纹样以及其使用方法、民俗功能等文化信息却不甚了解，所以，需要有机会对剪花娘子详细询问与记录。在70年代末，要解决以上问题，最有效的方法就是举办创作班了。

第一次普查结束已是腊月，靳之林和陈山桥赶在过年前召开了第一届剪纸创作班。从普查出的剪纸能手中选出了15位妇女参加。创作班的通知由县文化馆上报文化局，再由文化局向各公社下发，公社十分配合，妇女们得知能够参加创作班，都表现很积极。妇女们的食宿安排在县招待所，创作班也在招待所举办。为了不耽误生计，参加创作班的老太太每天可以得到4毛8分钱的补助，她们把这些钱交给生产队，可记8个工分[20]。

创作班开班，剪花娘子们热情高涨，每天剪纸到深夜。刚开始没有人敢剪老样子，所以几天过去了，样子都是些花花草草，和普查时看到的区别不大。靳之林和陈山桥明白她们的苦衷，向大家一一解释调查剪纸的原因，又请来文化局长亲自为大家做工作。白凤莲胆大爽朗，第一个自告奋勇剪了一个“吊帘”，李秀芳、白凤兰、王占兰也按耐不住了，蛇盘兔、抓髻娃娃、鱼戏莲、老鼠嫁女、牛耕图等传统图案陆续被剪出。[21]妇女们长时间不剪古时花有些遗忘了，但只要一个人剪出一个老样子，其他人便此起彼伏地想起这样子在自己村子是如何使用的，并剪出造型不同的老花样。妇女一边剪，靳之林和陈山桥一边询问、记录每个花样贴在哪里、为什么这样剪，每天晚上都对纹样和信息进行整理分类。除了传统剪纸，妇女们还创作了新题材的剪纸，比如《发展五业》的吊帘等，妇女们的剪纸作品不同于受过专业训练的美术干部们创作的“新剪纸”风格，既是新题材，又带有民间风味和自我风格，这是靳老师期待已久的剪纸创作。

1980年3月，在第二次剪纸普查之后又举办了一次创作班，这次参加的人数更多，共有54位妇女参加。每次创作班结束后，陈山桥都会分析这次创作班的经验，对下次创作班的方案进行调整。妇女在创作班上的剪纸作品全部保存在文化馆。至1993年，安塞文化馆每年举办1–2次剪纸创作班，每次为期30天，挖掘出大量的古时花和民俗传统。安塞剪纸创作班的经验被推广到延安各县。同时期，黄陵、富县、延川、洛川等县的普查和创

20. 张同道：《靳之林的延安》，北京：文化艺术出版社，2009年，第99页

邵佳茗：《安塞经验：陈山桥民间剪纸基层文化工作个案研究》，中央美术学院学士学位论文，2013年

21. 张同道：《靳之林的延安》，北京：文化艺术出版社，2009年，第91页

作班也如火如荼地开展。

三、安塞剪纸的延伸、推介与现状

（一）延伸：由剪纸到农民画

通过普查与培训，文化工作者对安塞剪纸的基本情况有了了解，传统纹样与民俗文化也被发掘与记录，后续工作就是推介。靳之林将延安地区剪纸普查和创作班的成果和部分剪纸作品，汇报给时任中国美术馆副馆长曹振峰和时任中国美术家协会主席、中央美术学院院长江丰，二位对延安剪纸的搜集整理工作连连称好。展览是推介剪纸最见效的方法，于是三人当即决定为延安剪纸在中国美术馆策划一场展览。靳之林马上通知各县的文化负责人精选作品，筹备展览。1980 年 5 月 20 日，延安地区民间剪纸展览在中国美术馆开幕，展览为期 20 天，由中国美术家协会、中国美术馆、延安地区文化局主办，选出的作品百分之六十都来自安塞，这些作品都是剪纸普查和剪纸创作班时收集上来的。[22] 展览开幕时，江丰、华君武、吴作人、古元、曹振锋、滕凤谦等艺术家和学者对延安剪纸进行了集中研讨。展览结束后，靳之林将展览的优秀作品汇总，出版了《延安剪纸》一书。江丰因为长期生活在延安，对延安感情深厚，又极为热爱民间剪纸，他在《人民日报》上发表了文章《我爱延安剪纸》[23]，讲述自己观看此次展览的感受，评价了靳之林等同志在延安开展剪纸普查与创作班的工作，还介绍了延安剪纸的使用方法、表现范围和剪花妇女。随着书籍和报纸的传播，延安剪纸为全国人民熟知。1985 年 10 月，在中央美术学院年画连环画系主任杨先让的邀请下，靳之林带着六位剪花娘子[24] 到中央美术学院为大学生表演，并展示与教授剪纸、面花等民间技艺，与中央美院的师生交流民间艺术。中央电视台为老太太们拍摄了专题纪录片《源——陕北民间艺术》，剪花娘子走出了陕北，成为当时“民间美术热”的重要事件之一，产生了深远的文化影响。

陈山桥在中国美术馆筹备延安剪纸展览期间，看到了同期展出的金山农民画展。有几幅作品是金山的老太太用刺绣的方式画出来的，陈山桥想：我们安塞的老大娘也会刺绣，也可以创作农民画；而且安塞的老太太本来就会画“炕围画”，画农民画一定不是问题。他认为：农民画需要辅导者的参与，找出农民想要表达的最精华的部分，帮助他们运用语言、组织语言。[25] 回到安塞，第二次剪纸创作班还未结束，陈山桥马上把想法付诸实践，指导剪花娘子画农民画。老太太们虽然擅长剪纸，有一定艺术表现能力，在家里也画炕围画、柜子画，

22. 张同道：《靳之林的延安》，北京：文化艺术出版社，2009 年，第 105 页
23. 江丰：《我爱延安剪纸》，原载于《人民日报》，1980 年 6 月 21 日，后作为《延安剪纸》代序，北京：人民美术出版社，1981 年
24. 到北京讲学的 6 位剪花娘子分别是：安塞县的曹佃祥、白凤兰、高金爱、胡凤莲，洛川的王兰畔和甘肃镇远的祁秀梅
25. 方李莉：《安塞的剪纸与农民画》，《文艺研究》，2003 年 3 期

但是转换到纸张绘画却很有难度。剪纸、炕围画相对来说是分散式的构图，而农民画却需要在一个封闭且完整的画面上表现绘画内容。这样的情况下，陈山桥如何指导剪花娘子们画农民画呢？

首先，要解决“画什么”的问题。老太太虽然有丰富的生活经历，但不知道生活可以用绘画表现。陈山桥凭借剪纸普查走家串户时对老太太们生活的了解，帮助她们寻找题材，谁家养了羊、谁家院里有碾子、谁家门口有梨树，陈山桥都一一回忆，他认为农民画就是要画农民的生活。剪纸中的题材也被用在了农民画上，“老鼠嫁女”“喜迎亲”“鱼戏莲”，这些都可以画在纸上。

然后，要解决“怎么画”的问题。有的老太太会剪纸，但并不会用笔在纸上画画。金山人用刺绣的方法画画，那安塞的老太太是否可以用剪纸的办法画画？于是，陈山桥让老太太用纸剪出要画的人物、动物，甚至把它们“肢解”，在纸上摆放、

图 4 剪花娘子的农民画在延安群众艺术馆展出（照片由陈山桥提供）

调整造型，然后再描在纸上，这样，老太太的剪纸作品就变成绘画底稿了。老太太还在动物的身上画出了牙牙、云钩子，用剪纸的纹样来装饰图像。涂色方面不需太多指导，妇女们在生活中画炕围画、做布贴、刺绣、面花、衣服，有丰富的配色经验，陈山桥让老太太们想象颜料就是刺绣用的线、布贴用的布，想“绣”什么颜色，就涂什么颜色。然而，妇女在家中做活时使用的材料非常有限，并没有颜料的色彩这么多样，所以，提供的颜料种类要有限度。这次创作班结束后，妇女创作出了 7 幅农民画。

此次创作班以后，安塞陆续开办了专门的农民画创作班，参加创作班的仍然都是会剪纸的妇女。与户县、金山的农民画不同，安塞农民画的作者是“剪花娘子”，习惯以剪纸的方法绘画，产生的风格也带有剪纸韵味。安塞的妇女们带着与生俱来的强大的“剪纸基因”，在陈山桥的引导下，塑造出安塞特有的农民画。可以说，农民画是由剪纸出发的“衍生品”，农民画与剪纸具有同源的艺术语言和意象。现在，安塞县的剪花娘子共创作农民画 3000 多幅，有三分之一被选送在国内外展出，有两百多幅获得国家、省级奖项，安塞也被文化部授予了“中国民间绘画之乡”的称号。[26]

（二）推介：走出陕北

中国美术馆举办的延安剪纸展览不仅轰动了国内美术界，还引起了外国友人的关注。展览期间，江丰陪同法中友协艺术委员会主席、巴黎第八大学美术史教授布瓦·西埃观看了展览，布瓦·西埃主

26. 陈山桥：《安塞母亲的绘画艺术》，《人民日报（海外版）》，2007 年 3 月 30 日

动提出要把复制品带到法国举办展览，并邀请一位陕北的剪纸艺术家前往法国，现场表演剪纸，这拉开了陕北剪纸走向世界的序幕。

次年，法国友人来到安塞，走进村子，目的就是亲自拜访剪花娘子、亲眼看到生活中的陕北剪纸。法国人对陕北剪纸爱不释手，提出要购买剪纸，于是，农村妇女手中的剪纸破天荒地卖了钱——大的 8 元、10 元一张，小的 2 ~ 3 元一张，总共卖了 3000 多元钱，这一数字对 80 年代的陕北人来说简直是天文数字。[27] 也正是从那时起，村子里有头脑的剪花娘子在县宾馆摆起了剪纸摊位，专门向外国人销售剪纸。由此，剪纸不仅仅是生活中使用的民俗物品，也成为可销售的艺术品、旅游纪念品。如今，陕北人建立起合作社向国内外销售剪纸，剪纸甚至成为一些剪花娘子的主业。

1982 年，法国友人邀请靳之林和剪花娘子李秀芳到法国，在法国 8 个城市做了 31 场延安剪纸展览活动，参与活动的机构有巴黎博览会、巴黎中国书店、巴黎独立沙龙、昂古列莫国立图书馆、诺曼底的冈文化之家等，展出了白凤莲、王占兰、胡凤莲、曹佃祥、徐桂花、高如兰、白凤莲等乡村妇女在创作班创作的剪纸作品，同时还展出了 7 幅安塞农民画 [28]。李秀芳随团进行现场表演，现场随机互动，法国观众想要什么样子马上就能剪出，甚至还包含很多陕北剪纸中从未出现过的动物，如乌龟、猫头鹰 [29] 等。这并未难住中国的剪花娘子，李秀芳凭借娴熟的技艺一一剪出了，令法国人十分震撼。法国观众甚至认为剪刀在中国剪花娘子手中是无所不能的。

图 5 1982 年法国友人到安塞县村子里了解陕北剪纸（陈山桥提供）

图 6 在外交部翻译王国平（左三）的帮助下，剪花娘子破天荒地把剪纸卖出了价，王国平左侧为李秀芳（陈山桥提供）

27. 邵佳茗，《安塞经验——陈山桥民间剪纸基层文化工作个案研究》，中央美术学院学士学位论文，2013 年

28. 在巴黎独立沙龙上展出的 7 幅安塞农民画分别是白凤兰的《六畜兴旺》、曹佃祥的《大公鸡》、高金爱的《娃娃和艾虎》、胡凤莲的《春暖》、李秀芳的《端午节》、张芝兰的《谷林间》和《孵小鸡》

29. 与西方人不同，陕北人认为猫头鹰是不吉利的动物，从来都不剪

法国与中国延安的民间艺术结下了跨越世纪的缘分。从1997年开始，靳之林每年到延川县小程村写生，与村里的百姓建立了深厚感情，画画之余，靳之林萌生了将延安、安塞办创作班的经验运用到小程村的想法。安塞创作班的经验在小程村依旧奏效。2000年，靳之林办起了小程村的第一次剪纸创作班，慢慢地增加了民间故事、民歌、秧歌、面花、农民画等项目，创作班从最初的6个人变为全村总动员，村里建起了民间艺术展室，小程村成为了活态的陕北民俗博物馆。小程民间艺术村的声誉逐渐扩大，成为中央美院、鲁迅美院、中国美院、西安美院等高校的实践教学基地，成为文化部非物质文化遗产保护试点单位。2006年春节，靳之林与法国艺术家方索、法国梅耶人类进步基金会共同策划的“国际农民艺术节”在小程村开幕，来自瑞士、法国及非洲国家的23位农民艺术家来到小程村交流创作。村民依靠民间艺术提高了收入，延川县将小程村作为县里的文化品牌。

图7 上世纪八十年代，靳之林带德国留学生到安塞群艺馆参观剪纸作品（陈山桥提供）

（三）现状：游客买得火热，生活里备受冷落

自70年代剪纸普查、举办剪纸创作班以来，剪纸成为陕北的文化品牌。今天，延安地区以“文化馆体制内管理指导与农民自发组织合作社相配合”的形式发展剪纸艺术。文化馆的剪纸创作班、农民画创作班经常举办展览、比赛，妇女对剪纸的创作热情不减，紧跟时代风潮的主题创作式剪纸不断出现，长卷巨幅式的剪纸作品成为妇女们喜爱的创作形式，也很受市场欢迎。剪花娘子自发形成了剪纸艺术组织，安塞县现在有1个艺术馆、2个合作社和4个剪纸工作室。[30] 以王西安剪纸合作社为例，目前有社员25人，以“基地＋农户”的方式运作，妇女们平时剪生肖、花鸟等利于销售的小花样，同时还接受作品定制，剪纸装裱后精美喜人，成为易于向国内外游客销售的工艺品、旅游纪念品。“一剪子”[31] 剪纸销售价格在几元或十几元不等，定制的作品可卖上几百或上千的价格。妇女们的展览馆、工作室、合作社，都会辟出一块区域展示剪纸、农民画、刺绣等陕北的民间艺术。这里既是游客购买旅游商品的店铺，也是展览、宣传传播陕北民间艺术的展厅，同时还是妇女们学习、交流剪纸的传习所。妇女们自主组建的实体成为安塞剪纸生产、传承、衍生、传播的综合场所。

30. 分别是李秀芳民间艺术馆；侯雪昭手工艺品专业合作社、王西安手工艺品专业合作社；红窗花工作室、余泽玲民间艺术工作室、韩树爱剪纸装裱工作室、谢光艳剪纸绘画工作室

31. 将纸叠摞多层，一次性剪出多张相同剪纸的剪法叫作“一剪子”

工作室、合作社的创办者及社员大多是女性，年纪大的五六十岁，年轻的二十出头，新生代的加入让陕北剪纸有了新气象。王西安剪纸合作社根据购买者的需求，不只制作传统剪纸，还对剪纸进行衍生，把剪纸和农民画转印到丝巾、腰鼓上，为剪纸增加了实用性和附加值。李秀芳民间艺术馆、韩树爱剪纸装裱工作室等利用网络资源扩大宣传，通过网络平台实现互联网销售。年轻人们还经常带着剪纸作品、衍生品到各地参加博览会，寻找客户，开拓新市场。七八十年代，妇女们通过文化馆、政府的帮助举办展览、为延安剪纸打造声誉。现在，妇女们通过现代化的方式足不出户也能让剪纸传播到全世界。

现代剪纸的销售、衍生在新一代剪花娘子的经营下渐入佳境，但在传统剪纸方面，传承人青黄不接已成现实。安塞的合作社、工作室的成员不乏七八十年代参加过创作班的剪花娘子，如李秀芳[32]、王西安，也不乏她们的子女、徒弟。但是，乡村生活已经改变，城乡发展迅速，农民的文化水平在提高、视野在扩展，农村硬件设施不断改善：窑洞翻新，楼房越来越多，民俗中使用剪纸的机会越来越少，除了在展览馆、合作社，城乡真实生活中已经难觅剪纸踪影。虽然年轻一辈对老一辈剪花娘子的技艺有所继承，但由于现在生活中对传统剪纸的使用频率大大降低，虽然能够掌握传统花样的制作技艺，但已经不在日常民俗生活中使用传统纹样，因此年轻的剪花娘子难以讲出纹样的使用方法和民俗禁忌。年轻剪纸艺人掌握的仅是剪纸技艺，青睐于创作型剪纸，对剪纸的文化内涵和民俗使用并不在意，对剪纸的传承并不完整。随着老一辈传承人的相继离世，很多他们所传承的文化记忆也将遗失。作为旅游纪念品、工艺品的剪纸虽然促进了陕北剪纸的传播，也提高了妇女的经济收入，但在发展剪纸商业化的同时，传统剪纸的文化传承也在弱化。若不加以重视，优秀的剪纸传统将受到威胁。如今，剪纸的民俗功能已经退出生活，基本转化为观赏性

图 8 参加剪纸创作班时的王西安（左）、李春（右），现在，王西安已年近七旬，她的女儿跟她学习剪纸，创办了“王西安剪纸合作社”

32. 笔者在 2014 年到陕北进行田野调查时见到了李秀芳，此时的李秀芳身体欠佳，已经不能拿起剪刀。2017 年，笔者写作此文时，李秀芳已经辞世

的艺术作品而存在，一言以蔽之，今日的剪纸“游客买得火热，生活里备受冷落”。

四、安塞剪纸工作的经验方法

对延安地区剪纸的最初认识，始于革命时期文艺家的关注。传统民俗剪纸的艺术形式被推扬，成为民族艺术的代表，被美术骨干与人民群众学习与创作。70 年代末，十一届三中全会的召开为民间艺术的复兴带来了时代机遇。在靳之林、陈山桥等文化工作者的努力下，陕北剪纸被大范围普查，尤其以安塞为代表，发现了一大批优秀的剪花娘子。普查同时配合创作班的开展，发掘了大量宝贵的传统剪纸纹样。随之，展览、讲学、出书不断，安塞剪纸的名声传播至海内外。尽管今天的安塞剪纸传承也存在挑战，但是，在中国剪纸已经进入联合国教科文组织“人类非物质文化遗产代表作名录”的今天，安塞剪纸长达半个多世纪的工作跨度，为我们思考非物质文化遗产的传承与保护提供了珍贵的工作经验。

（一）田野调查

抗战时期，江丰、古元、夏风等革命美术家响应毛泽东在延安文艺座谈会上的讲话内容，到陕甘宁边区老百姓家中调查剪纸，开启了陕北剪纸民间采风的序幕。当时，美术家主要关注剪纸的存在区域，注重剪纸的艺术形式，目的是转化为革命文艺创作。十一届三中全会以来，在靳之林的动员下，延安各县文化干部进行剪纸普查，对延安地区的剪纸进行了比较全面的田野调查工作。在陈山桥的努力下安塞县进行的剪纸普查工作比较细致、全面，通过三次普查几乎走遍了安塞县的所有村子，探索出一套经验方法。剪纸普查主要完成了三个任务：第一，掌握哪些地方有剪纸、有什么样的剪纸。第二，了解有哪些人会剪纸；第三，收集剪纸纹样。进行第二次普查时，靳之林为陈山桥提出的指导意见，实际上已经揭示出基层田野工作的核心方法，即“细心耐心、拉网普查”，对村庄逐一调查，对村民尽可能多地询问，对剪花娘子一一拜会采访。剪纸普查时，对剪花娘子的发现成为日后进行剪纸推介工作的基础。

安塞剪纸普查工作同时配合“创作班”的开展，创作班可以理解为剪花妇女们集中交流与剪纸创作的活动，被挑选出的剪花娘子们个个身怀绝技，她们熟知丰厚的民间文化，在剪纸技艺和对民俗的熟悉程度上个个远超文化馆工作人员．实际上，当时的创作班是对调查时发现的技艺突出的民间艺人的“深入挖掘”。传统剪纸曾经被禁锢，剪花娘子们不敢在公开场合剪传统剪纸，创作班将老太太们集中起来，动员人家相互鼓励着剪传统样子。文化工作者走到乡村进行摸底与发掘，将妇女们集中到县里进行集中式的培训、访谈与创作，一是能挖掘更多的传统纹样，二是可发掘纹样背后的民俗内涵。

民俗剪纸在今天的生活中被使用的越来越少，当年的普查与培训工作，正是在这些文化消失前，记录下了这些纹样背后的故事，这项基础工作在乡村流变、民俗流逝的今天显得尤为宝贵。从非物质文化遗产保护的角度看，当年创作班的工作是对非遗进行记录、整理的过程，是非遗保护的基础性工作。田野调查是非遗保护工作的必要前提，也是延伸拓展的基础。陈山桥启发剪花娘子学习农民画时能够得心应手、有的放矢，恰恰得益于他在普查时对乡村生活的了解、对当地剪纸传统的烂熟于心、对每一位剪花娘子的熟知。安塞剪纸普查的工作方法在今天仍旧有实践价值，民间艺术的基层工作需要耐心踏实的工作态度，对区域内的民间艺术进行深入的调查了解。田野调查中掌握的一手资料、基础信息将为非遗保护、学术研究、延伸拓展打下坚实的根基。

（二）纹样收集

安塞剪纸普查时还有一项重要的任务就是收集传统剪纸纹样。陈山桥在进行剪纸普查时，每天晚上都要对收集的纹样进行分类整理，认真观察老太太剪的是什么，判断哪些剪得好，技艺高超的剪花娘子都要特别标记，举办创作班时便邀请这些作者参加。收集纹样对基层文化工作者的专业水平有一定要求，需对传统文化有一定辨识能力，这样的判断能力需要长期的知识储备与基层实践工作的积累，今天的工作仍是如此。互联网的便利让人们获取信息的渠道变多，剪纸的传播、流变迅速，考察中工作人员需要对传统纹样和现代剪纸进行仔细甄别。

安塞剪纸的收集工作有两个重要的时间阶段：第一阶段是四五十年代革命文艺家的收集，编纂成《延安剪纸》《西北剪纸集》等早期资料；另一个阶段是七八十年代剪纸普查、创作班时期，这一时期的剪纸纹样现收藏于安塞县文化馆。对这些珍贵的原始材料进行分类与比较，可以展开更具体的文化与艺术研究，如：不同地区的剪纸纹样有何共性与特性；地区之间是否存在纹样传播关系；不同时期的剪纸风格变化，剪花风格的传承关系；后期开展的农民画创作班中，剪纸如何影响农民画等等。

今天，我们走进安塞县文化馆展览厅，一眼便可以看到当年天才的剪花娘子们的剪纸精品，有的是生活、民俗、刺绣中使用的剪纸，有的是老太太表现农村生活的主题创作，这些剪纸杰作成为今天我们学习传统、研究剪纸的范例。安塞文化馆对剪纸的长期陈列成为观众了解陕北剪纸的窗口，也为年轻的剪花娘子传承传统剪纸提供了一个学习场所，早期的剪纸收集是安塞文化馆进行剪纸展览、宣传公教等推介活动的基础前提，也为日后复原传统纹样提供了可能。

（三）文化馆的作用

今日的陕北剪纸传承与我国大多数地区的剪纸传承状况相似，尽管从业者与爱好者为数众多，然而能在“手工技艺”与“文化记忆”两个层面继承传统的优秀传承人依然为数不多。在今日民俗快速流逝的大环境之下，安塞县的剪花娘子们对剪纸仍保持一腔热情，这是值得欣慰的。从上世纪 80 年代法国人来到安塞买走第一张剪纸开始，剪纸就附加了商品功能，妇女依靠剪纸改善了生活状况。今天，剪纸仍是妇女们补贴家用的方式，有些还专门经营剪纸，建立起剪纸合作社、工作室、展览馆，制作剪纸衍生品，扩展业务项目。剪纸能够创收，鼓励与刺激了传承，让更多的妇女因此而学习剪纸、从事相关工作。文化馆工作人员利用安塞妇女

图 9 在陕北，针对剪纸传承人的学习班每年都会举办，图为 2012 年在定边县的剪纸学习班上，乔晓光（前排左一）与陈山桥（前排左二）对传承人的剪纸作品提出建议

的剪纸优势，通过引导，拓展出了农民画的行业方向，形成了具有剪纸特色的安塞农民画，如今，安塞农民画已有很高的知名度，丰富了安塞的民间艺术类型，安塞县又多了一张名片。

回顾从开启陕北剪纸的收集到今天陕北剪纸作为非遗而家喻户晓的过程，文化馆在其中的作用功不可没。文化馆的工作并不能决定安塞剪纸的发展前景，但文化馆的工作见证了安塞剪纸的流变，是安塞剪纸活跃的维系者。文化馆的推介不仅让陕北剪纸与外界保持联系，更让剪纸在当地人心中与手中活起来。无论是基层群众的文化生活，还是陕北剪纸的相关展览，国内外的剪纸宣传、推介，都让陕北人对家乡的文化产生自豪感。这些都离不开文化馆的组织与推广。尤其是举办展览，如中国美术馆的展览、法国的展览、小程艺术村的民间艺术节，让陕北剪纸名声远扬，为陕北剪纸打开了窗口，国内外对陕北剪纸的关注，既增加了当地人的文化自信，也为他们带来了可观的经济收入，这些都为陕北人学习剪纸、传承剪纸营造出可持续的良性环境。

今天，文化馆的工作还在继续，剪纸和农民画创作班、展览、比赛定期举办，文化馆时常邀请年长的传承人向年轻人传授技艺与文化。文化馆的工作让妇女之间长期保持着剪纸传习状态，一定程度上刺激着代际之间的传承。文化馆与剪花娘子之间形成了良好的关系：文化馆提供学习、培训、展览等活动机会，帮助妇女掌握、提高剪纸技艺；妇女凭借学得的手艺可以开办剪纸工作室，转化为经济价值。整体来看，今天的陕北剪纸仍保持着活力，这与基层文化工作者对安塞剪纸进行的持续不断的关注与推广是分不开的。

若从延安革命时期算起，安塞剪纸的发掘、推介工作持续进行了近七十年的时间，这一实践现在仍在延续。尽管相比以前，安塞县的现代生活中已经很少使用剪纸，但是妇女之间学习剪纸的风气仍在，剪纸在安塞仍然是标志性的文化名片。一方面是因为剪纸传统在陕北人民的生活中根基深厚；另一方面，文化工作者长期不断的基础工作，让剪纸在安塞成为一种文化风尚。革命文艺家、美术家、民俗学者、文化工作者的共同努力使得安塞剪纸工作构成了一个有时间跨度的典型案例，其功过得失将为我们今天探讨非遗保护的基层工作提供经验，拓宽思路。

结语

此文写作期间，由陈山桥老师负责编写的中国民间文化遗产抢救工程项目中的《中国民间剪纸集成·陕北卷》付梓，我翻阅着书中一朵朵灵动的花样，发现不乏上世纪剪纸普查时收集的“古时花”。靳之林先生、陈山桥老师，还有许多美术干部、文化馆的工作人员走村串户、整理剪纸、办学习班的情形在我脑中浮现。正是三十多年前“摸索”着进行的剪纸普查，让我们今天得以在书中见到许多生活中已不复存在的老花样。

前不久拜访陈山桥老师时，年近七旬的陈老师发已花白，他正在家中整理关中剪纸资料，为关中剪纸图出的编辑做准备工作。这几年，陈老师有时间便到关中、陕南的村子、寺庙考察剪纸，陈老师说：“关中、陕南剪纸以前被人们关注的少，其实好东西（剪纸）不少呢！”虽然生活中的剪纸不如以前丰富，但陈老师前往乡村的脚步从未停止。

苏欢
中央美术学院非物质文化遗产研究中心博士研究生

民间剪纸普查记

上世纪40年代，陕北民间剪纸因延安革命文化艺术工作者的关注与宣传而名扬天下。解放后，群众文化工作者做过不少努力，因种种原因，未能全面而深入地普查与挖掘，陕北民间剪纸整体状况似一团迷雾，谁也猜不透、说不清，民俗文化急速萎缩，陕北民间剪纸濒临灭绝。

中国共产党六届三中全会后，民族民间文化的保护得到重视，当年在延安地区群众艺术馆工作的靳之林老师对陕北民间剪纸十分关注，在他的倡导与动员下，延安各县文化馆纷纷行动起来，进行了前所未有的普查活动。

为了弄清安塞民间剪纸的存活状况，1979年秋，在靳之林老师的指导下，我开始组织安塞民间剪纸的普查与抢救工作。普查工作按三个阶段进行：第一阶段，由我独自普查，摸清大概情况，取得经验；第二阶段，组织人力全面普查；第三阶段，集中巧手，举办剪纸创作班，挖掘传统纹样。

一、安塞概况

安塞县位于陕西北部，黄土高原腹地，距延安北部40公里，西依志丹县，东接子长县，南与甘泉县和延安市相连，北靠靖边县，境内延水横穿南北，群山虎踞龙蟠。安塞土地面积2951.27平方公里，全县辖3镇11乡，204个行政村，1001个村民小组，1982年第三次人口普查统计总人口数为12.2万。[1]古时安塞为白狄（翟）游牧之地，秦汉时属高奴县，北魏置广洛县，唐、宋时这里设堡为防，取安定边塞之意，称安塞堡，元蒙哥壬子年（1252）改堡为县，始称安塞县。自古以来安塞地处边塞要地，与北部

1. 安塞县地方志编纂委员会编：《安塞县志》，西安：陕西人民出版社，1993年

图 1 20 世纪 70 年代末的安塞老县城全貌

少数民族相近，是历代兵家必争要地，素有“上郡咽喉、塞北锁钥”之称。安塞历史悠久，境内发现新石器遗址 84 处，夏商周遗址 8 处，秦汉遗址 81 处，宋元遗址 55 处，北朝至元明石窟 23 处，并有大量的彩陶、画像砖、佛龛造像出土。由于交通闭塞，安塞保留和延续了许多古老的习俗，民间美术也极为丰厚。

安塞境内有 4 条大川，分为 4 块不同自然地域：南部称县南川，共有 4 个乡镇，属半农半林区域，沟深而川面狭窄，榆林横山、绥德、米脂一带的移民较多；中部为杏子河川，共有 3 个乡镇，这条川宽而长，是安塞的米粮川、白菜心，古县城所在之地，交通便利，人口密集，文化、经济相对发达富庶；北部为化子坪川和坪桥川，共有 6 个乡镇，这里山大沟深，交通极不方便，自然条件恶劣，群众生活苦焦。

二、独自普查

县南川距县城较远，交通也不便利，村民大多居住在梢沟[2]之间，较少受政治运动和现代文化冲击，人们生活相对富裕。杏子河川一直是历次政治运动的重点区域，人们的观念较多受现代文化影响，与南川有所差异。根

图 2 20 世纪 70 年代末安塞县城的集市

2. 梢沟在当地为林区的意思

据了解的情况，我选取县南川的高桥乡和杏子河川的沿河湾镇作为独自普查的试点乡镇。

（一）剪纸与铰花

1979年还是人民公社化年代，人们集体劳作，集体分配，每个生产队都派有驻队干部，这为普查工作提供了极好的机遇。我的第一站是高桥公社宋庄大队，驻队干部为我找来了妇女队长，我把来意说明，妇女队长想了想说："没听说宋庄有人会'剪纸'。"在场的几位妇女问："'剪纸'，甚活计，做甚用？""剪纸就是剪窗花，有没有会剪窗花的老人？"妇女队长比较年轻，也没有见过哪位老人剪过窗花，倒听说有几个小姑娘手巧，过年时常剜窗花贴在窗子上。妇女队长领着我到这几位姑娘家，见到的窗花大多是复剪报纸和书本上的现代图案与动物纹样，也有几幅传统的狮子老虎。

中午，随驻队干部到一家吃饭，看到炕围上贴着一对很陈旧的小狮子，剪得很有趣味，我便问这是谁剪的，做饭大娘说是她婆婆剪的，人去世两年了。她顺手拿起枕头，让我看枕头顶上的花，说是婆婆扎（绣）的，手可巧了，我追问道："村上还有谁会剪这些动物和枕头顶花？""你说剪古时花，这种花不兴时了，上了年龄的老婆婆都会铰，我也能铰几个花样。"她从柜子里拿出一本旧杂志，里边夹有十几幅花样，我见了后非常惊喜。驻队干部说："你要的剪纸原来就是这些古时花，农村人把剪动物、剪花样都叫铰花或剜花。你说的'剪纸'把这些老婆婆说懵了。以前不让剪不让贴，陕北人听话，也就不做这些活计了。"

听说要征集古时花和普查会剪古时花的妇女，全村一下热闹起来，驻队干部办公室一时挤满了婆姨女子，有些拿出自己的花样让我挑选，有些相互推荐。一名叫拓虎莲的妇女，一连介绍了几位会剪古时花的能手。

（二）薛有兰和李桂莲

拓虎莲介绍的剪纸能手中有一位78岁的老婆婆，家住距宋庄30多里地的高咀村，儿媳叫薛有兰。第二天我顺着山间小道赶到高咀，找到薛有兰家，但老人患脑中风，瘫痪在家已两个多月。问有没有存的古时花，薛有兰说她见过婆母攒的老花样，不知放到什么地方了，翻了半天没翻出来。薛有兰过意不去，便把自己积攒的花样拿了出来，一个破旧的硬纸盒，里边放着一把小剪刀和小学生的旧课本，课本里夹着好多用旧报纸和小学生作业本剪的花样和窗花。由于当时对花草纹样的艺术价值和民俗价值认识不清，只在其中翻看动物剪纸。动物多为窗花，造型简洁小巧，动态生动，剪功娴熟。薛有兰见我喜欢，便把重样的给自己留了一张，其余部分全送给了我。薛有兰近50岁，有4个孩子，因婆母有病需要伺候不能参加生产队的劳动。心烦时拿起剪刀，剪一阵花来解解愁。婆婆是这个村上的巧手，结婚嫁女的人家都请她剪花样，可惜现在铰不成了，薛有兰十分感慨。

薛有兰领我到队长家，队长婆姨为出嫁女儿请来了村上几位妇女帮忙做嫁妆，这几位妇女都是村上的巧手、能人。听说让她们剪花样，热情非常高涨，我每人给了两张红纸，让她们各自剪开，晚上她们又拿来了各自积攒的花样让我挑选，其中李桂莲的几幅人物剪纸引起我的关注。

李桂莲，家住距高咀1里路的寨子湾村，两村同属一个大队。儿子叫张仲义，是文化馆培养的业余美术骨干，和我相识较早，但不知李桂莲是他的母亲，也不知住在这个村庄。李桂莲和儿子见我到来非常热情，拿出了多年的收藏，并让儿媳和女儿把各自的收藏拿出来。我很纳闷，怎么家人收藏还分这么清楚。李桂连说："农村婆姨女子，冬天没事就爱剪个花，也都喜欢给自己攒些花样子。儿媳的花样子都是从娘家带来的，女儿的花样都是村里婆姨女子相互对换的，过年看见谁家剪了个好样子，就赶紧把样子替回来。我小年时，学我娘家妈的样，剪一串拉手娃娃身上爬些鸡，也剪一串迎娶新媳妇的人物贴到炕围上，村上的人看了都说好，都来替样了。"她让我不要走，晚上给我剪一套。20世纪70年代末，"农业学大寨"还处在高潮，妇女们白天同男人们一起上山劳动，晚上回家还要做繁重的家务。李桂莲做完家务已是晚上九点时分，接着便在麻油灯下为我剪起了"娶亲"剪纸。我守在她的身边，看她拿起大剪刀，不描不画地剪

图3 李桂莲在剪纸学习班上，后为杨桂芬

出了各种动态，然后一长溜摆开，前面是吹手和娶亲、骑马的婆姨，中间是马驮的花轿，新媳妇在轿里还掩面而泣，后边是送亲的队伍和看热闹的人群，娶亲队伍壮观而宏大，人物动态刻画得生动而有趣，似一幅完整而优美的风俗画卷，我为之一惊。

（三）张凤兰与张满花

在高咀和寨子湾村待了3天，收获甚丰，便返回到高桥大队寻找张四婆姨和煙招成的母亲。

宋庄拓虎莲大娘说的张四婆姨叫张凤兰，家住高桥大队南塌湾村。煙招成母亲叫张满花，家住高桥老街，同张凤兰一个大队。她俩是高桥大队出了名的巧手，上下川的人都知道，所以打问起来非常容易。在公社砖场，我见到张凤兰的女儿，在她的带领下到了南塌湾。

南塌湾离公社所在地不远，但从那个方位看也看不见村子。需淌一条大河，翻一道山峁，再过一道小河，翻上一架山梁，眼前才出现一片较为开阔的塌湾地。拐过山峁，上一道土坡，才看见张凤兰家一排崭新的石窟，窑脑畔上蹲了个镇宅石狮特招人眼。院子很大，靠北边有石碾石磨，南边种着桃树、梨树和一架葡萄，干净整洁的院子，一看就知道是非常热爱生活的人家。张凤兰丈夫是大队书记，非常健谈，他给我介绍了张凤兰的大致情况。

张凤兰原籍横山县，很小的时候父亲就去世了。大伯在安塞高桥居住，开有骡马店，有耕地，雇长工一个，日子过得富裕，便把她娘儿俩接到高桥一起生活。张四是个孤儿，是大伯家的伙计（长工），聪明能干，为人忠厚。大伯做主，把张凤兰嫁给张四。张凤兰的大妈、母亲都是剪花和扎花巧手。张

凤兰小时没有受过苦，当姑娘时剪花、扎花是她的正事，在大妈和母亲的指教下，十五六岁就成为高桥川的名人。

我要看张凤兰积攒的花样，她说她花样都攒在肚子里，想要个甚就能剪个甚。当下给我剪了虎和鱼。她的剪法很怪，先剪出大体形象，然后剪具体形，把虎和鱼的形象变得似一朵花。我问她为甚这么个剪法。她说古时人（上了年纪的人）就这么个剪法，谁还见过个真老虎是个啥样，剪花就要剪得像朵花才好看，才有情趣。

张凤兰带我到村上转悠，说她堂姐也剪一手好花草，但堂姐家大门紧锁，人不知去向。然后带我到张旺家。张旺婆姨有60多岁，看上去非常苍老。她拿出一沓“老花样”送给我，悲凉地说，现在年轻人都不喜欢这些花样了，我给女儿绣了对装新枕，女儿嫌土，硬是不要，自己到延安买了对洋枕头拿回来。说着拿出了那对装新枕让我看。

张旺婆姨送给我的老花样有30多幅，大多为枕顶和鞋上的花样，用麻纸两层褙起，稍厚，呈灰黄色，从颜色上看去就知道花样有些年代了。她指着这几幅枕顶花样说：“这叫‘凤鸟戏牡丹’，这叫‘鱼儿戏莲花’，这叫‘双桃并蒂’，这叫‘鹭鸶探莲’，都是装新枕用的花样，可有故事了。”我让她剪几幅动物，她说就会剪些狮狮呀、鱼鱼呀，都是老古人留下的老套套，其他新式样还不会剪，现在心杂得不想剪。原来她娃娃多，自己身体也不好，加之公公患病多年，日子过得很苦。我不好再说，便告别两位大娘，回到公社所在地。

张满花65岁，就住在公社不远的老街上。房子不大，儿子在县城工作，女儿是乡中学教师。我去她家时，女儿也正好在家，说明来意，在女儿的帮助下，找到了张满花积攒下来的花样和窗花样。张满花很谦虚，认为自己是个粗人，剪不细法，不如张四老婆剪得好。当我要把她积攒的花样带走时，她却有点不舍得，在女儿的劝说下，全部送给了我。

图4 2002年考察时，陈山桥在张凤兰家中仔细观察剪纸纹样

张满花说高桥街上的巧人可多了，都会剪古时花样，她带我走了几家，都因家里忙乱，只好作罢。下午我正在公社客房整理征集来的剪纸，张满花带来高桥后街一位老婆婆，看上去有70多岁，拿了一沓花样

让我看。花样剪得很精巧，其中一幅春鹿剪得很有趣，一看就知道是位高手，我立马给了老婆婆几张红纸让她再剪些动物，但老婆婆说她眼花手颤，不能再剪了，让我去陈塌村找一个李家婆婆。

（四）陈生兰与杜成花

陈塌村位于高桥东南 15 里地，是非常偏僻的小村庄。这天正好男女社员在搞农田大会战，我找到队长打问会剪花的李家婆婆。队长叫来妇女主任杜成花，杜成花想了想说，可能是去年老溘（去世）的那个李武奶奶，时常把窗子打扮得花花的。我让杜成带我去李家看看，在队长的同意下，我们来到了李婆婆的儿媳家，说她婆婆去年冬天去世，生前爱剪窗花，每年把这几架窗子打扮得可花红了（好看），村上没有比得上的。老人存过不少花样，也不知谁拿去了。杜成花说这窗子上的窗花是她婆婆剪的，让看哪个好就撕下来，说着就在窑里搬出一个高凳子，把没有损坏的窗花全撕了下来。中间窗子正中贴着一幅四拼《蛇盘兔》，因为我当时对民俗不了解，心里疑惑，问过年为甚要剪蛇盘兔贴在窗上？杜成花说，"老年人都爱剪这种古时样子，都想盼日子富裕。""蛇兔和富裕有甚关系？"我又问道，杜成花笑了说："我也解不下（不知道）。"我不好再问，便问起村里剪花的事情。杜成花说："村上婆姨剪花花草草的都会，但在歪好上说话呢（好坏上区分）。儿格（现在）剜窗花都是些小女娃娃，过年时都把门窗打扮得花花的，可好看了，过年你来我们庄，甚窗花都能看到。"

在杜成花家，杜成花把她积攒的花样给我看，一再说自己剪得不好，没有投过师傅，希望县文化馆办剪纸培训班时能让她参加，我欣然答应了她的要求。

在陈塌村，我打听到一位叫陈生兰的大娘，年龄有 50 多岁，不但花铰得好，还知道花的"故事"（寓意），家住徐清大队徐清生产队。在杜成花家吃过午饭，我即刻赶往徐清村。

徐清距陈塌有 20 多里地，先要返回高桥川再向西走十多里，然后进入向南的一道拐沟。赶到徐清已是下午 3 时许，村子静悄悄的，只有几位老人和几人小孩在埝畔上看我，一位老人带着我到了陈生兰的家，但门上着锁，老人说都参加农田会战去了，啥时回来他们也不知道。我在院子转着看看，家是三面土窑，东边是猪圈，不远处有个石磨，院子边上有一棵粗壮的大梨树。我走近窑洞看，窗子上贴了不少窗花，虽然已褪色，但仍能看出不一般的造型和鲜明的个人风格。

因天气阴沉寒冷，天上不时飘洒着雪花，驻队干部和队长也联系不上，只好先回到公社，但陈生兰的名字却牢牢地记在了我的脑海里。

（五）高金爱与延喜芳、马玉英

从徐清村回到公社已是晚上九时多，进门正好碰上公社书记赵学文，赵书记对我在高桥的普查工作非常支持，并给各驻队干部打招呼，要求配合我的工作。每次我从农村回来，他总要过来看看我的普查成果，询问有什么困难，也对我的吃苦精神大加赞赏。这次返回公社，书记像往常一样，看了我征集回来的剪纸和刺绣，并给我提供了一个信息。砖窑湾公社庙湾村有个山西老婆婆，人能手巧，让我去看看。赵书记家住砖窑湾公社苗店村，庙湾在苗店对面山沟15里地，人们相互认识。第二天我赶到庙湾，结果扑了个空，说是山西老婆婆到女儿家去了，几天后才能回来。听生产队长说，山西老婆婆叫高金爱，59岁，1960年从山西临县逃荒过来，现在是队上妇女主任，听说婆姨手很巧，要个甚就能剪个甚。因人不在家，也没见高金爱剪的东西，只好再返回高桥。

刚回到高桥公社，公社文书传话说，西河口公社贺砭村小学一个叫王海军的老师来电话，让我上西河口，他打问到一个剪花老婆婆。我到高桥普查前，给跟我学美术的教师王海军和返乡青年郑积林通过电话，让他俩在西河口打问会剪花的婆姨。西河口公社距高桥公社60多里，得到这个消息，我第二天上午坐车赶往西河口，接着又和王海军、郑积林步行赶往这位老婆婆家。

老婆婆家住西河口公社暖水泉村，离公社所在地25里，与志丹县相邻。这里属林区，村周围的山上几乎全是梢林[3]，靠大路边不时能见到“严禁带火种入山”和“严禁烟火”的警示牌。村后的山顶上有些耕地，远远看去像似树梢上搭拉着的几块黄土布，显得格外突出。

在海军和积林的帮助下找到了老婆婆的家，但人已去世，儿媳延喜芳接待了我们。走进窑洞，映入眼帘的便是用鸡蛋壳镶嵌而成的炕围花和墙围花。黑底上古朴而优美的凤戏牡丹，鱼儿戏莲花及双葫芦十二莲灯等，图案连成一片，酷似一道壁画带。延喜芳介绍说，这是婆婆生前制作的，前后窑都有。做炕围花很费事，先用猪血和泥，再加锅煤烟泥墙，然后用鸡蛋壳扣，最后涂上一层鸡蛋清，鲜亮鲜亮的可好看了。婆母是这一带的巧手，剪花、绣花样样挡不住。延喜芳说着便从箱子里拿出一个包裹，打开后是一沓剪纸花样和多件绣品。她接着说，婆婆快老溘（去世）时，把平日积攒的花样、窗花样和绣片整理得整整齐齐，用这块红布包裹起来，把我叫到跟前说：“我这辈子就爱剪花，绣花，没积攒下银钱，只积攒了这些花样，你把它好好保存，好留个想念。”

我认真地翻阅了每件花样和绣品，窗花有蛇盘兔、扣碗、二龙戏珠等上百幅喜花；花样有牡丹、鱼戏莲等；绣品做工和配色极精美。我十分激动，希望她能把这些剪纸捐献给文化馆，并付给双倍的收藏费。但延喜芳怎么也不答应，最后同意，熏制一部分熏样送给文化馆，钱一分不要。延喜芳认为，花样虽不值钱，但这是婆婆多年的心血，花样在跟前，看见它，就会想起婆婆在世的时候。她还要把这包花样留给儿子，留给孙子，永远传下去。我想这不仅是一包花样，而是一种精神，一种民族精神。

在延喜芳家看剪纸，吸引来不少村上的妇女观看，有位年长的妇女跟我说，剪古时花我们都会，铰得好的村上就有好几位，隔壁的增祥娘就剪得一手好花草。听到这个信息，我即刻让这位妇女带着我们到了增祥家。增祥母亲叫马玉英，是1922年生人，祖籍横山县，小时随父母逃荒到了安塞，16岁出嫁到西河口乡暖水泉村。马玉英个头有1米6

3. 梢林在当地为树林的意思

左右，身体消瘦，脸色有些苍白，身体不是太好。听说我们要看她的“古时花样”，高兴起来，便把她剪的花样和积攒的窗花拿给我们看。马玉英说话不高声，非常淳朴谦和，说她小时候家里穷，看人家小姑娘剪花，爱得不行，没有纸，就拣树叶、玉米皮来剪，过年时父亲买上两张红纸写对联和剪窗花用，剩下些红纸角角也舍不得丢弃。我看完马玉英大娘的花样后，请她当场给我们剪一幅“老虎”。她边剪边说，她和延喜芳婆婆是先后妯娌，常在一起剪花。暖水泉人都是从横山逃荒下来的移民，过年最讲究贴窗花。就连“文化大革命”那几年，我们照样剪照样贴，没人管，一到腊月婆姨女子们相互替花样，坐在一搭铰窗花。很快，马玉英的“老虎”剪好了。其风格和她积攒的花样风格一致，造型古朴简洁，装饰华丽丰富，又是一位剪纸高手。虽然没有见到延喜芳婆婆，却普查到了马玉英。我非常欣喜地记录下了她的名字，整理好送给我们的十多幅剪纸。

我在安塞高桥公社普查了 20 多天，普查出 70 多位剪纸巧手，收集到了 300 多幅传统剪纸及两大包绣品，赶到延安向靳之林老师汇报了普查情况。我打开剪纸和刺绣，满满地摆了一床。靳老师一幅幅、一件件地欣赏和赞美着，他像发现了多年要寻找的宝藏，一下激动起来，本不吸烟的靳老师，却点燃了香烟。薛有兰的剪纸精巧简洁，李桂莲的剪纸质朴生动，张旺婆姨的老花样和延喜芳藏的喜花样传承着民族民间文化的精髓，靳老师反复看着，评价着。靳老师非常关心作者的情况，当他得知许多巧手衰老和去世，心里非常沉重，反复说道：“要尽快抢救，尽快抢救！不能让剪纸在我们这代人手中失传。”

高桥民间剪纸的成功普查，更加激发了我的热情与信心。稍作休整，又开始了沿河湾镇的剪纸普查。

（六）李秀芳与杜锦生

我从安塞县城起身，顺着延河向沿河湾公社方向走去。进的第一个村子便是贾家洼，见到大队书记，他顺口说出队上最巧的婆姨是李秀芳，剪花、扎花、裁衣样样能来。当即喊来一名小学生，领我到了李秀芳家。李秀芳家住在坐西面东的半山上，一溜五个土窑洞，院子较大。见有来人，李秀芳迎了出来，很热情地把我让到窑里，沏茶倒水，然后问有什么事。当让她剪幅窗花时，她很谦虚，认为自己剪得不好，便拿起剪刀剪了一只兔子，又拿出她多年积攒的花样让我看。李秀芳的剪纸造型和装饰较为写实，但剪工精巧细腻，形象生动优美，是一位优秀的剪纸巧手。

李秀芳年龄 44 岁，是五个孩子的母亲，丈夫是公社主任。她小学毕业，还当过一段公社干部，父亲是位民间画工，在父亲的指导下学会画箱柜画、做纸扎，后来又拜本村的师婆婆学剪古时花样。她在村上一直担任妇女主任，群众关系非常好。听说我专门为普查剪纸而来，她把多年积攒的花样全部拿了出来，让我挑选。为了不耽误普查时间，只在李秀芳家停留了两个多小时，便直奔黄崖根村。

黄崖根是安塞老县城所在地，村大人多，交通方便，生活富裕，历次政治运动，黄崖根首当其冲。土地改革时有户郭家被定为大地主，这次普查剪纸，队长母亲推荐的就是郭家二婶，说她年轻时花样剪得最好，“文化大革命”时，好多花样全被烧了。我找到郭家二婶，请她剪些古时花样，但她总是推脱不愿剪，她说好长时间不剪了，全忘了。

听说文化馆征集剪纸，好多年轻妇女送来了收藏的窗花样，其中一位叫杜锦生的婆姨积攒最多，剪得也好，中午队长安排我到杜锦生家吃饭。杜锦生娘家是延安市居民，1960年国家三年自然灾害时期，全家人断了粮，弟妹饿得直哭，为了弟妹，母亲以半麻袋洋芋为换娶条件，把她嫁到了黄崖根村。男人老实能干，日子过得还算幸福美满。

杜锦生初中毕业，能写善画，平日喜爱剪窗花，每次剪好多，除自己用外，大多送给邻里和亲朋。由于黄崖根受政治运动的冲击较大，多数窗花是复剪报纸杂志上的新纹样。在老年人中调查，没有发现有积攒老花样的婆姨。也没有发现会剪古时花样的老婆婆。根据在高桥公社普查的经验，年龄在50岁以上的妇女，几乎人人能剪传统花草，但在黄崖根却找不到一个。黄崖根村民对民间剪纸的普查存在一定的戒心，一时很难开展。

（七）白凤兰与王占兰

与黄崖根相邻的村子叫闫家湾，是安塞县农业学大寨的先进大队，其村办文化室是县文化馆扶持的全县先进典型，文化室设在闫家湾小学内，所以学校老师和文化馆的干部都非常熟悉。我走进闫家湾，正好碰上了校长王风岐，当听说我普查民间剪纸时，立即给我介绍他的大嫂白凤兰。

白凤兰家住茶坊村，距闫家湾近20里路。茶坊村坐落在杏子河川中段面南背北的山根下，大片粗壮茂密的枣树林使村子若隐若现，村口的大树上悬挂着一口大钟，不远的地方有两座面对面的古戏楼。山上果树连片，川地宽阔齐整，自然条件非常优越。20世纪40年代八路军兵工厂曾设在这里，而今是西北水土保持研究所所在地。

白凤兰的家离水保所不远，面东背西的两个小窑洞，院下是一条河沟，我找到白凤兰家，门却上着锁，说是串门儿去了，我在村里转了几个圈才找到大娘。

白凤兰个子不高，头上系着一块深褐色的头巾，方脸盘，大花眼，身穿黑色的棉袄棉裤，小脚，年龄60多岁，一看就知是一位慈祥、朴实的老人。我说明来意后，便接过我准备好的剪刀和纸问需要剪个甚，我说最好剪几个不同的动物，像鹿呀牛呀，都可以，白凤兰拿起剪刀，先剪出了一只鹿的大形，然后剪出眼睛，再把鹿身反复折叠，几剪下去，一只生动神奇的倒照鹿跃然手上。接着又剪了鹭鸶、牛等动物。大娘剪完后说，眼睛老花地剪不细法，你看能用就拿上，不好就一把撕了。大娘剪艺高超，风格质朴，出手不凡，我又发现了一名剪纸高手，兴奋地忘却了几天奔波的疲劳。

我要看白凤兰积攒的花样，大娘也不推托，领着我回到家里，家里面积很小，一盘炕占去三分之二。炕下左边一张条桌，右边是锅灶，靠墙放有1口水缸和2口腌菜缸，把仅有的一点空间又占去了一大半，窗户很小，光线昏暗。白凤兰拉亮电灯，从炕席下拿出积攒的花样，其中有鹿与鹤组合的纹样，说这是“鹿鹤（六合）同春”；鼠与南瓜组合的纹样，说这叫“老鼠啃南瓜”，还有“蛇盘兔”“老虎”“金蛤蟆”等花样。当时我对民间文化非常陌生，也不懂剪纸中的文化内涵，只记录下了作品的名称。

问起小时学剪花的情况，白凤兰说那时兴学剪花，如果剪得不好，别人会笑话。她当姑娘时因家贫买不起纸，秋天一到就拣一抱梨树叶，放在家里当纸用。过去村上的婆姨人人都会剪花，母亲手巧，甚样都能剪。她学剪花时，母亲剪些花草让她照着剪，最后还要冒剪。有时冒剪不出来，母亲就骂就打。

白凤兰大娘让我到云坪找杨家婆婆，认为杨家婆婆花剪得好，懂得多，文化高，是这一带的“秀才”。

云坪村距茶坊 8 里路，公路从村子中间穿过，两边石窑错落有致。村口有一棵粗大的老槐树，树叉间盘悬着三个喜鹊窝，不时有喜鹊穿梭嬉戏，传来喳喳的叫声。

我赶到云坪，按村人指的方向，照直走到了杨家。杨家过去以打铁为业，所以村人都称杨铁匠家。杨家一排三孔接口石窑，中间窑洞的窗棂间，还贴着火红的窗花，像似刚办完喜事。

我走进院子，只有老婆婆在家，正盘着腿坐在炕上补袜子。看上去有 70 多岁，眼不花，耳不聋，身体很硬朗。我说明来意后，让她剪几个动物看看。她什么话也没说，接过我给她准备的纸，顺手拿起做针线活的大剪刀，连续剪出了鹿、虎、狮和大公鸡。她的剪技十分娴熟，用剪讲究到位，造型简洁大气，装饰随意有趣，有艺术大师的风范。我问她为啥不用小剪刀铰，她说大剪刀和小剪刀一样，只要刀尖齐，都能剪出好花。

她又从箱子里拿出一包绣品，其中有一对只贴着花样，还未绣完的枕头顶。说是放了十多年了，不让绣古时花了，就再也没做。花样中间是一只狮子，四周有几幅小的纹样，说叫“青狮吐八宝”。这几个小纹样分别是画、书、牛角、棋盘和贯钱；另一块小纹样是如意、宝瓶、法轮、宝伞和法螺。这些纹样在高桥乡普查时没有见到过。老人见我喜欢，就把这对枕头顶送给了我（这对枕顶后来被中国美术馆收藏）。当我要登记老人的名字时，老人说她没有名字，小时父母叫她猴女（小的意思），结婚后人们叫她杨家婆姨，官府人叫她杨王氏，娘家弟兄都在占字上起名号。我想了想说，那你就叫王占兰吧。我登记为：王占兰，女，72 岁，沿河湾公社云坪生产大队，娘家王窑公社高桥大队。老人文静的脸上突然激动起来，眼睛有些湿润了。

（八）白凤莲与高玉兰

在候沟门村普查，我见到了马延龄老师。马老师是本地人，1960 年西安美术学院附中毕业。由于父母年龄大了，为了照顾父母亲的生活，他回到安塞县招安乡工作，在 1965 年的社教运动中因父亲的历史问题他也受到牵连，全家人被下放到农村劳动改造。在农田会战中，妻子被土方塌死，留下 5 个孩子，大的只有 13 岁，小的才两个多月，两位老人悲痛万分，也相继去世。队上为了让马老师照顾五个孩子，便破例让他当上了村办小学的老师。马老师一生酷爱美术，即使回到农村，仍坚持画一些传统国画，并关注和收藏一些民间剪纸。

图 5 在剪纸学习班上的王占兰当时已经 79 岁，是学习班上年纪最大的婆婆，王占兰后面是鲍家婆婆

当知道我在普查剪纸时，马老师像遇到了知音，一下子兴奋起来，一口气说了十几个剪纸巧手。吃罢午饭，马老师亲自带着我到距候沟门 20 多里路的招安公社后招安村白凤莲家。

招安是安塞的一个古城，这里出土过不少龙山文化的陶器，还有秦汉瓦片和宋代瓷片。白凤莲的家就在宋代石窟万佛寺东 20 米处的台地上，有三孔石窑和两间石板房，庭院干净整洁。我们走进窑内，见白凤莲正坐在炕上剪团花，炕桌上放着两盘菜和一瓶酒。白凤莲见马老师和我来到，非常高兴。提到剪花，她自豪地说，“这不，我正给娶媳妇的人家剪喜花，这菜这酒都是人家谢忱我的。我七八岁开始学剪花，12 岁就能冒剪枕头顶花样。能变样剪出一百个蟮（蝴蝶），不重样地剪出一百种枕头顶花样儿。”说着拿起剪刀，很快剪出了两个蝴蝶，接着剪出了一幅枕头顶花样。马老师打开花样问我咋样。花样确实剪得好，看上去非常甜美爽快，花枝上的两只倒照鹿生动可爱，中间的牡丹圆润丰满。我问道，牡丹花蕊为什么剪个石榴，白凤莲说：“你连这都不懂，这叫‘石榴赛牡丹，赛下一铺摊’，意思是姥姥生得多。”我又发现了一名剪纸高手，我兴奋的心情难以言表。

马老师介绍说，白凤莲是白凤兰的本家妹妹，小名叫曲，因花剪得好，常被出嫁女儿的人家请去剪花样，所以这道川的人便尊称她“花匠曲”。她不但花剪得好，还会唱山曲、扭秧歌，常当伞头指挥腰鼓队呢。她有两儿两女，常把丈夫和孩子打扮得漂漂亮亮，把家里收拾得干干净净，是个利落能干的农村婆姨。

白凤莲急着给娶媳妇的人家剪喜花，不便打扰，我离开了白凤莲家。第二天上午我又赶到白凤莲家，她当即给我剪了一头狮子、一条鱼和三幅枕顶花样，她指着带有蝴蝶的花样说，这叫“蟮蟮扑金瓜”，农村人常说“蟮蟮扑金瓜，儿女一大家”，是儿女多的意思。又指着带有双鹿的花样说，这叫“双鹿双桃”，农村人把鹿叫春鹿，桃叫寿桃；指着牡丹花带小猫的花样说，这幅叫“富贵根苗”，这幅叫鱼戏莲，“鱼儿戏莲花，两口枕下结缘法”，这些都是结婚装新用的花样，每个花样都有讲究，不能瞎铰。我像刚入学的小学生，认真听着老师每一句话。

吃过午饭，白凤莲领我到几位老婆婆家和她的几位徒弟家普查。这里的传统风俗习惯基本依旧。嫁女要请人剪花样，绣装新枕；娶媳妇要剪坐帐花，剪喜花；过年贴窗花等。老婆婆们积赞的剪纸仍是以传统花样居多，白凤莲的徒弟也是以学剪花样为主。在闫桂芳家，闫桂芳拿出她珍藏的花样来让白凤莲点评。白凤莲说，花要剪得活泛，安排要风朗些，太蛮势了不好看。到康莲珠家，康莲珠称白凤莲为师父，说她下的功夫可大了，就是学不会。她拿出新近剪的一大沓花样让我们看，的确有些粗糙，但她学剪纸的吃苦精神着实让人感动。

白凤莲介绍，王窑公社高沟口大队有个叫高玉兰的婆姨手很巧，能冒剪花样，我便前往高沟口。十二月的陕北已进入最寒冷的时节，确实是寒风刺骨。时至中午，村上还是静悄悄的，偶尔看见一个人从窑洞出来，很快又跑回窑内。我按一位拾粪老汉指的方向，很快找到了高玉兰家，但高玉兰并不在家，向邻居询问，也不知人哪去了。晚上，队长安排我住在一个五保户老汉的家里。单薄的被褥冷得瑟瑟发抖，加之天天行走，脚跟部裂开一道血口，引起腹股沟部淋巴肿大。第二天，高玉兰还没回家，我便一瘸一跛地回到县城，草草地结束了沿河湾公社的独自普查。

三、全面普查

通过对两个不同乡镇的普查，基本掌握了民间剪纸的分布规律、存活状况、艺人年龄结构等，同时也取得了相应的普查经验，为全面普查安塞民间剪纸打下了坚实的基础。

1979 年 12 月中旬，在县文化局的支持下，安塞民间剪纸普查工作全面展开。我们根据靳之林老师的建议，一方面把普查出来的剪纸巧手请到县文化馆举办创作班，以挖掘传统剪纸。另一方面组织人力全面普查。

1979 年 12 月 12 日至 30 日，我们邀请白凤兰，白凤莲、李秀芳、李桂莲、余步英等十多位剪花巧手来到安塞县文化馆，因时值寒冬，交通又不方便，年龄较大的王占兰、张凤兰等人未能参加。这次创作班其实是一次试探性的封闭式的创作，根据靳之林老师的规定，只提示她们剪传统纹样，越传统越好，不允许任何人干预，使她们能够真实地反映出传统剪纸纹饰的内容和其艺术特点。其间，白凤莲剪出了“牛耕图”“鹭鸶衔鱼”“麒麟送子”等传统剪纸；李秀芳剪出了“鹰踏兔”“白菜”“盛鱼碗”等；余步英剪出了“窗云子”……剪纸巧手们剪花多不画样，而是下刀直剪，但要剪大幅的炕围花时，还是要用铅笔画一下。白凤莲剪“狮子滚绣球”炕围花时，先用铅笔起稿。她取整开红纸，从狮子耳部画起，不擦不改地画完繁复的构图，最后一笔准确无误地与起笔相接，在场的美术干部们非常惊讶。靳之林老师看后非常感慨：“民间真藏有艺术大师，画得太好了。”半个月的创作班，挖掘出传统剪纸六百余幅。

在办创作班的同时，我们挑选 8 位农村业余美术作者，分 6 路进行普查。这 8 位调查者是：郑积林、王海军、冯生刚、陈昆、杨守明、李荣臻、张志军、张忠义，他们都来自所要普查的公社，亲朋较多，情况熟悉，所以普查起来相对容易。靳之林老师随同普查人员参加了化子坪公社的实地普查，在普查中他不仅普查剪纸作者本身，还把普查范围扩展到了当地历史文化变迁、民俗文化及剪纸的文化内涵，记录了大量的文字资料。

经过 20 天的努力，普查成果斐然。根据统计，发现能冒剪（创作）花的巧手370多人，征集剪纸作品2300余幅。我们和靳老师对370多人的作品进行了认真分析与挑选。其中曹佃祥、王占兰、高金爱、潘常旺、许红莲、常振芳、胡凤莲、朱光莲、高长兰、高如兰等78人的剪纸风格非常突出。从普查记录的数据看，安塞南川普查出的剪纸巧手较多，而北部普查出的巧手人数相对较少。为了进一步弄清情况，春节刚过，我对北部最边远的4个公社部分村重新进行了普查。普查结果表明，安塞南北两地虽经济差距较大，但对剪纸的重视程度是一致的，每个村都有几个巧手，每个乡都有领军人物。由于北部乡镇山大沟深，交通十分不便，加之数九寒天，给普查工作造成了一定的困难。再者，普查人员的经验不足和工作不细，好多巧手未能普查出来。

四、剪纸创作班

1980年3月，安塞文化馆举办了空前规模的创作班，从各乡镇普查出来的剪花能手54人云集县城。她们大多年过花甲，第一次走进县城，第一次住进政府招待所，第一次拥有专门的时间和大量的纸张来尽情地剪纸，兴奋与激动交织于一体。她们每天起床很早，白天剪一天，晚上又剪到深夜。曹佃祥高度近视，为了多剪出传统花样，需接近光源，她站在床上，头、手、灯泡几乎碰到一起，一剪就几个小时。72岁的王占兰感冒发烧，手还不停地剪。

创作班是剪花能手们相互启发，相互学习的好场所。传统剪纸多年不剪，一时难以想起，只要有一人剪出某个“古时”纹样，就会引发一批相关纹样。一个人说出某个纹样的文化内涵，便能启发好多人对民间文化内涵的回忆。例如，高如兰剪出了抓髻娃娃后，引发了张凤兰、曹佃祥、胡凤莲等一批老人剪出了不同造型、不同民俗用途的抓髻娃娃。高如兰说，她剪的一手抓鸟一手抓兔的抓髻娃娃是结婚洞房中贴的喜娃娃，什么意思说不清。陈生兰看了后说：“过去我们都剪过相似的抓髻娃娃，有时一串串连起来贴在炕崖上。老人们常说：‘抓髻不来来，婆家不领来。’意思是说，抓髻打起这么长时间了，婆家为甚还不娶我来呢，过去女娃娃到了成婚年龄就打起了抓髻。”白凤兰老人讲：“过去老年人剪月亮时里边要剪只金蛤蟆，剪太阳时里边要剪只黑鸦。”陈生兰讲：“结婚布置帐房窑（洞房）时，都爱剪个‘蛇盘兔’贴在窗子上，人们常说：‘蛇盘兔、必定富’，‘要想富，蛇盘兔’。农村人还认为，男的属蛇，女的属兔，如两人结为夫妻，日子肯定过得红火。”王占兰讲：“过去娃娃们结婚早，不懂事，老人们不能明说，窗子上贴个‘蛇盘兔’‘鹰踏兔’，娃娃们就解下了（懂了）。”白凤兰讲：“鹰和兔代表婆姨汉。”有几位大娘笑着说：“蛇盘兔，爱不够。蛇把兔盘住了，就是汉把婆姨抱住了；鹰把兔踏住了，就是汉把婆姨压住了，是想叫早早生娃娃呢。农村人都知道这两幅喜花的意思。”原来，喜花中的动物花草都是寓意阴阳两性，反映生殖繁衍这一人类重大课题。通过大家议论，抓髻娃娃和蛇盘兔的文化内涵就基本清晰了。

我在安塞北部潭家营公社沐浴塔大队普查，时值正月，家家户户的窗子贴满了窗花，但在一个五保户老汉家发现了一个奇怪现象，他家的窗子上没有窗花，而是随意贴着用手撕的红纸角，不知甚意思。进门问老人，老人说没什么意思，咱没人剪窗花，贴上些红纸角角一样，图个吉利，意思到了就行了。创作班中，我把这件事讲给老大娘们听。胡凤莲讲，过年窗子要见红，不见红不吉利。贴窗花和贴红纸角一样，是为了辟邪气。安塞人有个讲究，家中如有老人殁了（去世），三年不贴窗花。陈生兰讲，过去谁家不贴窗花，不见红，认为是瞎眼窗，对家人不好。所以再穷的人家过年都要贴几个窗花，好坏都行，不会剪窗花的人家贴几块红纸块也算数。原来贴窗花不光是为了好看，主要的目的是为了避邪纳福。

1980 年至 1993 年，安塞文化馆又先后进行了 3 次较大规模的普查活动，普查人员为每个乡镇的文化站干部和普查出来的剪纸巧手每年举办剪纸创作班 1–2 次，时间为 30 天。通过举办创作班，

图 6 当时创作班上最年轻的学员张莲

探掘和抢救出大量传统纹样，而且对剪纸中的民俗文化内涵做了较为完整的记录，清晰地反映出安塞剪纸的基本状况，也为民间剪纸的传承奠定了坚实的基础。

陈山桥
陕西省艺术馆研究员

乡村民艺的另一种生活

——北方乡村妇女与剪纸

民艺的概念源自东亚文化视野中的日本，上世纪初日本的柳宗悦是东亚最早倡导民艺价值观的人。柳宗悦倡导通过民艺的简洁实用培养日本人的文化自信，通过民艺发现自然之美和造物神性的力量。上世纪初，柳宗悦也到过中国，他的民艺学思想影响了中国近半个多世纪的民艺文化观。民艺学也因此在中国生了根，并开始了其漫长而又艰难的生长过程。应当说近百年来以精英为主体的民艺学研究一直处在比较边缘的境地，而现实生活中的民艺依然代代相承，充满着生存的活力。民艺的流变也是民艺的常态，但近百年许多客观因素、社会政治运动和现代化的发展为民艺带来的变化却包含了许多突变的因素。本文旨在研究改革开放近四十年民艺发生的变化，这是中国古老的农耕文明一个特殊的转型时期；观察近四十年民艺在社会生存中的处境与变化，从中发现民艺的发展线索及流变趋势。

改革开放以来，民艺渐渐远离原生的民俗生活，失去农耕时代的功能作用，而不断增强的是作为文化物品的公共性和艺术审美的商业性。许多民艺的审美价值取向也在不断地脱离开地域性的审美传统，呈现出越来越开放的民艺心态。非物质文化遗产项目启动开展以来，民艺开始受到了前所未有的关注，同时民艺也在增强自身发展的欲望。今天的民艺正在与精英文化、大众流行文化、西方现代设计与时尚文化、学院绘画艺术、都市化的生活审美以及主流意识形态的话语主题发生着多元开放的关联。不断普及的互联网以及和非遗相关的文化展演也都在为这些关联提供可能。本文通过北方民间剪纸这个最具普遍性的民艺类型，作为观察近四十年民艺变化与发展的个案，它为我们带来的启示是多元的。

一、妇女的义务·传统乡村生活中的民俗剪纸

传统的民艺一个最基本的特征就是与生活的一体性，无论是江南富庶的村庄，或是黄土高原上贫穷落后的村落，民艺就是他们日常生活中的实用物，也是民俗信仰仪式中的情感承载物。一方水土的民艺就是一方民众为生存的艺术。北方乡村传统生活中的民俗剪纸是民间生活中使用最普遍的一种民艺，在北方乡村，民间剪纸和民俗生活有着丰富多样的联系。通常来讲，北方的剪纸以窗花为主，主要是在年节中使用。北方剪纸的花样也是丰富的，在北方还有巫俗剪纸，蕴含着萨满文化底蕴的巫俗剪纸在北方的乡村地区非常普遍。一些地区的巫俗剪纸是由男性通过巫俗仪式来实现的，但北方乡村许多民间俗信仪式中的剪纸多是由妇女来完成的。

在传统的北方乡村，剪纸是乡村妇女的一项义务，是乡村妇女必备的生活技艺。剪纸和乡村妇女的联系是从婚前的儿童时代开始的，婚前的女孩掌握剪花与绣花的技能，是必学的一项生活传统，乡村女孩通过上一辈的妈妈、外祖母或女性长辈来学习女红。传统的农耕社会男耕女织，男人耕田种地或读书做官，女人织布纺线、操持家务、生儿育女、传宗接代。剪纸与刺绣作为女性的民艺，不仅是一种生活必备的技能，同时也是一个女孩或女人的人格价值体现。陕北俗语曰“生女子要巧的，石榴牡丹冒铰的”，一个未婚的女孩在民艺上的心灵手巧不仅代表了其本身的人格价值，也意味着生育的后代会聪明伶俐，所以，乡村女性的民艺学在其表层的手工技艺背后蕴含着更深层的女性社会学。[1]

传统乡村社会的民艺是一种自发性的生活，不用人来倡导和鼓励。在南方许多少数民族乡村，很多妇女都会绣花，但会剪花的是极少数。这极少数的人承担着传承、传播刺绣剪纸花样的继承与流传。但在北方乡村却不一样，每一个乡村妇女都会剪花、绣花，陕北俗语曰“会生娃的，就会剪花”。所以，自发性的民艺使剪纸成为妇女在乡村生活中必须传承的一种义务。传统的乡村社会，手艺笨拙的女孩会影响其嫁一个好人家，那时婆婆对未来儿媳的选择正是通过其手工刺绣来判断其是否心灵手巧的。

在北方的乡村生活中，由于生活需求，乡村妇女要掌握剪花、绣花的本领，还要会制作面花，要能纺线织布、制衣做帽。在传统乡村社会生活中，

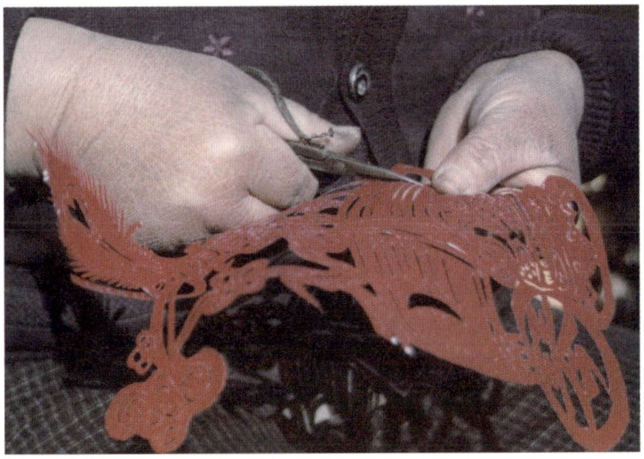

图 1 乡村妇女的剪花

1. 本文配图除特别注明外，均由乔晓光拍摄，在此一并说明

妇女的一把剪刀其功能是多样的，剪刀不仅是实现女红的主要工具，也是生产劳动、产子接生的工具。北方乡村妇女的民艺几乎涵盖了日常生活的全部。

在陕北的乡村，家家户户的妇女都会剪花、绣花，村子里总会有一两个出众的能手，人们称其为“花匠”。乡村女性民艺的类型和内涵往往都是复合型的，这是由乡村生活的混沌特性造就的，所以，这些花匠在乡村女人生活的方方面面都是佼佼者。

北方乡村女性的民艺不仅是一种女红的生活技能，在每一项民艺当中都融进了生活情感、文化信仰和一方水土的生命内涵。民艺的背后是人，人的背后是一方水土的文化和自然，人依赖于自然，也延续着文化。陕北有俗语讲女人一生成熟要过三关：从女孩变成女人；从女人变成妈妈；从妈妈成为娘家父母双亡、没有归宿的成熟女人。经历过这三关的女人经历了岁月的磨砺，也经历了无数个民俗时间的度过。所以说，自发性的民艺是乡村女人的义务，这个义务即是去承受作为女人命定的角色与承担。

陕北乡村里那些剪纸好的花匠，她们不仅仅是剪一手有独特人性魅力的花样，更主要的因为她是乡村社会生活习俗的知情者，是乡村文化记忆的传承人。乡村里年迈的花匠往往是这个地方剪花纹样谱系的拥有者，是花样背后民俗生活内涵知道最多的人。自发性的乡村民俗在时间的重复中不断地塑造着乡村女性的民艺世界，生生死死、循环往复的乡村生活成为民艺剪纸传承不息的精神土壤。

图 2 陕北乡村妇女要掌握剪纸、绣花与制作衣物的本领

图 3 中国北方的许多乡村，会剪纸的妇女也是面花制作的能手。这是山西中阳乡村妇女制作的春节时使用的面花娃娃

图 4 安塞剪花娘子潘常旺生前在教孙女们剪花

图 5 陕北安塞乡村里的剪花娘子张凤兰和她的剪纸花样。中国乡村里许多优秀的剪花娘子一生辛劳，晚年仍生活清苦，她们是缺乏社会关注的文化传承群体

二、发现民间·乡村妇女的剪纸艺术与图式流变

新中国的民艺是和人民大众的生活紧密关联的。由于特定时期文化意识形态作用，民艺更多突出了其工艺审美的造物实用。上世纪 60 年代中期至 70 年代末的“文化大革命”，民艺被打入冷宫作为封建落后的东西受到排斥。“文革”对民艺的摧残也波及到了底层社会的乡村，我们在后来的非遗传人群调查过程中，听到许多年迈的剪花娘子讲述其在“文革”中的经历。

民艺在上个世纪“文革”结束后的 70 年代末迎来了文化复苏的春天，曾经被视为封建迷信的民艺又开始复活在民众的日常生活中。1978 年十一届三中全会以后，改革开放的现代化发展唤醒了民族群体渴望生存发展的身心，而民艺的现代流变也正是从复苏的时代悄然开始的。

20 世纪 80 年代应当是中国近百年来民间文化最活跃最兴盛的时期，当一个被禁锢了十几年的封闭社会松绑了，去迎接一个开放发展的时代，整个民族从心底迸发出来的生命热情在催生着众多思想萌芽的生长，民俗学、民艺、民间美术及民间文学都进入了前所未有的黄金时代。80 年代初期，改革开放的国策激励着民族文化复兴发展的热情，人民的生活从阶级斗争的政治禁锢中走出来，乡村社会的民间文化又开始红火起来。

党的十一届三中全会后提出了弘扬民族文化和提高全民族文化素质、文化发展的策略，国家文化部、国家民委、中国民间文艺家协会共同启动了“十部中国民族民间文化集成志书”的编纂工作，这个历时二十多年的浩大工程对 80 年代民间文化价值的认同和民间文化遗产的搜集整理产生了深远的历史影响。而在国家文化体制内的全国“民间艺术之乡”的评选命名工作，以及众多民间社团在民间剪纸、民间工艺、民间美术等方面大量的搜集、整理、推介、宣传等工作，都对 80 年代的民艺热潮产生了重要的社会推动作用。

上世纪 80 年代初，中央美术学院成立了“连环画、年画系”，1986 年改称为“民间美术系”，这是新中国美术教育史上的一个创举。1986 年，六位北方乡村代表性的剪花娘子被请到中央美术学院传习剪纸，引起了学院师生们对民间造型艺术体系的关注，也引发了师生下乡采风的热潮。

而同时在民间底层乡村，八十年代初陕北延安开展的十三县市以民间美术为主体的民间剪纸普查工作，对发现乡村民艺传统及传承人都产生了重要的时代影响。延安的民间剪纸普查积累了民间文化发掘的经验方法，也发现了剪纸背后的民间文化。上世纪 80 年代初，在北京举办的延安普查剪纸的成果展览，使民间剪纸的文化谱系进入主流文化视野。

上世纪 80 年代在延安地区领导剪纸普查的靳之林，离开延安后回到中央美术学院的民间美术系，他撰写了《抓髻娃娃》《生命之树》《绵绵瓜瓞》三部著作，反映了陕北乡村剪纸传统作为民艺的文化内涵和历史渊源的深厚底蕴。当时延安普查剪纸的经验，一是走乡串户普查会剪纸的妇女和剪纸能手，二是通过普查把发现的剪纸能手在县城集中办

图 6 20 世纪 80 年代，黄陵县剪纸普查时被发现的剪纸传人是乡村文化记忆最知情的传人，她们中的许多已成为故去的一代（图片由黄陵县文化馆提供）

班，发掘民俗剪纸。当时也鼓励这些剪纸能手用剪纸的方式去反映生活和自己的内心世界。这些被请到县城集中办班的多是五六十岁的乡村妇女，她们代表了当时对传统民俗文化最知情的一代。这些足不出村围着锅台转的乡村女人，开始以自己一生磨砺的剪纸民艺引起外部世界的关注，她们的剪纸作品也开始离开生活的窑洞，而进入主流社会的公共艺术空间。这个变化是划时代的，代表着亿万乡村剪纸妇女的艺术在民族文化复兴的大潮中，开始以艺术家的身份登上历史舞台。她们开始署名自己的作品，虽然人们还并不清楚剪纸背后的文化究竟意味着什么，但人们发现了民间剪纸在艺术上的淳朴清新和独特的地域风格。在北方乡村妇女剪纸代表人物中，有许多后来被称为民间工艺大师的奶奶，就是在那个时候被发现并推向社会的，如陕西富县的张林召、安塞的曹佃祥、洛川的王兰畔、柳林的王继汝、旬邑的库淑兰、山西新绛的苏兰花等。

今天反观上世纪 80 年代初到世纪末北方乡村民间剪纸的发展历程，我们可以清晰地看到，一方面是民俗剪纸作为主体登上历史舞台，另一方面是乡村妇女在民俗剪纸的艺术方法与风格形式中开始融进个体艺术创作的叙事内容，民间剪纸的传统图式在发生着时代的变化。

从上个世纪80年代以来，乡村妇女开始大量复制民俗剪纸纹样，创作具有民间风格的剪纸艺术作品，剪纸在渐渐脱离开原有单一的村落及家庭式的民俗生活需求，进入到社会化公共性的群众文化工作和艺术展览与图书出版等文化事务中。昔日北方乡村妇女自发性的乡村女性民艺历经上世纪八九十年代的民艺热潮，开始成为与个体生存相关的致富手段，民艺成为乡村妇女与外部世界沟通连接的桥梁。

图7 已经被联合国教科文组织评为民间工艺大师的库淑兰（已故），依旧生活在朴素、贫困中（姜哲拍摄）

图8 陕北乡村妇女正在熏制剪纸熏样

三、身份与妇女·乡村剪纸传人的非遗生活

在漫长的农耕时代，乡村妇女的民艺没有文化地位。中国古代传统文化中一种糟粕就是缺乏对女性的尊重。尤其是在传统的乡村社会，传统的血亲家族意识更多视妇女为传宗接代的工具，乡村的伦理纲常秩序完全是一个男权为中心的价值系统，乡村妇女的民艺只是被视为生活的一部分，从来没有给予文化上应有的尊重与关注。即使是新中国成立以来的大学知识体系中，民间文化的地位与民艺、民间美术的地位都是非常边缘化的。民间工艺和民间美术在今天我们高校的学科设置中还没有一个真正的文化名分。

从社会学的角度来看，乡村妇女文化身份的缺失也深刻地影响了乡村女性民艺传统的认知与传承。建国初期的民间文化与民间艺术曾经在主流文化的公共空间和传媒中有过推介与传播的热潮。刚刚建立的新中国推翻了半封建半殖民地社会，劳动人民翻身做了主人，一个国家的民族意识在觉醒，在自信地憧憬未来。由于主流文化对群众文化的重视，也由于社会主义新风尚与社会发展的宣传需求，那时的民间艺术形式、民间文化与民间文学等都受到了一定的重视。淳朴向上、色彩浓烈、群众喜闻乐见的民间文化艺术方式，为社会主义的新生活带来了鲜明强烈的精神影响和情感传播。

上世纪 50 年代的全国性美术展览中还包括了一些民间美术形式，比如窗花、剪纸、年画。一些全国性的民间工艺展览也呈现出了许多民间手工艺的类型，如刺绣、蜡染、陶瓷、漆器、编织、金属工艺等。[2] 上世纪五六十年代的工艺美术概念，代表了那个时代对民间造物中的民族审美形式的重视，也注重了民间技艺传统的提升，与文化身份特征的保持。但对最底层乡村社会的女性民艺传统背后的文化信仰及文化创造缺乏关注，这也是那个时代意识形态价值观的局限。

真正改变乡村妇女文化身份的是新世纪初开展的非物质文化遗产项目，教科文组织有关非物质文化遗产的评定价值观、保护方式和以往的民间文化工作有所不同，首先教科文强调了民间文化艺术类型在生活中使用的活态性，重视文化物种在相关文化空间中的功能价值作用。因此，非遗的保护使生活中活的文化和具体的文化传承人凸显了出来，这为乡村妇女的民艺带来了深刻的影响。许多乡村剪花的妇女正是从评选上非遗传人以后，开始改变其民艺生活方式的。

在最近的陕北乡村剪纸传承现状调查中我们发现，中国“非遗”保护工作的普及与向基层的贯彻是迅速而有影响力的，国家四级体制（国家级、省级、市级、县级）评选使许多乡村的剪花传人被认定入围。我们看到许多中青年传承人离开了已经渐趋空心的乡村，搬到了县城生活。在安塞和靖边的调查中，许多中青年传承人在县城建立工作坊、组织合作社，寻找更多的发展机会。不仅在安塞，在陕北其他地区以及众多的北方乡村，这种现象具有普遍性。非遗保护工作的普及，首先改变了传人的生存方式，她们所掌握的剪纸技艺成为走出乡村与外部社会沟通、交流、参与的桥梁。目前在主流文化的社会，还没有成熟的剪纸市场，但市场对剪纸的需求从来没有间断过，政府和企业所开展的诸多主题性活动所需的文化礼品和纪念品、宣传品等，

图 9 陕北佳县剪纸传人郭佩珍正在讲述她的作品《回忆》

2. 参见《十年来美术活动年表》，《美术研究》，1959 年第 3 期，第 80-100 页

也都在选择剪纸这种喜闻乐见的民间艺术形式。

在国家九年义务教育中也开始融进了传统文化认知与实践课程，许多剪纸传人走进校园向孩子们传授民间剪纸这门古老而又淳朴的民艺。应当说国家对非物质文化遗产保护事业的开展以及对传承人身份的认定，使在乡村中已经开始衰退了的剪纸民艺又开始热火起来。那些作为国家级别的传承人，由于国家及各省市非遗展演的需求，她们更是忙得不亦乐乎。民间剪纸在非遗保护中正在进入一个文化物流的时代。昔日在窑洞里默默无闻的民艺传习如今开始登上大雅之堂，成为一种艺术展演的公共方式。

四、妇女的民艺·乡村剪纸传人的文化层

非遗保护事业的普及改变了乡村代表传人的文化身份，为她们带来了生存发展的新机会。但所有事物都有其两面性，今天的非遗保护也正是在一个互联网快速普及的时代，我们在北方乡村的调查当中发现，今天活跃的中青年传人都在借助互联网的方式获得信息，沟通信息。而80后、90后的传人几乎和城市里的年轻人一样，每天有一半的时间生活在虚拟的互联网世界。宽带在乡村的普及仍在快速推动着乡村生活的互联网化。但那些六十岁以上的传人因为不熟悉互联网，开始被边缘化。

在上世纪80年代民间剪纸的普查中，基层文化工作者是在乡村的炕头上发现传人，而今天传承人的认定很多是通过逐级的材料申报来审核的。所以，社会工作方式的变化使年迈的剪花娘子已不适应互联网时代的信息交流，那些五十岁以上不能借助互联网的传人，也开始被边缘化，正在淡出历史舞台。

北方乡村的剪纸传统几乎涉及了每一个乡村女人，但在传统的乡村生活当中，乡村剪纸是通过代际口授的方式传承的，一方水土有一方水土的剪纸谱系，也有掌握这个地方谱系的代表传承人。传统的剪纸传承是围绕着传统的民俗需求而进行的，剪纸的传承从很小的年龄就开始。传统农耕时代的婚俗中，女性结婚的年龄很早，她们要在十四岁之前掌握绣花剪花的本领，因为到了十四五岁也就到了出嫁的年龄。二十岁之前她们已经成为孩子的母亲，她们婚后的民艺劳作中一个最大的变化就是使那些吉祥美好的纹饰谱系和自己切身的亲人与生活关联起来。而民艺的技艺和审美趣味也正是在这种切身具体的情感关联中不断传承并升华纯熟起来的。

在田野中我们发现，北方的村庄关于剪纸的文化记忆是有年龄层的，乡村传统的民艺有着丰富的时间内涵。年龄大的人比年龄低的人剪得丰富生动，更加具有个性魅力，对剪纸的民俗内涵也了解得多。这一方面是生活的阅历，同时也是人生越老越趋向返璞归真的童年本性。如果按照文化记忆的年龄层来看，六十岁以上的剪纸传人是对民俗最熟知了解的一代人，这一代中的代表性传承人通常也是乡村民艺比较全面和可以被称为民艺能手的人。四十岁到五十岁的传人通常是掌握了上一辈的剪纸技艺，也熟知一些地方性的民俗文化，但她们还没有到达到自己剪纸手艺和风格的最高境界，其中

一些人对民俗文化的知情也不全面，但目前这个年龄层的人是乡村最活跃的一代。她们这代人有些已经熟悉了互联网的基本交往手段，并开始借助互联网获取信息，沟通信息，联系外部世界。二三十岁的年青一代传人已不再是民俗文化的知情者，但这代人中的聪明者已掌握了上一代人的剪纸技艺，并能借助这个技艺来添加新的内容和发挥新的风格形式，这一代年轻传人虽然生活在农村，但通常都接受过中小学义务教育，有一些还接受过高等教育，她们应当是与互联网同时代的人，熟悉互联网这个虚拟世界的方式，能比较熟练地运用。同时他们正在受着互联网深刻的影响。

应当说，六十岁以上传人的民俗文化常识和民俗剪纸谱系在最年轻一代传人身上已出现断裂，剪纸传人的文化断层不仅反映了地域性民间文化的传承现状，同时也使民艺的流变成为一个必然的问题。

乡村中青年妇女传人开始成为乡村民艺的主导力量，这一代传人身上已开始出现了文化传承的分离性，一方面她们是非遗传承者，另一方面她们又是剪纸手艺的创业者。而无论她们是作为非遗传人的剪纸活动，还是作为手工艺创业者的剪纸创作，都正在脱离开原生民俗生活的需求而成为以手工制作为主体的民艺创作。这种现象的发生，也在影响着体制内的非遗传人评定工作，许多入围不同级别的传人是依靠剪纸技艺与创作作品评选上的，这只是手工技艺的评定，而作为非遗核心要素的文化记忆评定被忽略了。剪纸的民艺既有手工记忆，又包含着深厚丰富的文化记忆，这两方面的价值才能构成剪纸非遗传人的评定内涵。

我们在陕北的乡村调查中还发现了乡村妇女比较流行的一种文化传承方式，即成立民间剪纸合作社或传习所，这种文化合作的方式一方面是政府对文化传承和群众文化工作的倡导和支持，另一方面也成为个体传人发展手工作坊生产、增强文化影响的重要手段。非遗保护工作在底层乡村的开展为乡村文化传承带来了再发展机遇，非遗传人的认定和评选也使乡村剪纸传人有了进入主流文化和社会公共空间的文化身份。社会对剪纸艺术的需求为传人的生存带来了利益和荣誉。作为新世纪非遗时期的民艺，在由内向外发生着质的变化。那些民俗剪纸谱系中的代表性符号仍然被复制沿用着，它们不断重构着民俗意义的新形式，而许多新的符号形象也开始融进剪纸中，剪纸的图示在消解着地域性，趋向雷同。

许多地方的剪纸现状开始呈现出前所未有的开放姿态，开始接纳来自多方面的影响。无论是互联网中的文化信息和时尚形象，还是学院精英艺术的绘画、造型图式和叙事方式，都在对昔日地域性的封闭的剪纸谱系带来了深刻的影响和改变。一些剪纸作坊由于生产的需求开始使用电脑设计及激光切割复制，剪纸的艺术化和商品化也正在普及形成。乡村民艺正在进入一个前所未有的流变时代。

五、为生存的民艺·非遗的衍生与创造性传承

无论是东亚视野中柳宗悦的民艺观，还是今天非遗保护视野中的民艺理念，这其中有一个共同的

价值认同，即民艺不能脱离生活，不能脱离民众的文化信仰和生活实用。从上世纪初东亚民艺观念的源起，到今天新世纪非遗观念的普及，民艺正在经历着漫长的文明转型时期，告别古老的农耕时代开始走向现代工业时代的城市化，几千年心手相传的乡村民艺在经历着蜕变的阵痛。不变或许要被丢弃和淘汰，变又远离了心手依恋的乡土生活。文化的生与死究竟由谁来选择，又选择谁，这的确是一个问题。但时间之河是不会按人的意志流淌的。

柳宗悦民艺的本质不仅仅是强调生活的质朴和实用，也在强调民众的自信与乡土民艺中自然审美的清新和对造物之神的敬畏。今天我们的乡村民艺同样面临着柳宗悦的问题，或者说我们面临着比柳宗悦那个时代更加复杂的问题。非物质文化遗产的价值观更强调传统民艺的维系和可持续，而现代生活对民艺的需求不仅仅是选择和挑剔，更重要的是需要创造出适合于今天审美需求的新的造物。通常来讲，文化的流变性是文化适应的基本手段，明代古籍《天工开物》中也提出“制随时变”这样有实用主义色彩的民艺观。当今非遗时代的民艺观开始以开放胸怀拥抱现代生活，目前文化部与高校合作的中青年非遗传承人群培训即是一个最新的发展趋势。让传统民艺走进现代生活，成为非遗保护和现代设计共同接纳的民艺发展观。当然，也有不同的反对声音，反对者更强调非遗传统特性的保持和可持续。

我们在乡村调查中所发现的民艺现状同样也包含着上述的相同问题。脱离乡村原生民俗生活的剪纸并没有脱离乡村妇女传人的个体生活。我们在文化部中青年传承人群培训班上发现，乡村妇女传人在现代剪纸衍生品的创作上并不具有优势，乡村传人在剪纸向现代设计和艺术转型方面，正是她们的欠缺之处。而那些学设计专业的学生对非遗的借鉴和在衍生品的设计上更显示出灵活多变的优势。所以，非遗衍生的课题或许更应是设计领域创建本土设计精神产品的课题。从更深层的非遗价值来探究，剪纸衍生与发展的潜在能量并不仅仅在剪纸技艺上，更多来自其背后的文化叙事和象征带来的文化想象和艺术启示。

非遗保护为乡村妇女剪纸传人带来了民艺的另一种生活，这的确是一种新的生活。乡村妇女也在开启创造性传承的文化方式，陕北佳县的天才剪纸传人郭佩珍在非遗时代开始了她剪纸长卷的创作，那时她已七十多岁了。郭佩珍用一把剪刀讲述她自己的人生，讲述了她的家庭所经历的磨难和最真实的生活故事。她的剪纸创作为我们提供了一个真实的来自乡村底层的当代剪纸艺术范本。她的剪纸在表达个体农民命运的广度和深度上都达到了前所未有的水平（图 10）。陕西延川的高凤莲，她创造了具有强烈生命律动风格的剪纸形式，并用这个形式呈现出对民间口传文化和现实生活表达的自由境界。还有已故的陕西旬邑库淑兰老婆婆，这个天才的剪花娘子创造了她富丽堂皇、古典华丽的歌谣体彩色剪纸。她为我们呈现了一个全新的、灿烂多彩的生命世界，但这个世界所有的符号细节又都源自传统。

这些高龄剪花娘子的成功并不是追求剪纸与现代生活的对接，她们更多是在基层文化工作者的赏

图 10 在洛川县剪纸传人杨梅英家考察，杨梅英既是传统剪纸的高手，也擅长新剪纸创作（苏欢拍摄）

识和鼓励下，回到自己的剪纸创作本能和个体创造，开拓了传统剪纸的元素，非常成功地运用了民间文化的叙事观念与手法，在时间叙事上以及传统符号和形象的创造上，都达到了很高的艺术境界。

她们的成功与其说是艺术上的成功，不如说是个体人性的价值实现，是苦难命运对天才磨砺的结果。应当说，她们的成功是真正的民间文化传统魅力的成功。

结语

一方水土的人创造了民艺，民艺也在影响着这一方水土的人。今天文明转型期的时代在影响着乡村一方水土的生存，也在影响着民艺。乡村的民艺就是乡村的生活，乡村的主体是人，民艺是人的艺术，民艺会跟着人走，但失去生活实用的民艺就会被留在那个曾经的时代，消失在时间的黑暗里。关注乡村，关注乡土社会的发展，关注乡村的自然生态和农业的可持续，这些才是民艺保护的土壤。无论是非遗保护还是民艺的衍生，对传统民艺作为文化物种的认知、保护与维系是不能丢失的基础。文化物种的延续依赖于人和造物的活态而存在，而今天非遗的保护也正在进入一个民艺文化物种的抢救、发掘以及最后的整理记录时代。

（原载于《新美术》2015 年第 11 期，文章内容略有调整）

乔晓光
中央美术学院非物质文化遗产研究中心
教授、博士生导师

从匠师到传承人

——白马画匠班杰军的社区传承处境与现实抉择

2015年11月的一天，正在乘坐火车的班杰军接到一通来自北京的电话，通知他到中央美术学院参加第二期“非遗保护与现代生活——中青年非遗传承人高级研究班”，这一突如其来的消息让本无明确计划只想到北京看看，并且已经搭乘列车从广元前往北京的班杰军十分欣喜，于是第一次到北京的他联系了在京做生意的老同学，这位多年未曾谋面的同学亲自接站并驱车将他送往中央美术学院报到。

一、班杰军的身份转化

班杰军来自甘肃省陇南市文县铁楼藏族乡，是一位80后白马藏族“池哥昼”木雕面具传承者。“铁楼乡”属白马河流域，俗称“白马峪”“铁楼沟”。在民族识别工作中，白马藏族被划入藏族，但又因具有族群特性，因此，被称为白马藏族以示区别，也可称为“白马藏人”或“白马人”。白马藏族主要分布于甘肃省陇南市的武都区、文县以及四川省绵阳市平武县、阿坝藏族羌族自治州九寨沟县与松潘县、广元市青川县等区域，总人口约2万余人。[1]铁楼乡是重要的白马藏族聚居区，全乡有16个行政村，44个自然村，共2648户，10731人，其中，藏族636户，2696人，约占全乡人口的25%。[2]文县地区所称的藏族即是白马藏族，铁楼乡的藏族村寨（自然村）有麦贡山、立志山、中岭山、入贡山、

1. 刘志扬：《藏彝走廊里的白马藏族：习俗、信仰与社会》，北京：民族出版社，2012年，第1页

2. 昂巴：《散居少数民族经济社会发展路径与方法研究：文县铁楼藏族乡经济社会发展现状的调查与思考》，《甘肃高师学报》，2016年08期，第81页

案板地、强曲、朱林坡、枕头坝、草坡山、寨科桥、迭堡寨、腰坪山、夹石山、阳尕山等。

麦贡山是进铁楼沟的第一个白马藏寨，上行依次是立志山、中岭山、入贡山，因这四个山头的寨子主要生活着班氏家族，而被称作“四山班家”，与山下河坝里的汉族村寨比邻而居。传统上，白马村寨多位于半山，房屋为土木结构，2008 汶川地震中，麦贡山是铁楼乡受损最重的村寨，灾后，政府统一规划，进行整体重建，改造了道路，统一建造新房，并建成一座池哥昼传习所。另外三山因为受损较轻，老屋基本保留下来，只是根据生活需求进行了室内装修与改造，村落形态基本保持旧貌。麦贡山在地震中受损严重，全村新盖的房子，都是一层三间平房，面积狭小紧窄，没有院子，与老屋的体量与布局相差较远，无法满足生活需求，于是很多村民自费加盖二层与院墙。几年间，各家各户陆续对房子进行增修。班杰军觉得：地震过后，村子好像少了点什么，老房子都不见了，只有少数被保存下来，重建的新房子也都没有了白马民居的特色。他决定把自家的二楼修建成传统白马民居的样式，还要用自己的手艺做上雕梁画柱，他对重建后的麦贡山的样貌感慨道：“我还是觉得老的东西好。”班杰军的骨子里有着对“老的东西”的热爱，但也不无对过往快速消逝的无奈和遗憾。

班杰军出生在麦贡山，童年在山上的寨子里度过，小时候不会说汉话，直到 12 岁下山上学才开始学汉语。班杰军自幼喜好绘画，大专毕业后，报考公务员未果，于是开始拜师学艺，主要学习绘画、木雕、民居营造技艺等。正式拜师的师父有罗幺平、李银成（已去世）等，从前者主要学习雕刻技艺，从后者则综合学习“画匠”技艺。

在文县一带，画匠是一个重要的手艺门类，涉及民间寺庙神像壁画、建筑彩画、门窗装饰、神像画案等彩绘技艺，也包括木雕技艺，如神像雕刻、建筑装饰以及面具雕刻等。从工艺角度来看，画匠主要掌握雕刻与彩绘技艺，如果涉及宗教祭祀领域的神像与道具，就需要进行“开光”仪式，亦由画匠承担。他们具有通灵的神性，备受民众的尊敬。画匠本是一个通行的民间职业，没有民族差异，任何人都可以从事。班杰军的受业师父主要是汉族名匠。因擅长雕刻白马藏族的重要民俗仪式池哥昼的傩面具，班杰军被推选为“国家级非物质文化遗产名录”项目——文县池哥昼傩舞省级代表性传承人，由一名职业性的民间画匠转变为具有名誉性的非遗传承人，促使班杰军的文化身份与社会角色的转化，他被赋予文化传承使命。

白马藏族没有文字，民族历史、习俗与技艺全部靠口传，其重要的文化传授方式就是“勒贝”传承，勒贝是白马村寨中德高望重的老师，通过讲唱的形式传授民族文化传统。传统的白马歌唱中蕴含着世代相传的祭祀、历史、故事、礼仪及技艺等各方面的艺能，后生想学习的东西都可以向勒拜求教。入贡山班正廉是一位远近知名的勒贝，生前被推为文县池哥昼省级传承人，他的后人也继承家学，各有所长，二子、四子为省级传承人，三子为大学教授。在辈分上是班杰军的同族爷爷，正廉老人学识渊博，不仅擅于讲唱，也精通面具雕刻、腰带纺织与沙嘎帽制作等技艺。班杰军是一个有心人，他深知本民族文化传统的深邃以及传承的紧迫，在向班正廉请教池哥昼面具雕刻技艺的同时，也会用心倾听其中所蕴含的历史传说与民俗内涵，他感慨道：爷爷特别会讲故事，绘声绘色，十分生动，而自己能记住的却很少。随着老一辈的陨落，很多事情如今已经逐渐说不清楚了。

二、当下的生存状况

在铁楼地区，尤其是山上的村寨，交通闭塞，发展空间有限，很多年轻人都选择外出务工，班杰军一家也都搬下山，他的父母平时住在城关。班杰军和妻女居住在处于白马河上游的草河坝的岳父家闲置的老房子里。草河坝为行政村，包括草河坝（汉族）和草坡山（藏族）两个自然村，约有160多户居民，总人口有600多人。这里传统的生产方式为粮食种植，尽管近年来粮食丰收，但只用作口粮和酿酒，不能产生经济收益。草河坝生态环境相对较好，草药采集与种植构成一项收入方式，但不具持续性。因为，草河坝处于河坝地带的优越地理位置，河堤有大片的空场可以组织大型活动，这里被打造成民俗文化村，发展旅游业，部分家庭开起农家乐，旅游收入逐渐提高，但不具稳定性与普遍性。所以，多数村民的主要经济收入还是来自外出务工。

就班杰军所传承的面具雕刻技艺而言，目前，各村寨的具有神性的面具依然在使用并传续，基本没有更新的需求，如麦贡山村的“池哥昼”面具已经几十年没有更换了，传统面具的市场需求很小。班杰军的主要订单来自博物馆或个人收藏，一年制作1～2套面具作品，加上作为省级传承人一年5000元的补贴，以及绘制寺庙壁画、彩画，这三方面构成班杰军主要的收入，基本入不敷出，妻子外出打工的收入成了家庭的主要经济支撑。仅靠传承面具雕刻，对于班杰军来说，收入甚微，仅能满足一家人温饱，他说等孩子大了，上学需要花钱，就只能出去打工了。

班杰军也在不断探索出路，他曾到杭州的木器厂打过工，有时会被邀请到九寨沟、平武等地参与

图1 在文县草河坝村家中，摆放着班杰军已经制作完成的面具成品（张冬萍拍摄于2016年2月18日）

图2 2016年2月22日在第二届“陇南白马人民俗文化旅游节”展销会上，班杰军现场展示面具雕刻技艺，并销售面具作品（张冬萍拍摄）

旅游景观的设计与创作，有时，也承接庙宇修建工程，如壁画、彩绘以及雕像等。他说自己闲不下来，喜欢到处走走看看，尤其对九寨沟与平武都极其熟悉。班杰军也在尝试从面具制作方面拓展，他使用优质木材通过精雕细刻制作出精致的小型面具以及挂坠，因为原料与人工成本的高昂，作为高级工艺品的标价，在一般的展销会上并不能为普通消费者接受。从2015年开始，每年正月十五，文县政府在草河坝举办“白马人民俗文化旅游节”，非遗展示、展销是重要的板块，组委会分派了摊位，班杰军穿着民族服饰，展示面具制作过程，同时销售面具成品和其他工艺品。观众对面具制作很有兴趣，也会驻足询问，有意购买小型精制面具者问及价格后，也往往望而却步。目前，班杰军正在考虑使用木刻机代替手工以节省成本。

班杰军自嘲，以前他是村子里最会赚钱的人，但是现在是村子里最“没用”的人。如果问他：“这么艰难，为什么还在坚持呢？”“就是喜欢这个，没办法。”班杰军毫不犹豫地回答道。

三、研培让传承更自信

2015年7月中旬，文化部与教育部联合启动中国非物质文化遗产传承人群研修研习培训计划，各培训高校全面展开培训工作，班杰军被选派到兰州大学参加省内培训，进入唐卡班学习宗教画的绘制技艺。全脱产接受培训学习，持续的误工，也就不能获得收入，此时一年的时间已过大半，在乡村观念中，这也意味着一年的劳作接近尾声，准备过年了，很难再有收成。在兰州大学的培训结束后，班杰军在一段时间内无所事事，比较迷茫。一天，他再次得到上级部门通知，说将被选派参加高级研修班，但当时安排未定，只知道可能在北京或者上海。他当时心想，上海是肯定不想去的，如果去北京，可以参加。但此后，再无消息，他也就没有追问。到了11月份，他决定到北京碰碰运气，文县在北京务工的老乡很多，班杰军也有亲朋在北京发展，他想到北京看看，如果可能就在北京打一段时间的工，也可以在年末赚些收入。于是，发生了开篇所叙的一幕，班杰军在火车上得到了正式通知，前往中央美术学院参加非遗保护与现代生活——中青年非遗传承人高级研究班。2015年11月16日-12月4日，班杰军参加了一个周期的研培学习，以传承人身份与中央美术学院的师生互动与交流。

图3 2016年3月，中央美院第二届“非遗保护与现代生活——中青年非遗传承人高级研修班”结业展览，班杰军参展的作品（张冬萍拍摄）

2015年，班杰军共参加了两次培训，分别为兰州大学的省内培训和中央美术院的高级研修，前后耗时近半年时间。他调侃道：这半年没干什么事，一年时间基本没有什么收入。在前往班杰军家乡的实地调研中，我们也听闻他的一些亲友对此举有些微辞与不理解，他们觉得班杰军并没有做正事，参加这些没有收益的培训耗费时间，收入不稳定，得不偿失。但是，班杰军并不后悔，他觉得参加培训是值得的。研培学习让他有机会见识新领域、新事物，与同学的交流也在技法和思维方面得到拓展，更重要的是培训让他找到了自信。他说，在初选时，能够作为甘肃的代表参加培训已经是极大的认可，让他感到自己受到了重视。在课堂上，传承人都要介绍自己传承的非遗技艺与文化传统，看到老师和学员们对白马文化有浓厚兴趣，让他十分自信与自豪。而且，安排他作为代表给全院师生做讲座，并且在课下交流活动中，展示了民族歌曲与舞蹈，收到了热烈的反响。这些让本来有些摇摆、迷茫甚至怀疑的他，重新认识到白马文化的深厚与伟大，更加坚定了他作为传承者的文化使命。他知道了传统的重要，找到了文化自信，下定决心为传承白马文化尽最大的努力。班杰军也为自己的文化传承设定了目标，要真正成为文化的知情者和持有者，并致力于发掘传统的内在价值。

四、社区文化传承的新变

在文县，池哥昼是白马藏族独具特色的全民性的民俗传统，班杰军既是池哥昼面具雕刻的传承人，也是民俗活动的主体参与者，每一个白马人都是天然的传承者。近年来，池哥昼仪式也在发生变化，仪式趋于简单化，年轻人参与度减弱，传承热情减退，信仰淡化，这些都是白马文化在传承过程中逐渐出现的状况。早先，老汉们十分严格，

图4 2016年2月22日，在第二届“陇南白马人民俗文化旅游节”上，集聚各村寨共同表演“池哥昼”（张冬萍拍摄）

麦贡山的班定西老人严守传统，一丝不苟，据说，他坐在家中，听到街上年轻人唱歌，有一点错误，都要跑出去严厉指出。过去，跳池哥昼，戴上面具就是代表神灵，不能摘掉，如今禁忌观念已经松懈，并开始出现随意摘掉面具的现象。有长辈指出，年轻人会耍性子，不听规劝甚至反斥，所以，老人们也就悻悻而去，不再言语，民俗习惯也在逐渐发生衍变。

2016年2月22日，第二届陇南文县白马人民俗文化旅游节召开，再掀白马文化热，各大媒体争相报道，节会由民歌大奖赛、开幕式、文化旅游成果展、摄影大奖赛暨摄影展、民俗文化体验活动、文化旅游电商产品展及文化旅游项目推介会等部分组成。“迎火把”是一项极具观赏性的民俗活动，正月十五晚，村民陆陆续续带着自制的火把，上山请五谷神，在山上集结，完成一套敬神、请神、过愿的仪式活动，趁着夜幕，众人点燃火把盘旋下山，远观尤如一条火龙蜿蜒而下，这项民俗活动，尤以草河坝为壮观，因为这里人口众多，火龙景象蔚为壮观，成为旅游节的亮点。

旅游节的展演活动集聚了各地独具风格的白马民俗舞蹈会演，有甘肃省文县的池哥昼“麻昼”（即十二相）、四川省的九寨沟“十二相”与平武“曹盖”等各具特色的傩舞。文县指派参加表演的村寨有麦贡山、入贡山、强曲、案板地、寨科桥、薛堡寨等，在前期动员与筹备过程中，各村寨对于此项活动极其重视，组织了全村性的商议与排练，男女老少都参与其中，推动了传承活动的进行，也让村民认识到国家对民族文化的重视，进而提升文化认知。然而，在实际的活动运行中，出现了展演活动与民俗禁忌相冲突的现象，比如入贡山池哥昼的正日是十四、十五两日，这一时段正是旅游节的正日，村民的主力前往参加旅游节展演，势必分散人力，还会带出面具，本村活动将无法进行下去。入贡山本是极其恪守

图5 麦贡山的“池哥”老大面具，作者为班建春（张冬萍拍摄于2016年2月21日）

传统的村寨，坚守着民俗信仰与禁忌，折中的解决方案是另做一套道具性的面具，派出一支表演队参加旅游节展演，本村的祭祀活动与节日氛围由此大打折扣，但也由此造成了社群舆论的矛盾。

具有神圣性的仪式面具，如池哥、池姆以及十二相面具等，目前并不需要与现代生活相结合的创新，其内在有着要恪守的传统形制与规范。然而，如果说不能变化也不尽然，根据回忆，今日的面具跟过去相比，更加精细了，色彩也更艳丽。面具具有神性，更换时，旧面具必须烧掉，不能留存，所以，如今很少有老面具传世。面具的形制也经历了不同时代的演变，如麦贡山的池哥老大面具，由班建春（精通多种技艺的巧匠，班杰军的同族伯父，已经去世十余年）雕制，他在面具嘴部周围所使用的锯齿样式的开创性手法，受到了公认与赞许。在面具雕刻的发展过程中，不断融入了雕刻者的智慧，数代人共同创作出了当下经典的传统样式。

五、传统面具雕刻的当代需求

班杰军敬畏并尊重传统，他觉得：池哥昼面具不需要刻意创新，保持传统就是最好的“创新”。他致力于复原记忆中的老样式，不做精雕细刻，用斧头直接劈砍出面具形态，用柴火熏出炭黑色，不施彩绘，这是早先的面具形态。班杰军制作了一套能够呈现出面具风格演变的作品，并在2016年3月举行的第二期非遗保护与现代生活——中青年非遗传承人高级研究班结业展览中展出。展期结束后，班杰军返回家乡，即着手操作年前业已承接的项目，为文县城关镇徐家坝村新修的寺庙雕刻神像、绘制壁画。进程过半之际，他突然收到四川九寨沟县马家乡马香村的邀请，为他们制作一套十二相面具，即十余动物神面具，“跳十二相”为九寨沟地区的说法，文县白马人称之为“麻昼”。

白马藏族面具舞在学理上被定义为“哑面傩舞”，不同地区的分支又各成流派，各有民俗习惯与风格特征，如九寨沟以跳十二相著称，平武为“跳曹盖”。文县则为池哥昼，“池哥”即山神，“昼”即跳、舞的意思，池哥昼即“跳池哥”之意，曹盖与池哥语音相异，内涵相通。在“国家级非物质文化遗产代表作名录”（下文简称“名录”）的项目评定中，2006年，九寨沟县以“㑇舞”名义，申报并入选第一批“名录”（编号：137 Ⅲ—34），所谓“㑇舞”即跳十二相。同批次，文县池哥昼则作为扩展项日录入“傩舞”（编号：110 Ⅲ—7）项目。2011年，平武县申报“跳曹盖”（Ⅲ-102）项目，入选第三批“名录”。至此，白马藏族的三大聚居地的面具舞都以不同名目进入“名录”。

以风景胜地著称的九寨沟，也在大力开发“非遗”资源，白马“㑇舞”被打造为民族文化品牌，勿角乡上勿角寨，已经被扶持为文化基地。传统上，在这片区域，分布着“勿角四寨”“马家四寨”等8个老寨，其实都有“跳十二相”的传统，马家乡的老寨子还保存有年代久远的老面具。

马家乡旧称“三安石”，地处深沟高山，因而经济发展相对滞后，被划为“贫困乡”。马家乡位于九寨沟县西南方，距县城32公里，全乡辖5个行政村（分别为瓜地岩、胜利、南岸、马香、苗州），藏汉杂居，是以藏族为主的农业乡，全乡总户294，总人口1310人，其中白马藏族人口960人。[3]

在弘扬优秀民族文化传统的大形势之下，马家乡人也在积极开拓民族文化技艺。如今，“非遗”观念深入人心，其意义与价值已经得到普遍性的认知，当地人也在思考文化传承与生存发展相统合的问题。

六、匠师传统与文化尊重

上世纪末，由四川平武县引领并掀起了关于白马藏人族属问题的讨论高潮，当时的研讨成果奠定了后日白马藏族相关民族研究的基础。自2008年起，甘肃省陇南市对白马藏族文化传统的调查与研究逐步升温，取得了一系列重要的成果。

2016年2月22日，在草河坝召开的第二届陇南文县白马人民俗文化旅游节的非遗展演区，班杰军现场展示面具制作，来自九寨沟的杨永在观摩了面具雕刻展示后，与班杰军相识并互换联系方式。文县、九寨沟与平武三地的白马藏族有着紧密的姻亲关系，每逢节庆都要相互探访，近两年，文县白马民俗文化旅游节声势盛大，外地的亲朋也会借机前来探亲，顺便参加文化节活动。担任马家乡马香村支部书记的杨永，此时亦在游览者之列，看到班杰军熟练的传统雕刻技艺，让他十分欣喜并产生延邀之意。进入暑期，正在徐家坝制作神像的时候，班杰军接到了马香村的邀请，前往雕刻一套十二相面具。

摩托车是班杰军最主要的交通工具，从文县骑行两小时就能到达马家乡，十分便捷。传统上，文县与南坪（九寨沟地区的旧称）两地人员交流频繁、关系紧密，民俗习惯十分相近，俗语云：“文县不甘，南坪不川。”是说在与蜀地相交的文县有着诸多四川文化的特点，尤其表现在语言方面，自县城向南基本都说四川话，而四川的南坪地区在语言方面却有着甘肃特点，两地素来有着紧密的文化关联。

在这片川甘交界的区域，至今保持着邀请匠师上门做工的传统，主顾对手艺人十分尊重，一般都要以“师”相称，班杰军即被尊称为“班师”，雇主要为匠师提供上好的食宿与工作条件，尊为上宾。所谓“匠师”或“匠人”一般也称为“手艺人”，即传统社会掌握手工技艺的劳动者。传统手工艺传承恪守“师徒传授”，重视传承谱系，恪守学艺的

3.“中国·九寨沟”门户网站，网址：http://xxgk.abazhou.gov.cn:8092/t.aspx?i=20160324161835-325737-00-000，发布日期：2016年3月24日

礼制与家法，有着固有的拜师学艺的规矩，完成出师仪式才能正式独自外出从艺。须尊师重道，感念师恩，特定时节还要问候、酬谢师父。拜得高师，习得精湛技艺，获得师父认可并出师的艺人，才能正式外出闯荡，师承关系与技艺水平是主顾用工的重要评判准则。匠人又不仅承担手工劳作，还具有神性，在特定的环节，匠师要进行特定的法事仪式，所以，在手工技艺之外，匠师还要传承祭祀仪式与文化禁忌。

班杰军的十二相面具雕刻技艺与造型传承自师父李银成，师祖尚志林，这位人称“尚画匠”的传奇名匠曾经活跃于文县、南坪地区，他身怀绝技，亦善铁艺，能打制枪械，枪法高超，善于打猎。至今马家乡还有三位尚画匠的弟子，当地也在流传着关于他的传奇故事。时隔数十年，班杰军也不曾想到会在马家偶遇先辈的行迹。

七、传统的惯性与传承的守恒

来到马家乡后，班杰军被尊为上宾，受到款待，他住在杨永家为马香村雕刻面具。杨永不仅担任村主任，也是一位致富创业能手，依靠马家优越的自然条件养殖活鱼，并开办鱼庄与家庭旅馆。班杰军首先为马香村雕制了一套十三个面具。另制作两个大型面具，用于鱼庄的装饰。同时，班杰军还受杨永之托，在面具制作完成后，为其鱼庄建筑外表做彩画装饰，描绘白马藏族传统服饰腰带上的菱形花纹，这些做法都是为了凸显民族文化特色。在马香村雕面具之事，很快在马家乡流传开，其间，苗州、南岸的村民都前往参观，也十分欣赏班杰军的技艺，相继向他订制，于是，在马香村完成素坯雕刻后，班杰军又前往另两村。住处与工作间都在村委会办公楼，又分别制作十三个面具。班杰军前后在马家乡驻留三个多月的时间。做工之余，班杰军还走访当地的老前辈，请教马家地区白马藏族的文化传统。

班杰军的马家之行，似乎与他平日承接的订制项目没有多大区别，然而，在这里他遇到了一段不期而遇的机缘。尚画匠曾是马家地区的常客，甚至在这里还传下徒弟。其实，马香村目前所使用的面具即由尚画匠制作，这种面具风格为马香村人所熟识，甚至形成一种“神韵”的印象，深深印入脑海。尽管最初相识时并不知班杰军的传承脉络，这种继承尚画匠的面具造型还是吸引了马香村人的注意。尚氏早已去世，他们从未谋面，此前，班杰军也从未见过尚画匠的原作，时隔几十年，今日再观跨三代人的面具作品，其造型、彩绘乃至风格都一脉相

图6　马家乡苗州村将村委会办公楼走廊提供给班杰军作为工作间（董永俊拍摄于2016年8月24日）

承，让马香村人啧啧称奇。

当见到苗州村珍藏的传世面具后，似乎传承的线索也清晰起来。苗州是一个位于高山上的传统老寨，由多家杂姓构成，过去村中世代相传十三个面具，分属不同的姓氏保存，跳十二相时，也由特定姓氏的家族成员戴着所持面具参与仪式，不能混淆与互换。这十三个面具基本都是有年头的老面具，其中，两面因为早年已损毁，由尚画匠后期补制两个，其他的年代更早，狮头面具为公认的最有神韵者，此面具粗犷大气、威武雄起，被视为珍品。据说狮鼻曾经为白色，在夜色中跳面具舞时，熠熠生辉。因年代久远，颜色剥落，全部面具都由尚画匠重绘。尚画匠曾经非常熟识这一套传统面具，通过学习、消化与吸收而融入到自身的雕刻技艺中并传承下去。今天，班杰军传承的十二相面具的风格也与苗州的老面具极为相似，狮子面具造型与风格如出一辙。尽管年前苗州曾请木匠制作一套新面具，但因不得神韵，十分不满意，今年，恰逢班杰军到马香村制作面具，他的雕刻风格符合马家乡人对于面具风格的预期，于是再次邀请他制作一套更理想的面具，冥冥中，也接续了一脉传承的宿缘。

曾经的“马家四寨”的格局如今已经发生转变，除苗州还在旧址，其他村寨已经迁下山，建成新村，生活方式已经完全现代化，年轻人更向往外面的生活，很多人都外出务工，只有少数留守。马家人平日也基本不穿民族服饰，除却语言的差异（基本上，也以汉语交流为主），与汉族村寨的外貌相差不大。然而，跳十二相仪式在马家人的心中仍有着重要地位，全寨老少都会积极参与，面具在人们心中具有神圣的地位，所有人对面具有着近乎苛刻的诉求。尽管苗州村已经完成那套无法令人满意的新面具的交接，然而当面对信仰，终究不容凑合与自欺。

在苗州村，人们通过对传统的经典面具形象的欣赏，建立起审美惯式，这也就是马家乡人所苛求的神韵。此前，苗州村所定制的面具无论在造型、彩绘与体量都欠缺神韵，究其原因，一方面，工匠的才能有限；另一方面，技艺传承欠缺。此前，苗州村订制的一套面具作品被公认为失败品，在造型上“依葫芦画瓢”，虽然在模仿苗州的老面具形象，但不得要领；在色彩上，不会使用漆彩，颜色黯淡浑浊，不够鲜亮；在体量上，面具内壁厚重，不能

图 7 苗州村传承的狮头面具，现存面具的油彩为尚画匠绘制（董永俊拍摄于2016 年 8 月 24 日）

考虑实际用途，不适合佩戴舞蹈。

班杰军的技艺来自三代有序传承，尚画匠身负高超技艺并传授给弟子，后继者也在承传中，随时而变，根据自身才能与理解对技艺进行研磨与发展。“传承”的内涵有着“守恒”的规律，历代传承者通过自身才智不断研磨与提炼，因而，经得起不同时代的推敲、考验与淘汰而保存精髓。不同的文化传统各有特定的传承核心，班杰军所传承的十二相面具的经典造型、彩绘以及其中蕴含的文化阐释与禁忌，正是要继承与恪守的内核。因而，当班杰军的面具作品呈现在苗州村的文化语境中，文化传承的脉络立刻清晰起来，不同时代的作品有着一脉相承的关联，同时，他并没有落入窠臼，自身又有着因时而异的发展与完善。马家人能迅速接受并认可班杰军的作品，也是基于长期耳濡目染形成的视觉审美习惯，神韵来自对传统文化认知的惯式思维。

八、走向现代生活的抉择

完成马家乡的订单后，班杰军就要返回文县，将徐家坝寺庙的工程收尾。作为一名非遗项目传承人，班杰军所从事的工作，主要包括两方面：其一，非遗的活态文化传承，虽然称作“传承”，其实本就是现实中需要从事的手艺劳作。至今，在民间生活中还依然有着相关的社会需求，如寺庙修建、神像雕刻、彩画壁画绘制以及民俗活动等都需要由传统技艺完成；其二，只依靠传统手工生产已不足以提升收入，迫使传承者转变思维，将传统手工艺与现代生活相结合，以满足当下的现代社会大众需求。

面具雕刻的需求量终究有限，依靠传统订单并不能维持生计，在北京培训期间，班杰军考察了一款木刻机器，并且花费高价购置了一台，正在尝试木雕把件与手串的开发与生产。班杰军计划日后在九寨沟口开设一个摊位，利用木刻机生产工艺品，并且继续发展以池哥面具为原型的精制衍生品，充分发挥其文化与商品价值。

通过班杰军的案例可剖析当今非遗保护面临活态传承与发展衍生的双重境地。一方面，活态的民俗传统依然局部保留，传统民艺也有着特定的社会需求，根植原生土壤的传统型传承还保持一定的生命力，然而，却已不构成主流，不能产生广泛的市场需求与经济效益；另一方面，社会发展需要文化产业与商品经济，传统手工艺需要走向现代生活，这是大势所趋，在迫使艺人转变思路，如何创意与衍生而不失传承之本，考验着当代人的心性与智慧，也是传承人需要直面的难题。

在当代社会日新月异的变化发展、传统社会快速流变的背景下，根植于农耕文明的活态民俗文化已经开始走向“遗产化”，依靠传统社会生活的自发式文化传承的原动力已经逐渐衰退，脱离了生存土壤势必活力不再，传统文化的传承正面临着前所未有的困境。班杰军没有接受过系统的学院艺术教育，通过传统师徒相授的方式成为一名民间匠师，传承传统雕刻与彩绘技艺。在传统民间生活中，他是一个画匠，一名传承人，画匠是他的职业，文化传承是他的使命。当社会生产生活方式发生转变，传统手工艺已经出现水土不服的症状，不能成为持续性的维生手段，那么，艺人理当顺应现代生活的需要而走向转型，一些非遗类型已经开始脱离原境而成为品牌与资源。迫于生计，班杰军在从事传统技艺劳作之余，正在构思未来的发展规划，想要从非遗衍生角度进行探索。通过在中央美术学院的研培学习，班杰军建立起深刻的使命感，坚定了传承意识，他不会放弃自己的理念，在文化传承的前提下，推进非遗与现代生活的结合，不失非遗之本，又能推介民族文化并提升生活品质，这是他真切的愿望。

结语：回归本源的眷恋

文县铁楼地区的白马村寨以池哥昼最具典型性与普遍性，这一祭祀仪式由池哥、池姆与知玛组成。以麦贡山池哥昼为例，有四位男性池哥山神；两位池姆是女相菩萨神；两位知玛为一对夫妻带着小猴子（知玛的儿子），他们充当搞怪逗笑的丑角。麦贡山的祭祀活动，从正月十二日至十六日历时五天。十二日晚“凑酒”，会首将各家酿制的泡酒凑在一起，混合着各家酒香，被认为是集众家所长的最美味的酒。各家代表聚集在会首家商议活动安排，然后饮酒、娱乐；十三、十四日为正日，每家每户跳池哥拜年；十五日迎火把请五谷神；十六日“送瘟神”。全寨的男女老少都穿上盛装载歌载舞参加这一年中最盛大的节日。

一年里，青壮年的大部分时间都在外务工，平日村寨里只有老弱妇孺留守，仅在过年这短暂的时段可以阖家团聚。年末至岁首这段时间，年轻人陆续回乡，熙熙攘攘，村寨里开始热闹起来，过年期间也是结婚办酒的高峰期，年轻人的回归让平日宁静的村寨充满着活力。围坐烤火，说着白马话，煨着咂杆泡酒，唱起酒歌，拉手跳起火圈舞，骨子里的白马气质自然流溢出来。所有人都沉浸在美好的节日盛事中，他们积极参与到节日活动中，跳“池哥昼”的人步履稳健，随行者帮腔应和，高歌欢舞，开怀畅饮，大家都极其珍视这短暂的时光。不论多忙，做工多么紧迫，班杰军也要放下手边的事，回到麦贡山，参与到这代代相传的神圣节日中，跟在人群中挨家挨户拜年。孩子们穿梭在人群中欢跃，

图 8 深夜，麦贡山人在传习所前的广场上，围着篝火跳“火圈舞”（张冬萍拍摄于2016年2月20日）

模仿着神舞姿态，不知不觉中，他们已经在经受着文化的熏染。夜幕降临，狂欢气氛不断升温，人们拉起手来高唱狂舞，歌声彻夜响彻山间（图8）。

几日酣畅开怀的欢娱时光以正月十六日的送瘟神仪式为结，在弥漫的烟气中，村寨瞬间平静下来，人群散去，恍如黄粱一梦，怅然若失，麦贡山人带着些许失落与不舍，又要开始新一年各奔东西的忙碌与打拼。

不论班杰军所传承的手工技艺，还是更为核心的勒贝传统，都基于地域性的社区文化传承，尽管人数不多，处境困难，白马人保存了民族特性，这与历代先民恪守文化传统息息相关。如今，社会人口的快速流动，以及现代生活方式的改造，传统的勒贝传承基本断裂，围着火塘讲唱古歌的时代已经远去，现代学校教育对民族文化的缺失，导致白马文化传承呈现弱化的趋向。尽管今天我们依然可以看到盛大的民族节日活动，但是随着年轻人散播甚至定居到异地，脱离了民族社区，年龄断层，后继乏人，古老而深厚的白马文化恐怕亦难逃脱流失的命运。如何基于社区考察文化传承，激发全民性的传承意识，这是今人要直面的一个重要的时代课题。

在遥远的现代城市，脱下长袍操着一口流利汉话的白马小伙子，再次投身到奔波的都市生活中。每当闲暇，来自不同村寨的同乡也常聚会叙旧，酒到酣处，举起酒杯唱起那熟悉而生涩的酒歌，依然要一较高下，好强豪爽的性子深深烙印在骨子里。曾经是白马人最重要的交际方式——对酒歌，以另一番别具意味的景象唱响在异乡。

董永俊
中央美术学院非物质文化遗产研究中心博士研究生

村社偶戏研究

——泰顺提线木偶的田野调查

季氏家族是浙江省泰顺县地区最著名的木偶制作世家，以季桂芳（1942—2015）与季天渊（1964年出生）父女为代表。目前，泰顺地区的木偶戏班所使用的精品木偶大部分出自二人之手。2016年8月8日，我前往泰顺县城拜会泰顺提线木偶雕刻技艺代表性传承人季天渊，由此开始进行了为期15天的田野调查。隔天一早，季天渊带着我一同前往福建省福鼎市管阳镇小洋村，这里的马仙宫每年七夕节都会为马仙娘娘做福，在马仙宫前摆一百多桌福宴，季天渊作为嘉宾被邀请，在这里碰到了泰顺久负盛名的“木偶猴王”黄泰生的后人黄孝德，他是黄氏家族的第三代木偶戏表演传承人，现为国家二级演员。福宴开始前，放鞭炮以示开餐，黄孝德所在戏班子开始吹打弹唱。黄孝德目前在与泰顺相邻的平阳县木偶剧团供职，前台提线和后台吹打都很精通，妻子毛秀英是木偶戏国家一级演员，儿子现在也在平阳木偶剧团表演提线，提线木偶黄氏家族对泰顺与平阳地区的木偶表演都有着深刻影响。在福鼎，我还结识了“唢呐王”毛显气、吹弹乐器样样精通的马钰存等等。

一、传承人季天渊

南方的雨总是轻轻柔柔的，优雅又缓缓地落下，这样的夜，大概更能激发内心的艺术情怀。季天渊喜欢哼唱《梨园颂》，每当听见曲声，她整个人便和着乐声活跃起来。

夜色渐渐沉了下来，我陪伴季天渊给木偶头上色，伴随着我们的还有那出《白兔记》，她正在给手里的木偶头李三娘包头发，手机中正播放越剧《白兔记》“出猎”的折子，讲的是咬脐郎带着军士郊外打猎，为追赶一只白兔，来到沙陀村外，在井边与生母李三娘相遇的故事。我一边看着视频，一边听季天渊讲述着她和李三娘的故事：“我很喜欢看这出戏，记得小时候看大戏，我目不转睛地盯着看，三娘梦见儿子化作白兔在梦中相见，没想到

图 1 季天渊刚做好的李三娘形象木偶头。她说：头巾用了素雅的花色，为了更突出三娘的悲苦（地点：泰顺县季天渊家，时间：2016 年 8 月 10 日）

图 2 季天渊家里供奉的祖师爷神位，以及祖师爷“王爵老”的木偶像形象（地点：泰顺县季天渊家，时间：2016 年 8 月 21 日）

第二天真的碰见了中箭的白兔和自己的孩子，我记得折子戏的最后大雪纷飞，三娘在井边流着泪，发现小将军就是咬脐郎的那刻，我也跟着她止不住地流泪，那种感觉很感动却又很凄冷。”说罢，她举起手中的木偶头，问我像不像，我说眉眼像极了。“我故意给她画了这样弯曲的眉毛，因为三娘是一个苦情的角儿。”[1] 我们共同盯着她手里举着的李三娘，都不作声，心里各自演绎着李三娘的故事。对季天渊来说，出生木偶世家，从小听着一出出新奇的“折子戏”长大，这种细腻的情感和无法取代的童年记忆早已在她心底扎根，促使她传习父亲木偶制作技艺，更使她的作品流露出生动感人的情感。

季天渊家顶层有一个极小的阁楼，只容得下两三人，这个小房间里供奉的是木偶戏戏神灵牌，墙壁一侧挂着六个祖师爷木偶，都是季桂芳雕刻的，灵牌记“本家奉祀杭州铁板桥头郑一郑二师爷郑三相公之神位、冲天风火院田都元帅之神位、梨园师父王老先生之神位”。每逢中元节要给祖师爷烧香。《泰顺民间故事卷》中谈到：“木偶戏班里，有个专门讲白[2]的傀儡‘王爵老’，演木偶戏的人尊称‘王爵老’为‘梨园师父’。”[3] 祖师爷被木偶艺人世代供奉，因属口传文化，往往称谓上会有语音差异，《泰顺木偶戏》中记录了黄揭老先生的故事：“黄揭老意思是揭木偶的官，通过木偶演出揭发奸臣，宣传忠君。”[4] 在泰顺的百丈、

1. 本文配图的拍摄者均为张冬萍，在此一并说明

2. 讲白，即说白，意思是戏曲、歌剧中唱词部分以外的台词

3. 泰顺县民间文学集成办公室编：《泰顺民间故事卷：梨园师傅》（内部资料），1988 年，第 174-175 页

4. 泰顺县政协文史资料委员会编：《泰顺木偶戏》（内部资料），2000 年，第 30 页

筱村一带习惯称其为“黄揭老”，其他地方也有“王乞老”的叫法，目前一致认为他们是同一人。有一惯例在民间的木偶戏班被一直遵守，祖师爷是戏班的保护神，地位崇高，每次演出结束装木偶时要把祖师爷放在最上层，对祖师爷信仰和敬畏，也是支持泰顺木偶戏班存活的重要力量。

目前，季天渊多数时间都在雕刻木偶头或制作整身的木偶，订单都是来自民间木偶戏班、县木偶艺术剧团以及私人收藏等。随着社会对非遗保护的重视，季天渊有越来越多的机会外出参加各种非遗节、非遗保护日、非遗展演、非遗进校园、非遗博物馆日等活动，并作为上海戏剧学院的外聘教师教授木偶头雕刻技艺。

季天渊的木偶头雕刻技艺是跟随父亲学的，15岁开始练习雕刻，并开始学木偶戏表演的舞台布景，初中毕业后去木偶剧团跟随他们下乡演出，学习表演技艺。季桂芳是国家级非遗项目代表性传承人、国家高级工艺美术师、浙江省工艺美术大师，一代木偶雕刻名家。季天渊从小就受到父亲潜移默化的影响，父亲做木偶时总会让她帮着做做偶头、上上彩、扯扯线等，久而久之她便开始学着继承父亲的制作技艺。1987年，父亲开办泰顺县工艺玩具研究所，她也从此时开始做车木玩具设计、旅游纪念品的开发。季天渊曾先后在温州市工艺美术学会主办的工艺美术雕塑研究班、浙江省工艺美术学校、中央美术学院等地进修。因工作需要2001年调入温州市越剧团，从事舞台道具、布景等设计与制作。2015年退休，专心从事木偶头雕刻，是温州市工艺美术大师、浙江省木偶头雕刻技艺国家级传承人。

季天渊时常和我讲起她小时候跟随木偶剧团下乡演出的故事，她说并不喜欢下乡，有时要睡茅草，条件差得很。“走的都是盘山路，底下都是山崖，我都不敢往下看，后来我就和父亲说，我坚决不下乡去了。”可知木偶艺人为了生存曾经所付出的艰辛。现在，乡村的基础设施建设已经逐步提升，艺人的处境相比过去改善很多。而今，她专心从事木偶制作，订单络绎不绝，泰顺提线木偶制作技艺在父亲和她的共同努力下代代传承下来。季天渊的弟弟季海波，目前是温州市非遗保护中心副主任；她的儿子林季聃，目前在温州市非遗馆从事非物质文化遗产保护工作，平时也会帮着母亲做做木偶。泰顺提线木偶的传承与保护，需要政府的支持，更需要传承人的坚守和努力。

二、木偶制作技艺传承与创新

制作一身完整的木偶，包括木偶头雕刻上彩、手脚雕刻上彩、身躯连接、服装制作、线牌头制作、装线等环节。木偶头使用材质细腻的香樟木刻制，要经过“打粗坯、修细坯、磨光、打底／刷底色、开相”等工艺流程。

“劈四方、定中心、找三角、修圆形”，这是打粗坯的口诀，做顺手了不用一小时便可打好一个头。相对来说，打磨花费的功夫更多一些。相比父亲季桂芳，季天渊更擅长木偶头的上彩工艺，又叫“裱头子”，传统做法是采用民间传统的粉彩技术上色，而今则改用油漆和丙烯上彩。

表一：木偶制作技艺流程

偶头	打粗坯	
	修细坯	
	磨光	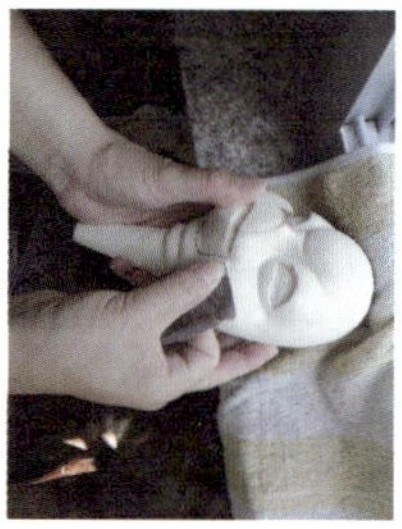
	打底／刷底色	
	开相	
四肢		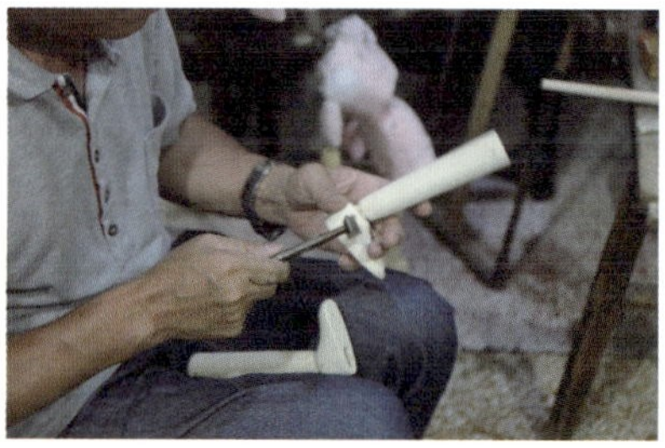

腹笼	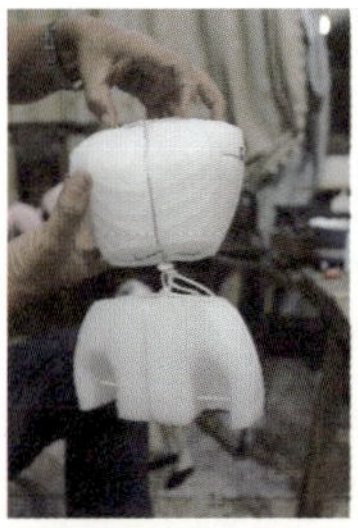 
服装	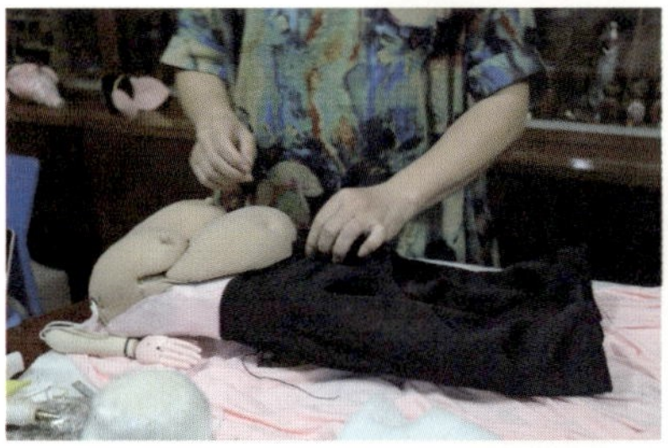 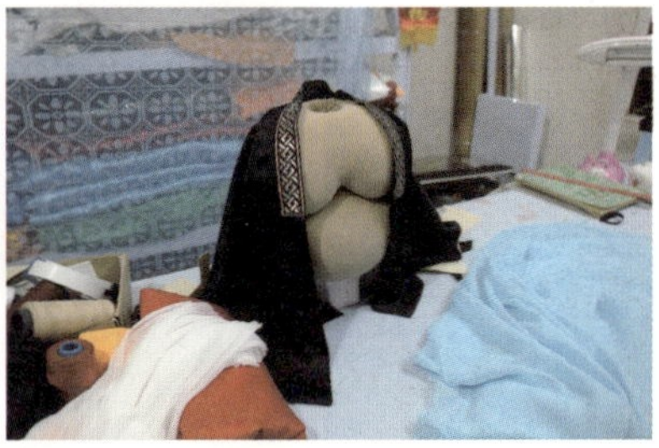
线牌头	
头盔／纱帽	
其他道具	

季天渊尤其擅长制作《猪八戒背媳妇》，一身八戒一身媳妇，在制作上均运用特技，头部设有机关，八戒的嘴巴和眼睛是可以活动的，根据故事情节需要，媳妇则可以变脸成孙悟空。给猪八戒的木偶头开相，八字眉、浓眼睛、猪鼻子，几笔便要刻画出八戒的憨厚性情和狡黠天真。木偶人“变脸”特技的实现要在头部内安插机关，特殊的动作要有特殊的设置，这样才能突出舞台形象和演出效果。如今木偶的身体结构

图 3 季天渊给猪八戒的木偶头开相，在思考怎样画眉毛（地点：泰顺县季天渊家，时间：2016 年 8 月 8 日）

用泡沫来做，已经很少用竹制的腹笼来编织了，做法更加省工省料，这也是木偶人制作中适应时代的创新调整。

线牌头的制作和装线尤为讲究，中间设有竹枝挂钩，丝线的根数不一，要根据具体的人物角色设定来调整，季天渊为我展示的猪八戒共用了 22 根丝线，线牌头左右前后线位为：

牌左：太阳穴线、叉腰线、肘线、手背线、手指线、腿线、脚线；
牌右：太阳穴线、叉腰线、肘线、手背线、手指线、腿线、脚线；
牌前：腹线；
牌后：柄前头线、左耳线、右耳线、左臀线、右臀线、柄末后背线。

这门手艺她已经做了 30 多年，受父亲影响，她的作品从造型设计到制作都有独特的风格。父亲在制作木偶造型、表情等方面均有很高的造诣，而季天渊给木偶头上彩、开相的手艺则“青出于蓝而胜于蓝”，她笔下的木偶头面部五官塑造更为精致生动，更具现代审美习惯。

季天渊时常思考如何提高传统手工艺审美性的问题，她说不仅要提高其手工技艺的精致程度，还要增

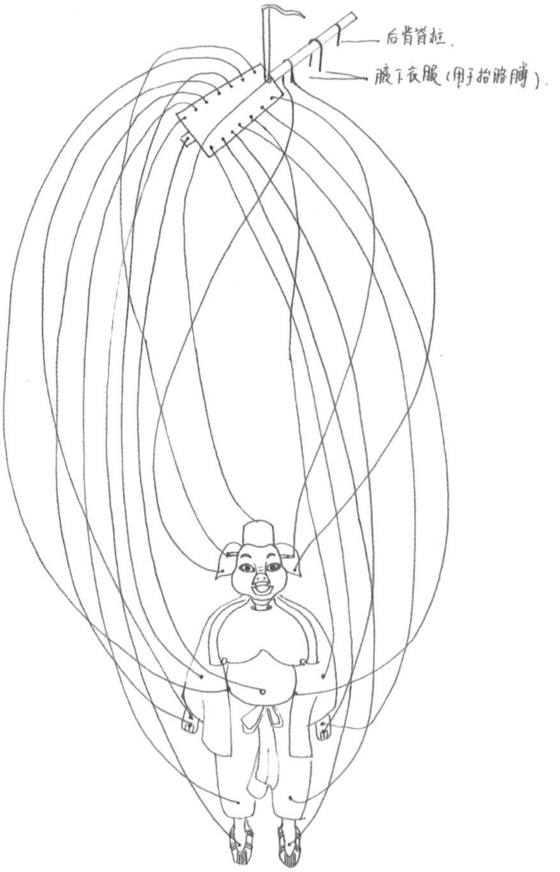

图 4 猪八戒线牌头排线方法（张冬萍绘制）

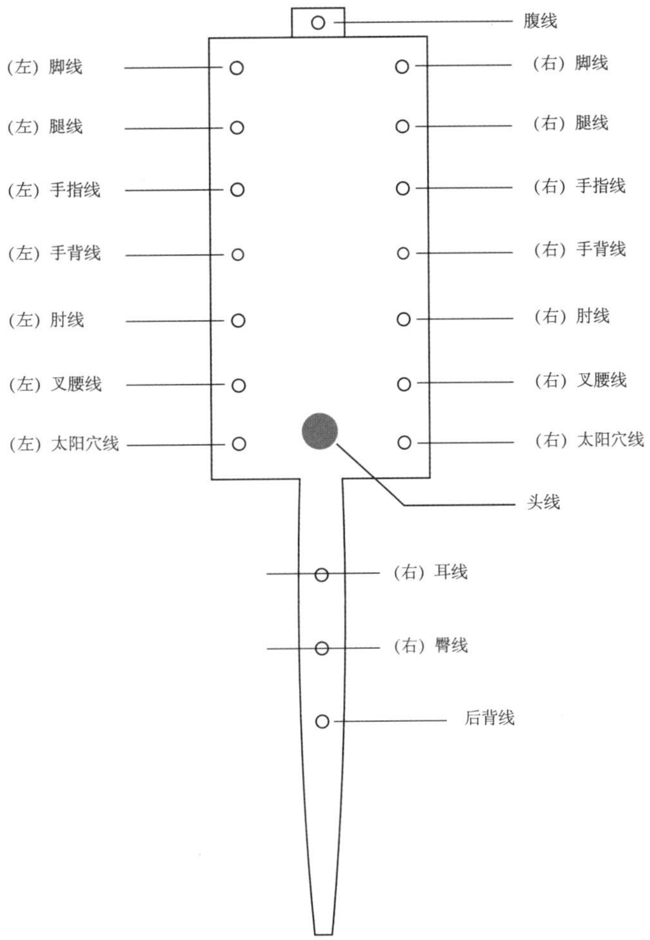

图 5 猪八戒线牌头系线编列（张冬萍绘制）

强泰顺民间木偶戏班表演中的规范性和舞台视觉的审美认同。随着现代生活审美要求的提高，原本依托于乡村传统习俗而存在的木偶戏在诸多方面都表现出难以融入现代生活的现状，季天渊正在谋求木偶戏表演中舞台幕布的新变，一改泰顺地区民间木偶戏班千篇一律的舞台背景布，结合现代人的审美需求，加入现代生活中的元素，同时又考虑到观者的视觉体验，力求给木偶戏的观看带来最佳的呈现效果。她的木偶作品从材料、装束、造型上也都在追求创新性的改变，木偶头上色开始使用现代颜料、泡沫身体取代了传统的竹编腹笼，木偶头工艺品的开发与车木玩具相结合的突破性想法等，都是传统工艺在现代生活中谋求发展的新思路。泰顺提线木偶要做好适应现代生活审美和实用需求的转变，才能在当今社会生存下去。

三、一条担子，两个班：民间木偶戏班及艺人

木偶头的雕刻乃至整身木偶的制作，其归宿是为木偶戏表演服务的，木偶戏演出的道具、木偶本身的制作要随机化裁，便于操作者操控，木偶戏表演艺人从制作艺人那里购买木偶，木偶制作技艺的价值最终是在舞台上实现的，表演木偶的主要组织形式就是木偶戏班。

目前泰顺登记在册的传统民间木偶戏班有 43 个，这些戏班可分为两类：一类是松散型，艺人都是临时搭班演出，没有固定的班社，这类戏班约有 23 个；一类是组织型，约有 21 个固定的戏班，成员比较稳定。民间木偶剧团的演出常以连台本的神戏为主，演出时间集中在夏季 7 月份农闲时期以及年节时分，以祭祀为主，目的是求保一方太平。

表二：泰顺县现有民间木偶戏班列表（截止到 2016 年 8 月）

戏班名称	所在地	戏班名称	所在地
百丈三艺木偶剧团	百丈镇	雅阳镇雅顺木偶剧团	雅阳镇
泰顺县东莲木偶剧团	雅阳镇	泰顺县福利木偶团	筱村镇
泰顺县弘扬木偶剧团	仕阳镇	泰顺县双南木偶团	筱村镇
泰顺县华桐木偶剧团	筱村镇	泰顺县文兴木偶剧团	罗阳镇
泰顺县筱村木偶剧团	筱村镇	雅阳新连木偶剧团	雅阳镇
泰顺县南浦溪木偶剧团	筱村镇	筱村镇吉祥木偶剧团	筱村镇
泰顺县文梅木偶剧团	罗阳镇	泰顺县孙坪木偶剧团	筱村镇
泰顺县绿云木偶剧团	罗阳镇	泰顺县朝阳木偶剧团	不详（班主王存朝）
泰顺县向阳木偶剧团	罗阳镇	泰顺县长昌木偶剧团	筱村镇
泰顺县红卫木偶剧团	罗阳镇	泰顺县联兴木偶剧团	筱村镇
泰顺县木偶艺术剧团	罗阳镇	筱村昌盛木偶剧团	筱村镇
泰顺县罗溪木偶剧团	泗溪镇	泰顺县新长昌木偶剧团	三魁镇
泰顺县兴和木偶剧团	泗溪镇	三魁新兴木偶剧团	三魁镇
泰顺县司前镇智发木偶剧团	司前镇	泰顺县红鑫木偶团	筱村镇
泰顺县升兴木偶剧团	司前镇	泰顺县夏德乐木偶团	筱村镇
泰顺县八角亭木偶剧团	竹里乡	泰顺县包成锑木偶团	筱村镇
泰顺县大安茂宝木偶剧团	三魁镇	泰顺县红发木偶剧团	筱村镇
泰顺县振生木偶剧团	三魁镇	泰顺县永乐木偶剧团	筱村镇
泰顺县洋溪利民木偶剧团	三魁镇	泰顺县双坑木偶剧团	不详（班主刘际美）
泰顺县三魁兴新木偶剧团	三魁镇	泰顺县群利木偶剧团	不详（班主陈华银）
泰顺县泰雅木偶戏剧团	彭溪镇	仕阳瑞昌村木偶剧团	仕阳镇
泰顺县兴艺木偶剧团	三魁镇	不详	不详

松散型民间木偶剧团，每逢有演出需要，班主便组织分散各处的艺人临时组建戏班前往主家表演。班主一般拥有木偶戏箱，也称“担子”，一般木偶担子有五六十身木偶。一个完整的木偶戏班，泰顺人通常称为“一条担子，两个班”[5]。“一条担子”即是木偶担子（木偶班）；“两个班”，则是弹唱班与吹打班，两种班的人员组成及活动地区是相对稳定的，他们既可以跟木偶艺人搭成木偶戏班子出门演出，也可以独立从事红白事弹唱或吹打服务。

5. 泰顺县政协文史资料委员会编：《泰顺木偶戏》（内部资料），2000 年，第 30 页

表三：泰顺县木偶戏表演传承人列表（截止到2016年8月）

木偶戏表演传承人	地区	传承级别	时间
张良华	罗阳镇	省级	不详
王存意	三魁镇	省级	不详
徐细娇	仕阳镇	省级	不详
蔡晓华	仕阳镇	市级	2010
黄小友	筱村镇	市级	2014
蔡家恭	仕阳镇	市级	2014
苏为洪	三魁镇	县级	2012
董月树	仕阳镇	县级	2012
蔡祖三	仕阳镇	县级	2012
曾自如	泗溪镇	县级	2012
魏朝慧	百丈镇	县级	2012
陈美秋	罗阳镇	县级	2014
徐崇达	罗阳镇	县级	2014
齐光猛	罗阳镇	县级	2014
毛显气	仕阳镇	县级	2014
毛显和	仕阳镇	县级	2014
毛显彬	仕阳镇	县级	2014
苏蔡永	泗溪镇	县级	2014
周先明	泗溪镇	县级	2014
夏守俭	筱村镇	县级	2014
郑炽芽	雅阳镇	县级	2014
陈官顶	雅阳镇	县级	2014

泰顺提线木偶可以表演“前台”提线的艺人大概有四五十人，“后台”吹打的艺人大概有一百多人。目前，泰顺地区被评为传承人的偶戏表演艺人有22人，其中省级传承人3人、市级传承人3人、县级传承人16人。季天渊好友蔡祖三有自己的木偶担子——六十多身木偶，大部分出自季桂芳和季天渊父女之手。农历七月，泰顺县雪溪乡桥西村村民找到蔡祖三，邀请他来公演为期七天连台木偶戏——太平戏《娘娘传》。演出的是“路头戏”，这也是民间木偶戏班最常见的演出形式，即没有剧本和固定的唱词说白，只有故事框架和分场提纲，蔡祖三根据演出需要打电话邀请了6位艺人，一同前往表演。

本次组建的表演剧团，其中蔡祖三[6]、翁士星[7]、雷美银[8]等三人负责前台提线。马钰存[9]、郑炽芽[10]、毛显气[11]、林赛兰[12]等四人组成了此次木偶戏演出的后台乐队。

6. 蔡祖三，男，46岁，仕阳镇双桥村人

7. 翁士星，男，52岁，筱村镇翁山乡外洋村人

8. 雷美银，女，53岁，罗阳镇洲岭村人

9. 马钰存，男，51岁，福建福鼎西阳村人，后台打鼓板

10. 郑炽芽，男，69岁，雅阳镇松阳村人，后台敲锣

11. 毛显气，男，69岁，仕阳镇雪临村人，后台拉京胡、吹唢呐，被人称为“唢呐王”

12. 林赛兰，女，54岁，仕阳镇溪东村人，后台拉京二胡

图6 前台提线艺人正在表演木偶戏《娘娘传》，从左至右依次为蔡祖三、雷美银、翁士星（地点：泰顺县雪溪乡桥西村，时间：2016年8月13日）

当地人常讲："戏班生意的好坏，主要看前台提线技艺。"蔡祖三是长春木偶剧团的班主，这是一个松散型戏班，有演出需要时，由蔡祖三组织分散各处的艺人临时组建戏班前往东家表演，这个剧团是他从父亲那里继承的。蔡祖三是前台的主要提线人，目前是木偶戏表演县级传承人，也是泰顺县木偶艺术剧团的成员之一，村里邀请他演出的时候他便带自己的戏班下乡，其余时间在县剧团里演出或组织相关活动等。他15岁起便跟随父亲学习提线，是当时泰顺地区最年轻的表演提线艺人。他的父亲蔡家恭已经85岁，现为市级传承人，师从林霖森，19岁开始学习提线木偶戏和后台吹打，一直演到76岁，从艺65年。蔡家恭发起仕阳镇长春木偶剧团，曾跟被誉为"木偶猴王"的黄泰生一起演出。长春木偶剧团演出的剧目有《陈十四娘娘传》《水漫金山》《包公》等，都是蔡家恭重新改编的。

翁士星14岁时开始学习提线，15岁时跟随剧团下乡演出，16岁进入泰顺木偶艺术剧团，跟随黄泰生、林守钤两位老师学习提线技艺，由于无法维持生计，在20岁时离开剧团。他喜欢表演猴子特技，时隔几十年，忘不了自己热爱的艺术，于是在2015年重新回到剧团进行木偶戏演出。

雷美银是罗阳镇的畲族人，前台提线和后台吹打她都精通，小时候唱越剧，大概 27 岁开始表演前台木偶提线，师从王成义，跟随私人剧团边演边学，她也曾跟随县木偶剧团里可以同时吹两个唢呐的薛仕东学习过吹打，平时多跟乐队做红白事，演木偶戏的机会不多。

毛显气是县级传承人，在后台负责拉京胡、吹唢呐，16 岁时先跟汤广义老师学艺，后来一并跟徐振娇（福鼎人）老师学艺，两位老师都是吹打班的，20 多岁开始和黄泰生老师一起演木偶戏，做后台乐队。红白事、演出都有做，正月期间会跟随私人越剧团下乡演出。

马钰存是福建福鼎西阳村人，父亲也是乐队艺人，十几岁开始跟随父亲学艺。平时参与红白事居多，正月里会跟随木偶剧团演出，表演范围多在泰顺地区。曾跟随毛显气的弟弟毛显合学习。

郑炽芽从 16 岁开始学艺，“文革”期间停止学艺十几年，31 岁时又开始跟着演木偶戏，现在是县级木偶戏表演传承人。曾跟随林玉生、薛仕东的县木偶剧团，也就是现在的泰顺县木偶艺术剧团参加表演。平时多做红白喜事乐队，每次两到三天，一次赚四百到七百元不等。

林赛兰是泰顺唯一一个可以拉主胡的女艺人，是翁士升的妻子，经常外出表演，多担任吹号和越剧主胡，不经常做木偶戏后台。她在 17 岁时考入泰顺艺术木偶剧团，每个月月初会演出 5 天，剧团每年发一次工资，经济来源主要是红白事吹打。这次是她第一次跟随民间剧团下乡演出。

蔡祖三还请来了好友泰顺县木偶艺术剧团的蔡晓华来帮忙，54 岁的蔡晓华是双桥村人，目前是市级木偶戏表演传承人，他擅长表演《钟馗醉酒》《徐策跑城》《真假猴王》等剧目。1979 年跟随父亲学鼓乐，1980 年跟随黄泰生学提线，是其关门弟子，现是县木偶艺术剧团的主要提线艺人之一。

关于木偶戏表演的收益，前台提线艺人的主要收入来自于木偶戏表演，很多兼能从事乐队演奏，而后台的乐队艺人的收入主要来自于红白喜事吹打，这方面的收益远多于木偶戏下乡演出。

“文化大革命”以后，1979 年，泰顺县木偶剧团成立，1980 年，为了培养木偶戏艺人，剧团创办木偶艺人培训班进行招生，由黄泰生、林守钤担任教师，此次参加桥西村太平戏公演的前后台艺人大都师从黄、林两位老师。然而，随着老艺人去世，木偶操控的技艺水平在逐渐下降，木偶戏的发展也面临后继乏人的境地。

四、太平戏：木偶戏的社区需求

此次蔡祖三前往桥西村表演“太平戏”《娘娘传》是为村子驱煞除疫、保佑平安的。就长春木偶戏班而言，每年都能收到各村子的邀请演几场太平戏，最常演的剧目就是《娘娘传》。《娘娘传》演出是基于泰顺地区的陈十四信仰，陈十四娘娘，原名陈靖姑，又称“临水夫人”“顺天圣母”“注生娘娘”，她是影响范围较广的民间神灵之一，在浙西南民间历史流传中，人们以说唱、表演、参拜、祭祀等多种方式传诵着她的故事。太平戏有广义和狭义之分，广义的太平戏指的是整个太平戏仪式，包括请神、《娘娘传》戏、巡洋、送神；狭义的太平戏指的就是木偶戏《娘娘传》。

此次发邀演出的桥西村位于温州市泰顺县辖乡雪溪乡，村里人口约有 984 人。桥西村有一座“马仙宫”，重建于 1988 年前后，正位供奉的是马仙娘娘（浙南闽东地方神），宫前有棵樟树，因此又叫“樟大坪宫”。宫里有三尊陈夫人像（又称陈娘娘、陈十四、陈靖姑等），一尊文身，两尊武士化身，一手拿龙角（法器，龙角是法主收的龙），一手拿剑，脚踩锣鼓（表示归位）。此次太平戏公演将请出陈夫人的一尊武士化身。村里有 980 多位村民以信仰陈娘娘为主，每逢初一、十五，村民去马仙宫进香，并严格遵守陈娘娘祭祀仪式期间吃素的规定。

村民胡叙通是此次太平戏演出活动的“头人”（“福首”之一，活动的发起人和总负责人），9 年前他曾担任过 6 年的村长，有一定的号召力，由他组织募捐请戏班演太平戏。做道场和演真人戏（大戏）的花费都太高，因此便请了木偶戏班子（小戏）来演，胡叙通与木偶戏表演艺人蔡祖三交识，于是便请了他的木偶班子来演。此次公演共有 38 位“福首”自愿出钱，每人 1000 元，木偶戏演出费用大概在 50000 元，公演期间还会有村民点香，加上香火钱，如果不够，演出花费则由 38 位“福首”平摊，如果有多出的香火钱便平分 38 份返还给“福首”。

演出前搭建基础台子的木板、架子等均是村委和村民东拼西凑起来的，演出结束后各自拿回自家的东西，场地选在村子里宽敞的空地，身强力壮的男人自告奋勇帮助搭台。连台戏《娘娘传》共有 13 本，日场 1：40、夜场 19：00 各演出一本，共演 7 天，公演期间由某一家村民自愿招待戏班艺人吃住。太平戏公演的时间是农历七月初八（公历 8 月 10 日）至十四日（公历 8 月 16 日），是由风水先生挑选的吉日，村民从七月初五便开始忙活准备场地、搭台、插龙旗和彩旗[13]等筹备工作。

13. 龙旗：共 20 面，只有演《娘娘传》时才插龙旗，插在戏台两侧；彩旗：共 300 面，插在演出最后一天（农历七月十四）“巡洋”路线沿途

表四：2016 年桥西村太平戏仪式过程

<table>
<tr><td rowspan="4">准备阶段</td><td>七月初五</td><td>贴通告、贴海报、插龙旗和彩旗</td></tr>
<tr><td>七月初六</td><td>插龙旗和彩旗</td></tr>
<tr><td>七月初七</td><td>筹备搭台、买道具</td></tr>
<tr><td rowspan="2">七月初八</td><td>凌晨 2:00：请神“起殿”
上午：木偶戏表演剧团塔建木偶舞台、贴符；
村民摆斋祭品、贴对联</td></tr>
<tr><td rowspan="3">木偶戏
祭祀活动</td><td>下午 1:40：彩头戏
晚上 7:00：《娘娘传》第一本</td></tr>
<tr><td>七月初九至七月十三</td><td>《娘娘传》前十一本
（每天下午 1:40、晚上 7:00 各一本）</td></tr>
<tr><td>七月十四</td><td>凌晨 5:00：“巡洋”
下午 1:40:《娘娘传》第十二本
下午 5:40: 村民将娘娘抬回马仙宫
下午 6:00: 道长作法请娘娘归位
晚上 7:00:《娘娘传》第十三本
木偶戏结束祖师爷扫台</td></tr>
<tr><td colspan="3">调查时间：2016 年 8 月 10 日（农历七月初八）至 8 月 17 日（农历七月十五）
调查地点：浙江省温州市泰顺县雪溪乡桥西村，记录整理：张冬萍</td></tr>
</table>

村民从准备活动到搭台演出、从筹集资金到招待戏班，都表现出热情的参与度；最后一天的“巡洋”[14]仪式，木偶戏班也要参与其中，村民积极而虔诚地配合，由此将整个仪式推向高潮，至此，太平戏演出也圆满落幕。其间，季天渊造访桥西村观看《娘娘传》，无论是在观众、戏班还是制作者的心中，木偶戏的存在有着不可磨灭的文化意义。木偶戏表演的太平戏，相对于真人表

图 7 点缀在蓝天、白雾、青山间的“巡洋”队伍（地点：泰顺县雪溪乡桥西村，时间：2016 年 8 月 16 日）

14. 娘娘归位前要“巡洋”，巡洋队列从前至后依次为：香火台——娘娘塑像——烧香用的锅——大鼓——锣和唢呐队——放炮手，放炮起到震慑作用，保护全境平安

演的大戏和道场来说，经济负担较低，在泰顺的乡村地区依然比较受欢迎，木偶戏还有着比较广泛的群众基础，生存处境相对乐观。

泰顺地区木偶戏剧种以瓯剧（温州乱弹）和京剧为主，传统意义上的泰顺戏班应该是乱弹，百丈镇和筱村镇喜欢演瓯剧，如今，纯正的乱弹少而又少，能演奏乱弹的乐队也已不多，京剧唱腔与演奏更为普遍，因为京剧在演出中声音更高昂，京胡声音也好听，更容易衬托演出气氛，符合现代人的审美追求。

五、木偶戏传习的新机制

在泰顺县的 43 个民间木偶戏班中，会提线的四五十个艺人，50 ~ 70 岁的占 40 多人，剩下 10 人在 40 岁左右，非遗传承面临老龄化的趋势。县木偶艺术剧团是县非遗中心下属设立起来的，专为木偶戏传承做民艺展示。“文革”以后，百废待兴，1978 年 1 月，泰顺县文教局提交了《关于整顿、恢复泰顺木偶剧团的请示报告》,并于同年10 月份收到泰顺县革命委员会的批复,恢复木偶剧种、成立泰顺县实验木偶剧团。“泰顺县实验木偶剧团(泰顺县木偶艺术剧团前身)仍属大集体性质,经济上自负盈亏。剧团定员(其中学员12 名，经过一段时间的学习，在政治和业务上具备招工条件和有招工计划情况下酌情解决）二十五名。”[15]

1980 年 7 月，泰顺县劳动局、文化局下发《关于同意你县集体所有制木偶剧团部分老艺人复工和招收学员的批复》：“徐细娇、陈三法、陈碧敏、黄小友、翁士星、季天渊、张淑华、华建飞、赖锡芝、曾家华、张湘芝、董金花、包日拼、蔡晓华、叶晓华、卓亚晓、毛秀英、林辉、包长如、林典华、季桂月、毛信录、林赛兰、林小菜等二十四人吸收为泰顺县实验木偶剧团学员。”[16] 1978、1980 年两次招收的学员，成为当下泰顺县提线木偶传承的中坚力量，一部分艺人仍留在县木偶艺术剧团，从事木偶表演与传承教学，其主要教学对象是到县图书馆体验提线木偶的儿童，当前艺术剧团成员有 17 人。另一部分艺人创建自己的木偶戏班，组织戏班人员下乡演出。这批木偶艺人们既坚守着社区的活态传承，又在寻求木偶戏传习的新机制。

表五：泰顺县木偶艺术剧团人员构成

职称	人员
导演	张良华、王景快
前台提线演员	蔡晓华、徐细娇、包日拼、翁士星、徐崇达，蔡祖三
后台乐队	黄框猛、苏世平、苏蔡永、章彩红、张仙景、潘大聪、魏朝宇
音乐制作	董夫腾
舞美、造型	季天渊
灯光音响	蔡祖三

15. 泰顺县政协文史资料委员会：《泰顺木偶戏》（内部资料），2000 年，第 188 页
16. 泰顺县政协文史资料委员会：《泰顺木偶戏》（内部资料），2000 年，第 186 页

自2015年5月17日开始，每逢周日，泰顺县图书馆都会举办公教活动，剧团免费授课，教授小朋友学习提线，季天渊还制作了各种卡通形象的提线木偶，激发更多孩子的学习兴趣。温州市非遗保护中心副主任季海波介绍，目前泰顺县木偶戏传承有几种形式：一是“木偶艺术周”，创建木偶艺术实践基地，对外开放，每月的第一周都会演出传统剧本的连台木偶戏，一般演出五天，费用由非遗中心承担，此活动已经开展了两年；二是在景区的廊桥文化礼堂演出，常设有“周末剧场”，已经延续五年了，不仅为了展示泰顺木偶的艺术魅力，也为艺人提供技艺提高的舞台；三是泰顺县为国家级非遗项目（简称“国遗项目”）保护开展的“送戏下乡”，每年大概有1000场木偶戏演出，泰顺县有10个乡镇，295个行政村，轮流到访演出，2016年木偶戏国遗项目“进文化礼堂”“新貌新村”，通过招投标确定合理的戏金，符合要求的戏班会被挑选出来，再由村民从中“点单”，最终戏班接受派戏，这种乡镇推荐、村民自选的“双选”方式，也是为了激活木偶戏的演出市场。季海波谈到：“木偶戏活跃最主要的原因是演得好，所以希望通过此方式激发市场使其活跃，实现对戏班、市场、传承人整体的保护，实现戏班传统的存活方式[17]。”泰顺县政府十分重视提线木偶的发展，至今已经举办了四届全县木偶戏会演，每次演出七天，各戏班前来参演。泰顺县非遗中心的种种活动都在推进泰顺提线木偶的传承发展，这些都是泰顺提线木偶顺应时代、在实践中寻找发展的新途径与新方式。

季天渊作为泰顺县木偶艺术剧团中的一员，她时常将自己的想法和创意分享给剧团里的同事们，也影响着当地的木偶艺人。屡屡参加非遗相关活动，让季天渊思考如何增进木偶制作的审美韵味，也促使她思考民间木偶戏舞台表演的发展问题，她开始真正了解社区非遗传承的现状和诉求，在不失其本的前提下，提高自身文化素养和审美能力，提高传统手工艺的设计和制作水平，让泰顺木偶活态地传续下去。艺人不断顺应现代社会的需求，探索将民间技艺和传统文化融入到现代生活的新方式与新途径。

结语

终笔之际，在桥西村亲历的一幕幕再次浮现在眼前，当主胡伴着京二胡的调子响起，一声声试调的琴声传来，载着人们虔诚的信仰和对太平生活的期许，木偶戏就要开演了。村子里每天聚集在此地看木偶戏的村民大概有200多人，多为60岁以上的老年人，老年人一边看着，一边聊着家常，孩子们在一旁嬉戏打闹。82岁的胡荣亮老人上次看娘娘戏已是20年前的事，太平戏演出的最后一天，他递给我一册剧本，封面写着“《陈圣姑平妖传》剧情内容”，里面工整地记录了每一本演出的故事情节，手抄本中记“‘文革’以后未有演出，虽有迷信色彩，但只是人们精神寄托而已，保民平

17. 传统的戏班演出方式，即由村民自主选择戏班演出

安……”我脑海中又浮现了雷美银在唱到娘娘落水归神时流下的动情泪水，一方水土养一方人，我们只得感慨信仰对精神生活的美好意义。

2016年9月16日，听到了泰顺突发山洪的消息，惊闻曾经走过的三魁薛宅廊桥已经被冲毁，季天渊讲述她在桥上看父亲演木偶戏的故事又回响在脑海，场景似乎定格在了那里。桥西村已经一片汪洋，那排靠着路边干净的小白楼，一层被淹，家具也都被冲走，洪水退后剩下的是满屋的泥泞，听着新闻里不断有人伤亡，我的内心阵阵刺痛。艺术为生存，人们在传承与创新中不失艺术之本，更不能失去内心对艺术、对生存的敬仰。木偶戏也许正是一种生存信仰实现的情感手段，面对无法回避的天灾，人们更加祈望太平，这种发自心底的对生存艺术的信仰使得传承愈发有力量。

张冬萍
中央美术学院非物质文化遗产研究中心硕士研究生

丹青世家
——东固传统造像技艺家族传承研究

一、东固传统造像

2016 年 5 月，“东固传统造像”传承人刘节旺参加了中央美术学院第三届“非遗保护与现代生活——中央美院中青年非遗传承人高级研修班”，进入木雕门类研培学习。在交流互动中，刘节旺所传承的历史悠久的家传木雕造像技艺，感动着在场的每一个人。2014 年“东固传统造像”已经被列入“国家级非物质文化遗产名录”，刘氏三兄弟为代表性传承人，刘节旺是老三，他的大哥刘节明传承的技艺最全面，熟知个中文化内涵。在随后举行的第四期高研班期间，刘节明作为木雕大师被邀请到北京，与木雕组学员以及美院师生交流切磋。笔者在高研班与刘氏兄弟结识，后续前往江西庐陵之东的刘节旺的家乡对东固传统造像进行社区调研。

刘氏家族世代居住在东固地区，今称为东固畲族乡，位于江西省吉安市境内。土地革命战争时期（1927.7−1937.7），东固属吉安县管辖。[1] 1985 年改称为东固镇。2002 年 6 月经省政府批准东固镇改设为东固畲族乡。[2]

在东固，汉畲两族共同生活。据东固乡政府 2013 年的统计，全乡共有 5123 户、总人口 18655 人，其中畲族有 1523 户、5300 人，占总户数的 29.7%、总人口的 28.4%。东固下辖峰岭、黄沙、江口、

1. 吉安县东固镇志编纂委员会：《东固镇志》（内部资料），1995 年，第 5 页
2. 东固畲族乡人民政府提供：《江西省吉安市青原区东固畲族乡概况》（内部资料），2013 年，第 5 页

图 1 从山坡上俯瞰东固畲族乡（邹丰阳拍摄于 2016 年 8 月）

古竹、漳洲、六渡、龙家塘等 7 个少数民族村，尤其是江口村蔡家垅、漳洲村寨背村小组都是典型的畲族聚居地。[3] 东固其余的畲族大部分都是和汉族混居的，汉族以东固方言为主要使用语言，畲族以客家语为主，现在，大部分畲族人能熟练掌握东固方言，而会说畲语的畲族人已很少见。

东固位于吉安市东南方向的一块山间盆地，周围群山起伏。其中，最负盛名的是位于东固与江西赣州兴国县交界处的大乌山，为周边城镇闻名的佛教名山。山顶之上的寺庙始建于唐代，香火至今依然很旺。东固汉族人主要信仰佛教、道教，除了大乌山寺外，各村中还有一些寺庵庙宇，供村民进行日常宗教活动。当地畲族人也与汉族一样，信仰佛道二教。此外，畲族人还信仰民主公王[4] 和赖公[5]。据说，现在东固大部分村中庙宇中所供奉的神像，都为刘家近几代人所做，甚至周围乡镇也是如此。

表一：东固镇辖区寺庵庙宇调查统计表（现存部分）[6]

寺庙名称	地点	始建时间
真君庙	东固真君山	清代
山东庵	江口和丰铜锣窝	清代
和丰万寿宫	江口和丰	清代
密坑坊神庙	江口密坑村	清代
蔡家垅公王庙	江口蔡家垅	清代
灵丰坊神庙	灵丰村枫村下	清代
真君庵	古竹南源排	不详，1993 年重修
白云山寺	白云山	不详
忠烈祠	六渡村	1925 年建
显灵山	六渡矮段	明代
大乌山寺	大乌山	唐代
龙家塘坊神庙	龙家塘村中	不详
龙家塘公王庙	龙家塘村	清代

（转下页）

3. 东固畲族乡人民政府提供：《江西省吉安市青原区东固畲族乡概况》（内部资料），2013 年，第 5 页

4. 多为客家人信奉，畲族与客家人关系深远，此处不多赘述。民主公王为文官形象，是村庄的保护神

5. 当地赖公为打猎者的形象，身穿布衣、手拿火铳、头戴斗笠、身后跟一只猎狗。当地传说赖公有九兄弟，形象基本相同，是村民上山打猎的保护神

6. 统计表引自吉安县东固镇志编纂委员会：《东固镇志》，1995 年，第 199-201 页（内部资料）

黄沙坊神庙	黄沙楹上	清代，毁坏后重建
上黄沙庙	上黄沙村	1940 年
荷树坳观音庙	南龙荷树坳	民国
宝石山庙	丰岭罗坑口	清代，毁坏后，1986 年重建
寨背公王庙	樟坑寨背石楹	清代
殷富坊神庙	殷富村口	明代以前
木江口坊神庙	木江口村中	清代，1933 年重修
善应名山	木江口村中	清道光二年，毁坏后，1975 年重建，1992 年改建

图 2 木雕工作间（邹丰阳拍摄于 2016 年 8 月）

东固乡现有两条主干道，呈“丁”字型分布。南北走向为老街，有少量店面还在老街上营业，其他多为居民住房；东西走向为新街，全长 670 米，街道两旁有商店、县直派出机关以及镇办企事业单位。[7] 新街的一个岔路口矗立着一座高高的烈士纪念塔，以纪念革命时期牺牲的那些烈士。从烈士纪念塔前去二三百米处，就是刘家兄弟的房子。刘家的面积相较于其他村民的房子要大，主体为一栋较新的二层小楼、两栋正在建的三层楼房和一栋二层高的老房子，四栋房子相连为一排。房前有三大块区域，分别为木雕工艺品展示、存放木材、制作木雕的场所。刘家门前是一片开阔的田地和一大片荷塘，每到夏日，荷花绽放。房子的背后是一大片竹林，从房间窗户向外望去，翠色逼人。

每天上午 7:00–12:00、下午 2:00–6:00 是工作时间，忙时晚上也需要加班赶工。在制作区域里，全是大大小小已经做好的木雕以及木雕粗坯，台面上放着工具、颜料等，木屑落在每个角落，整个工作车间充满了木头的气味。调查期间，适逢他们正在赶制一尊千手观音像和几尊不同造型的观音像，需要在农历八月初六前完工，此时这几尊神像已经完成精雕，进入了刮灰打磨的阶段。下半年是刘家比较忙的时段，年中过后，会陆续不断接到订单，晚上时常加班干活。

7. 东固畲族乡人民政府提供：《江西省吉安市青原区东固畲族乡概况》，2013 年 9 月，第 6 页（内部资料）

二、丹青先生：刘氏家族的传承

“东固传统造像”于2014年被选入第四批“国家级非物质文化遗产代表性项目名录”中，刘节明、刘节亮、刘节旺三兄弟为此项目的非遗代表性传承人，目前，刘节明正在申报国家级非遗代表性传承人。

从明代开始，刘家就以木雕手艺闻名。明初建都南京，刘家祖上被选为南京工部御用“雕銮匠”，要定期进京服役。明成祖朱棣迁都北京（1421年）后，服役活动停止，故返回故乡（现吉水县嵩华山下文昌乡）。明正统四年（1439），元伯一支由吉水迁至东固东溪村，生活至今。[8] 迁到东固后，刘家也一直以制作木雕神像为生。近些年，随着时代的发展和生存的新需求，刘家三兄弟也开始制作一些木雕、根雕的工艺品。在当地，有这门手艺的人都被尊称为“丹青先生”。丹青先生除了有娴熟精湛的木雕技艺外，还有给神像开光的职能。刘家祖传手抄本《开光科请神》书中，详细记载了开光的内容，以及刘家在明代成为御用雕銮匠的历史，到刘发招先生为止的历18代的52位丹青先生。

图3 刘家大门上挂有各类牌匾

刘节明是三兄弟中的老大，父亲刘任品（1934年生）年轻时也学习了木雕手艺，但由于所处时代、政治运动等原因，未能继承技艺。刘节明从5岁起就和爷爷奶奶生活在一起，可以说是在“爷爷屋里长大的”。爷爷刘发招（1919年生）有意识地从小培养刘节明，让他成为新一代丹青先生。“文革”期间，尚有其他的丹青先生，但都迫于时势压力而放弃，将书籍、工具付之一炬，不再从事这一行业。刘发招不愿让祖传技艺断送，他坚定地要传承下去，而当时年纪尚小的刘节明成为他选定的继承人。其实刘发招不是刘家三兄弟的亲爷爷。刘发招兄弟4人，刘发招是幺弟，老二刘发芸（1909年生）是三兄弟的亲爷爷。起初，兄弟4人都在从事木雕这一行当，后来由于抗日战争爆发，刘发招和三位兄长原本决定一起加入到红军的队伍中去，

8. 吉安县东固镇志编纂委员会：《东固镇志》，1995年元月第1次印刷，1995年，第9页（内部资料）

但又不想把老祖宗留下的手艺丢了，所以决定把最小的刘发招留在家中继承家业。在战争中，三位兄长相继去世，刘发招将家族手艺传承下去的担子就显得更加沉重了。刘发招生有一子刘传品，但是幼时去世了，之后，把老大刘发芙（1989年生）的二儿子刘仪品（1922年生）半过继给刘发招。由于刘仪品的儿子刘节兴幼时殁，于是，又把老二刘发芸的长孙刘节明过继给刘仪品，由此，刘节明成为刘发招的长孙。按照以前的传统，手艺首先是要由老大继承，刘发招从小就把刘节明留在身边，有目的地培养他成为新一代“丹青先生”。

刘节明出生于1965年，正值“文革”时期，民间信仰活动被禁绝。据刘节明回忆，爷爷刘发招实行的是引导式授艺，从教他学习书法和白描开始的，先培养他的兴趣，再慢慢接触木雕。爷爷要求很严格，要求制作速度要快、下刀要准、线条流畅有力，逐步练习，要在保证质量的前提下，一天能做出一尊小型神像。当时爷爷只敢晚上在阁楼上或者山里做神像，但爷爷奶奶不敢告诉他，害怕他年纪小说漏了嘴。那时候，村庄对木雕神像有需求，做神像都是偷偷地进行，刘发招在山中做事时，白天刘节明会和奶奶走很远的山路去送饭，晚上就住在好心的村民家中。“文革”结束后，紧张的政治氛围慢慢放松，刘家的造像事业也慢慢转到明面，周边村民对于神像的需求也多了起来。此时，刘节明已到青年，木雕手艺日渐娴熟，起初是跟着爷爷出门做事，后来便可以独立完成任务，有时，一出门就是好几个月。村子请丹青先生制作神像时，刘节明被安排住在村民家中或者庙宇中，每家每户轮流送饭，丹青先生十分受尊重。从6岁被爷爷带在身边学习这门手艺到现在，至今已经50多个年头了，说起往事的时候，刘节明脸上洋溢着笑容，曾经的辛苦、汗水、快乐、感动，已经成为藏在心底的珍贵回忆。

上世纪80年代初期，刘节明曾有过放弃这门手艺的念头，那时候，当地对木雕神像的需求下降，一度面临走不下去的困境。他打算跟着老乡一起出去闯荡干点别的，但是在准备好出去的时候，车刚开出加家门没多远就坏了，修好后开出一段路车又抛锚了，故没有出行成功。后来，刘节明也几次“打告”[9]问关于放弃的事情，得到的都是不允许的答案。这两事让他觉得这是冥冥之中让他不要放弃这门老祖宗传下来的手艺。现在看来，他觉得坚持保留住这门祖传的手艺是正确的。

老二刘节亮1967年生，他十几岁时正式学习这门手艺，后来也时常跟着大哥刘节明出门做活。90年代初，刘节亮开始接触油漆装潢生意，销售装潢材料，不再专门做神像，但家里比较忙时，他也会帮忙。刘节旺出生于1984年，年纪与哥哥们相差较大，他从高中毕业后才开始正式学习东固传统造像，爷爷刘发招1992年去世，他是跟着两位哥哥学艺。刘节明的长子刘详林（1986年生）和刘节亮的儿子刘详鹏（1991年生）也都继承家族手艺，从事这一行业。

9. 当地方言，意为“筊杯”，是向神灵占卜的意思刘氏三兄弟中，刘节明因从小随爷爷学艺，技艺掌握最为全面，除了木雕技艺外，他也继承了开光科仪，目前，只有他一人掌握全套的仪式过程以及相关的文化阐释。由于刘节亮的主业并不是木雕造像，刘节明说他打算以后把开光的职责传给刘节旺或者刘详林。但是，他又觉得现阶段还早了些，希望他们俩现在能把木雕技艺磨炼得更加精湛和丰富。现在每次开光，刘节明会带上刘详鹏作为助手。之前，都是刘节明一个人做，前后下来需要 2 个多少小时的时间。现在，刘详鹏会帮忙做一些事情，比如前期的准备工作和装藏等步骤，这样就缩短了时间，1 小时左右就能完成整个开光仪式。

东固传统造像是集雕刻、绘画、信仰、仪式于一体的技艺。除了木雕手艺，刘家还传下来很多白描画稿，内容为木雕神像和神位的各式造型，最初是供东家选择样子使用的，如今，成为了刘家木雕手艺的宝贵图像资料。这些画稿都是刘发招用油纸包着藏到腌咸菜的缸里才得以保存下来，还有一部分是后来刘发招凭记忆补画的。刘节明说，他们很注重木雕的造型，绘画是学习这门手艺的基础。刘家保存下来的这些珍贵的祖传画稿，因为之前的东躲西藏，已经变得支离破碎。近几年，刘节旺对这些画稿进行了整理与临摹。由于白天要干活，他就用晚上的时间来整理。

图 4 刘家老屋二楼的神龛供奉祖传老神像，墙上挂着祖父与父亲的照片

在刘节旺住的那栋老房子的二楼上有一神龛，供奉着刘家祖上做的儒释道三教与民间神灵，以及畲族信奉的“赖公”等神像。家中凡是有大事或者是有东家来请神像的，都必须到这里来上香请求祖先与众神的保佑。相邻有一个房间，里面有一张大画案，周围摆放着一些根雕、木雕的精品，是供来人参观喝茶的地方，这里也是刘节旺每晚画画的地方。刘节明常常夸赞刘节旺很刻苦，每天晚上都会画画写字到很晚，刘节旺的作品已经放满了一整个大樟木箱。每天晚饭过后，只要不忙，刘节旺都会来这里画画写字，他最喜欢画关公和钟馗，所画的人物造型和刘家所作的木雕造像很相似，他说很多想法都是从祖上传下来的图稿中得到的。

图5　刘节旺在3年里陆续整理临摹的祖传画稿，目前还未全部整理完，这项工作还在继续

刘家保存下来的画稿中大部分没有落款，只能通过笔法和造型来判断绘制年代。只有少数几张上有爷爷刘发招与太爷爷刘昌梓的落款。凡是刘家所能制作的造像，基本都有画稿，并且同一神灵也会有几种不同的造型。被装订成册的画稿保存得较好。在笔者前往东固考察期间，刘节旺整理画稿已经历三年多的时间，只整理了一部分，这个工作还在继续。画稿全为白描，里面也有一些刘节明年轻学艺时画的，那个时候开始，他也开始接触到素描和色彩，所以不局限于只使用毛笔，出现了新式的媒材与美术表现手法。

除了木雕造像，刘家的纸扎手艺在当地也非常有名，过去到刘家订纸扎的人并不比订木雕神像的人少，有时候会多到爷爷都没时间做木雕，纸扎题材多为民间宗教活动中用的人物，以及丧葬中棺材上摆放的仙鹤等。到了90年代，纸扎的需求开始减少，爷爷上了年纪也做不动了。现在只是偶尔才会做一次，造型也都简化了。在调查期间，笔者亲历一次刘家制作纸扎的过程，周边一户村民家中有人去世，请刘家做一摆放在棺材上的仙鹤。材料是竹条、彩色皱纹纸、铁丝，仙鹤造型挺拔、翅膀收在身体两侧。刘节旺说，仙鹤的造型都已经简化了，他记得小时候爷爷做的仙鹤都是张开着翅膀，好像要飞起来一样，甚至翅膀可以上下摆动，非常逼真。

三、造像技艺与开光仪式

丹青先生所做的木雕神像涉及儒释道三教以及畲汉的民间信仰，从选材到制作再到最后的开光仪式，都必须要遵守一套完整繁复的规矩，现在已经把其中一些规矩简化或省略了。

东固传统造像雕刻技艺主要分为：选材、开坯、精雕、打磨刮灰、上漆上色这五个步骤。除精雕仍然保持传统方法外，其他步骤都做了简化，并改用机器操作。

一、选材：以前是去深山中找木材，“在听不见鸡鸣、听不见狗叫的地方的木材是最好的”。有的时候丹青先生会告诉东家需要多大的木材，让他们自己去选，然后拿到丹青先生家来制作，或者由丹青先生上门制作。有的是请丹青先生亲自进山选材，一般会看好日子和时辰，选定了木材之后，在这棵树前烧香并放一个红包，以敬山神。然后，东家找人把木材砍下来，运出山后，由丹青先生制作。以前制作的神像体积偏小，因为全靠人工，所以太大的木材不方便运输。现在由于机械的广泛运用和交通运输的发达，所有木材都是直接购买的，而且神像可以不再局限于小型的体积。东固传统造像的木材都是选用樟木，现在刘家用的樟木料大部分是从马来西亚进口，小部分是本地樟木。

二、开坯：在制作中，现一般会使用机器，以前是用斧头直接开坯，开坯前还需要有开工仪式，选好日子和时辰，准备一把斧头和一把师尺（类似于鲁般尺），烧香之后，用斧头在木料上劈 3 下，无需画稿，之后就可以开始做了；现在省略了开工仪式，开坯也是用机器来做。可以根据需求开出大小不一的粗坯，这样既节省时间，也节省了人力。

三、精雕：现在刘家仍然保持着手工雕刻，使用的钢刀买来后，需要自己打磨，用祖传的雕刻手法来精刻对象。刘节明说：这是老祖宗留下来的手艺，不能到他们这一代断了。

四、打磨刮灰：在木头较大的裂缝或者拼接处，都需要用乳胶绷上纱布，以增加接缝处的稳固性。由于披布后造像表面不平整，所以需要用腻子粉刮平整，刮完后还需打磨。刮灰的次数按实际情况而定，每刮完一次灰，都需要打磨一次。现在打磨时，会用手持的打磨机器进行打磨，更平整光滑。

图 6 泰和县云亭村方神庙请神开光仪式现场，跪拜者为理事会的成员

五、上漆上色：以前神像的底层为桐油加生漆，桐油需要自己熬制。现在用买来的漆代替了传统方法，先喷一层底漆，然后再喷黄漆，如有特殊要求，还会贴金等。颜色方面，以前用的是矿物质颜料，现在基本使用丙烯。

由于以前神像的高度基本都在 30–50 厘米，再加上爷爷的严格要求，刘节明基本 1–3 天就能完成一尊神像。但现在，由于神像体积普遍增大，制作周期也相应加长。神像做好后，东家来刘家请神和举行开光仪式都需要看日子和时辰，有时会是在同一天，有时则是分开选两个时间。这个时间通常都由丹青先生决定，时间基本选择在农历八月之后。笔者在东固的考察时间，刚好是农历的七月底至八月初，亲历了几场请神和开光的仪式。

农历七月二十六（2016 年 8 月 28 日）一早 7 点钟，泰和县的人来到刘家，请 4 尊神像（地方神）。一行 4 人开了两辆车，其中一辆是作为请神的车，里面最近两天都没有载人，为的是净化车内空气用以请神。他们带了香和鞭炮，在准备请神像上车前，由刘节明带着他们去老房子二楼，在神龛前敬香，刘节明会说几句请求保佑的吉言。然后，开始请神像上车，神像出门前要“披彩”——挂一块红布，意为好彩头，一般是直接披在神像的身上，但是由于路途较远，就用红布包住神像的头部，一是怕风吹，二是保护神像头部的颜色，之后必须正面朝外抬出去。上车摆放好神像后，就放鞭炮、开车返回了。

农历八月初七（2016 年 9 月 7 日）的晚上在泰和县云亭乡有一场开光仪式，当地理事会请刘节明为坊神庙中的三尊神像开光。下午 6 点前后，参与开光人员都要洗澡净身。刘家人在家里吃过晚饭，7 点前后就出发去泰和。车程约 1 个半小时，需要开光的 3 尊神像是随车一起请过去的。到了之后，当地人开始放鞭炮迎神像。他们在庙前的空地上搭好了神位，就绪后，请来的道士先生开始做法事，内容大致为告请玉皇大帝这里的神庙要请 3 尊神像等。其间，丹青先生开始做相关准备工作，10 点左右，道士先生做的法事结束了。村民准备了夜宵，吃完夜宵，刘节明就开始做开光仪式的前期准备，刘详鹏先用画有一幅水墨山水画的纸袋装了一袋大米，上面插 3 支毛笔和 3 把折扇，代表三位祖师（太上老君、孔子、丹青祖师宁公真人）。然后把“装藏”时需要的物品准备好，刘节明穿上青色道袍，准备就绪。《开光科请神》是开光仪式中必不可少的经书，丹青先生会按照书上所写的内容，先是把各路神仙、刘家祖先等请过来见证当天的开光仪式，然后进行装“福藏”。东固传统造像必须在后挖一个福藏与七窍相连，装藏前需在雕像身后的福藏中点香，看烟是否能从七窍中溢出，起到净化和检验的作用。福藏中需装进镜子、文书、五谷、彩色丝线、神药等。装好封口后，丹青先生会请已经有神性的雕像来保佑一方人民。最后就是把最开始请来的神灵和祖师送走。这样，一套完整的开光仪式就结束了。至凌晨，丹青先生起程返回东固，到家时已经凌晨 2 点。

四、时代演变与企业化发展

几百年间，东固刘家一直秉承家族传统规矩，传男不传女、传内不传外。到了这一代，刘节明兄妹 7 人，刘节旺上面还有 4 个姐姐，爷爷刘发招在世时，依然十分严格，不许 4 个孙女学习木雕，甚至都不能在一旁观看。但现在刘节明把这条规矩打破了，开始收外地的学徒，也有女徒弟。很多学徒学成之后，都出去自己经营。笔者考察的时候，女孩小谢正在刘家做学徒，她在刘家已经学了四年。小谢是邻县永丰人，初中毕业后想学一门手艺，所以就来学习东固传统造像技艺。她说，作为女生，前期是比较辛苦的，划伤是常事。刚开始学习的时候，师傅刘节明会让她练习白描，用绘画和雕刻相结合的方法学习。

现在，刘节明已经基本不会亲自动手制作木雕了，他主要负责对外联络、进材料和开光等，在工坊做木雕的主要为刘节旺、刘详林、刘详鹏、刘节旺的三姐以及小谢，还有两位打粗坯的师傅，刘节旺和刘详林两人的妻子在空闲的时候也会帮忙做一些。

前些年传统造像的需求量很少，刘家开始涉及一些根雕工艺品、红木家具等业务以支撑收入，刘节明说这两年传统造像的需求量增加了，有的是寺庙里请的，有的是公司或个人请的。每年从7、8月份起，刘家就会开始忙碌起来，有时年初也会接到订单，前来参观和上门买木雕的人慢慢多了起来。

由于业务及各方面的需求，刘家于2016年上半年正式成立了“江西省丹青先生雕刻发展有限公司”，主营传统木雕造像、现代木雕工艺品、根雕、古建雕刻、红木家具等，刘详林是公司的董事长。公司前身为“东井冈华艺雕刻厂”，该厂于2006年成立，主要负责人为刘节明。运营模式属传统家族企业，经营内容为木雕神像、油漆装潢、建筑雕塑、木雕工艺品、旅游纪念品等。与现在的公司相比，之前多以手工为主、产品范围小，现在则引进了很多机器，产品类型增多。公司主要经营内容都是木雕神像，其他方面也有所涉及。刘节旺告诉我，神像是有固定交货时间的，因为都需要选择一个好日子来上门请神。而其他方面则是在空闲时制作，时间较为机动。2008年起，刘家开始涉及家具制作，刚开始时都是制作材料较为低廉的家具，主要由自己生产，忙不过来时找人帮忙加工。2014年前后，家具材料开始使用贵重的红木，也与一些家具厂家形成了合作关系。现在公司经营的各方面业务都在稳步发展。作为主业务的木雕神像一直处于平稳状态，收益不大但有盈利。其他方面，如红木家具和根雕工艺品等，也正在向前发展，而且效益不错。但是不像木雕神像那么稳定，有时材料的价格会有较大波动，资金也容易积压在材料上。据刘家人透露，自从2014年评上国家级非遗项目之后，有很多商人找到他们，想花重金买下这块国家级非遗的牌子，但是都被拒绝了。他们说不想把老祖宗留下的东西像物品一样变卖了，这不仅仅是一门手艺，更蕴含了祖先的智慧和世代传下来的文化。在这件事情上，刘家所有人都很坚定，因为他们知道对于他们来说什么才是最珍贵的。

在前文中提到过，刘家的房子在一座烈士纪念塔后面，再从刘家往东走大约300米有一片烈士陵园。2014年东固被批准为国家3A级旅游景区，烈士纪念塔就为其中一个文物保护单位，由烈士纪念塔到烈士陵园这片区域都属于这一保护范畴。所以政府要求刘家和周围其他村民迁走，但是刘家人觉得他们世世代代都居住在这里，老祖宗选的地方不能随便乱动。后来在刘家人和多方的努力下，政府答应刘家可以不用搬走，但是需要重新规划，所以，刘节明计划把正在修建的两栋 3 层小楼打造成东固传统造像传习所，除了居住的地方外，还设有一个大的木雕展厅，里面展示传统造像和其他木雕、根雕的工艺品。因为刘家所做木雕神像主要为儒释道三教神像，所以计划分别设计三教风格的展示区域，里面的装饰、音乐等都是按照三教不同的风格来装潢。工作车间和材料的存放处也会重新设计，可以供游人参观，以符合革命烈士纪念塔旅游区域的整体规划。在刘节明提出他的这一想法后，政府相关部门也配合设计出了一个东固传统造像传习所的效果图。刘节明说这样做的目的：一是他们不能离开这个老祖宗选择的、刘家人世代生活的地方；二是也想通过这个方式，让更多的人了解“东固传统造像”这门非遗手艺。

现在，东固地区的旅游业的发展并不是很好，人流量最大的时候是每年的“二月二”庙会[10]，其余时间除暑期有游客前来领略东固红色文化外，来东固旅游的人较少。政府在大力推进红色旅游的同时，也对刘节明提出的“东固传统造像传习所”方案很认可。政府部门相关领导经常带人来刘家参观，平时也对刘家很关心。刘节明觉得，打造“东固传统造像传习所”是一件双赢的事情，既能扩大家族传统手艺知名度，也能给东固的旅游增加文化内容，促进东固旅游业的发展。

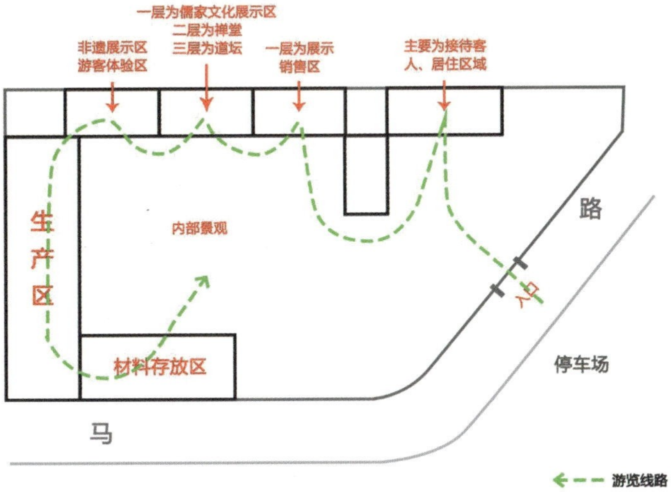

图 7 东固传统造像传习所游览路线图

图 8 刘家的东固传统造像展厅

10. 农历二月初二是东固西城钟刘二姓传统庙会日，迄今有二百二十余年的历史。关于庙会有个故事，在此就不多赘述。参考吉安县东固镇志编纂委员会：《东固镇志》（内部资料）），1995 年，第 155 页

2017年2月，笔者再次前往东固时，刘家的两栋楼房已经建好。按照刘节明之前计划的一样，东边那栋楼第一层布置成了一个木雕神像的展厅，里面展示了东固传统造像具有代表性的雕像。（图8）西边那栋楼一、二、三层分别为儒、释、道三教文化展示区，里面的木雕神像更加详细丰富。原来老房子中的神龛也搬到西边楼的四层，但这里，参观者不能随意进入，需要由刘家人带领前往。接下来，刘家计划把那栋老房子和制作区域拆掉重建。这将是个长期的工程，刘节明说光靠他们自家的力量很难完成，所需资金无法通过木雕生意的收入来满足。所以，他正在向政府部门提出资金申请，希望能够得到政府的帮助。

结语

虽然现在机器开始运用在东固传统木雕的制作过程中，但是涉及造像精雕时，刘节明还是坚持用手工来雕刻，他说这是不可以改变的。有一件令我印象深刻的事情是，初次到东固的第二天（2016年8月24日），刘节明接了一个电话，令他十分恼怒。他解释说，有个熟人帮一个老板来刘家请神像，但是那位老板觉得造型太胖了不好看，三番五次要求改瘦，此举令刘节明非常生气，他说自己是手艺人，不是因为钱就可以让祖传的东西改来改去，有钱也要尊重文化。在我与刘家人朝夕相处的时日里，我深刻地体会到他们对于祖传技艺的敬畏，恪守着祖宗家法。当询问刘家年轻的传人，为什么想要留在家里做这门手艺时，他们的回答诚恳而令我感动：“其实没想过那么多，自己喜欢这个又是家传的东西，我们就适合简简单单地干点手艺活。”

2016年10月，在北京太庙艺术馆举办的“大学与非遗——中央美术学院中青年非遗传承人高级研修创作展”中，一件木雕组作品《钟馗小鬼》得到了广泛的关注。从第三期高研班开始起，研培工作开始推行传人与学生一对一的探索模式，把研培与在校大学生的选修课结合起来，让传人能够深入了解现在的高校生活，也让在校学生更真切感受

图9 刘节旺受国画钟馗图的启发手绘的草稿

图 10《钟馗小鬼》刘节旺做钟馗、刘丹洋做小鬼（张冬萍拍摄于 2016 年 10 月）

传统手工艺术的魅力。这件作品，正是刘节旺与央美油画系学生刘丹洋的合作作品，其中钟馗为刘节旺在研培期间所做，小鬼为刘丹洋制作。这尊钟馗造像身高 50 厘米、面宽 30 厘米，是刘节旺从一幅钟馗题材的国画中得到的灵感，经过他自己的修改调整，用东固传统神像的造型方式加以呈现。为了学习传统中国造像的精髓，萧立老师还建议刘节旺专门到国家博物馆观摩宋代造像的表现手法，这让他获益匪浅，将学习心得融入到了创作中。这尊钟馗像造型生动，体征敦厚，采用的是刘家传承的丁字步武将神造型，面部神采奕奕，衣纹流畅飘逸。刘节旺使用传统技法，直接用斧头开坯。从开坯到雕刻完毕，用了 3 天时间，再加上彩绘，一共花了 5 天时间，延续着刘家快速精准的制作传统。刘节旺娴熟的手法和扎实的造型功底，让央美的师生都很佩服，同期的其他木雕传承人也对刘节旺称赞有加。（图 10）

在央美学习期间，刘节旺通过和老师同学的深入交流，更加确定了这门祖传手艺的价值，坚定了传承信念和今后的发展方向。他说，通过在美院的交流与学习，老师和同学为他注入了许多灵感，自己也更加清楚继承传统才是创新的根本，不能因为外界因素的干扰而丢掉了最本原的东西，继承传统的同时，也是在创造未来。他会继续以谦虚的态度向其他人学习，更加坚定地继续走东固造像的传承之路。

邹丰阳
中央美术学院非物质文化遗产研究中心硕士研究生

韦凤仙的现实与理想

——广西侗族刺绣传承人的社区生活

韦凤仙，同她这个年龄段大部分人一样，她是一位朴素、能干，微微发福、爱笑的中年妇女。稍微有点不同的，她是广西侗族人，是柳州市侗族刺绣传承人，也是中央美术学院第二届“非遗保护与现代生活——中央美院中青年非遗传承人高级研修班”的学员。

我们与韦凤仙结识于中央美术学院第二届高研班，之后一直保持着比较频繁的联系和沟通，也愈发对她的生活、绣坊以及她所创建的刺绣协会产生兴趣。因此，2017 年 5 月初，我们拜访了韦凤仙，同时去参加当地 5 月 3 日（农历四月初八）的“敬牛节”。

我们带着好奇和憧憬，从北京一路往南，来到了广西壮族自治区柳州市三江县同乐苗族自治乡同乐村。

同乐苗族乡地处桂北山区，位于三江县西部。同乐乡境内居住着苗、侗、瑶、壮、汉等民族，苗族居多。同乐村位于同乐苗族乡的东南面，现有人口 6200 余人，80% 以上均为侗族。同乐村是同乐苗族乡的政治、经济、文化中心，农历逢一、六全乡来“赶圩”，目前以茶叶、侗族刺绣、高山鱼稻为主导产业。

一、韦凤仙的现实：同乐乡的一位普通的绣娘

韦凤仙的家就在同乐村最繁华的一条街上。她的家是一栋五层楼房，一楼的西侧开了自己的裁缝店，主要卖一些机绣的侗族服装和绣片，她的这家侗族服饰裁缝店，从 1994 年起经营至今。一楼的

东侧租给了一家菜商卖蔬菜。二层到四层是她两个儿子家庭的居所，五层是她的工作室，展放着她的一些绣片和项链等。[1]

韦凤仙从 10 岁开始就跟着母亲学习刺绣，至今仍不间断研习侗族刺绣。她的女儿龙建英也会刺绣，不过只是偶尔帮她做活儿，并不以此为营生。大儿媳妇梁晓洁是嫁进门后跟她学的，小儿媳妇韦秋洁跟自己母亲学过，但是主要也是跟韦凤仙学的，她们有时候会帮着韦凤仙一起做一些刺绣。

图 1 韦凤仙家一楼的侗族服饰裁缝店（地点：三江县同乐苗族乡同乐村韦凤仙家，时间：2017 年 5 月 3 日）

表一：韦凤仙侗族刺绣传承谱系

代别	姓名	性别	出生年月	文化程度	传承方式	学艺时间	居住地址
第一代	陆奶貌	女	不详	不详	家族传承	不详	三江县良口乡
第二代	莫奶松	女	不详	不详	家族传承	不详	三江县良口乡
第三代	覃奶暖	女	1928.3	文盲	家族传承	1942	三江县同乐乡同乐村平溪屯
第四代	韦奶云仙	女	1948	文盲	家族传承	1958	三江县同乐乡同乐村平溪屯
第五代	韦凤仙	女	1962.6	高中	家族传承	1972	三江县同乐乡同乐村同乐屯

韦凤仙告诉我们，侗族刺绣是以剪纸为底样。侗族刺绣的针法很简单，就是平绣，很好学。但是剪纸并不是人人都会的，好多人会去街上买剪纸当底样，在上面刺绣，同乐乡有几家是卖剪纸底样的，也有几位不出摊，有人上门订做。

本乡侗族刺绣较为常见的就是背带盖，背带盖是侗族妇女用来背侗家小儿时的背带，背带盖的刺绣纹样、图案构图、配色等都有一定的传统搭配组合规律。传统背带盖的尺寸多为 50×60 厘米。从内容上，刺绣的纹样一般为螃蟹、凤凰、蝴蝶、花草，背带盖上的 1 个大圆、8 个小圆代表的是 9 个太阳。从排布上，每种纹样也有固定位置和颜色组合，中间的大太阳必须绣螃蟹或螃蟹加凤凰，装饰白色牙牙纹花边；螃蟹

1. 本文配图除特别注明外，均由张冬萍拍摄

图 2 同乐村在街上出售侗绣剪纸底样的妇女（地点：三江县同乐苗族乡同乐村，时间：2017 年 5 月 1 日）

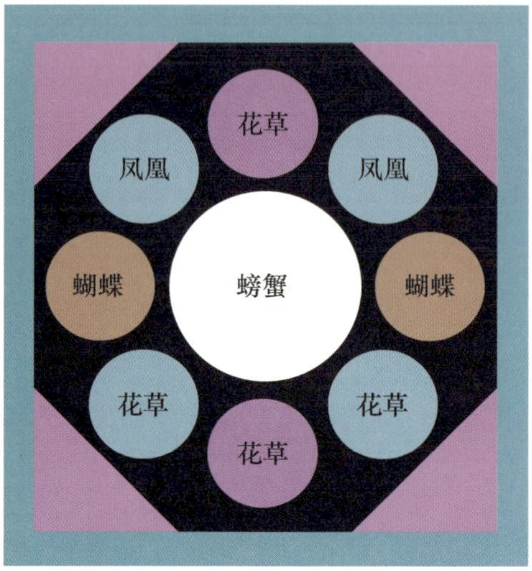

图 3 背带盖图案组合搭配规律（张冬萍绘制）

两侧必须放蝴蝶，用黄色打底；蝴蝶上方的左右 2 个太阳必须绣凤凰，用蓝色打底；顶部的 1 个太阳中多绣花草，用红色打底；蝴蝶下方 3 个小太阳均为花草，颜色与上半部分一样对称分布。

在吸收传统刺绣典型纹样、构图、配色的基础上，韦凤仙将传统与现代化的审美需求相结合。她的创新型的背带盖作品，太阳数量增加、太阳的底色也不像以前那样固定了，倾向于追求更加繁密的图案效果，有的背带盖作品中描绘的是侗家人劳作的场景，如摘茶叶、打谷子、撵布、纺纱、犁田、插秧、耕地、织布、调染料（蓝靛），有的纪录了侗族的风俗，如送婚队伍、鼓楼坪“打燕青”、跳芦笙舞等等。还有她用刺绣形式表现了自己美好回忆的作品，如风雨桥、赶圩等，并表达了对美好乡村和中国梦的期愿。

表二：韦凤仙家中现存作品汇表

作品	名称	作者	尺寸（cm）	创作年代	制作时长	作品类型	材质
	背带盖	韦凤仙	47×50	2015	6-7 个月	传统型	丝线

（转下页）

	背带盖	韦凤仙	49×54	1984	6 个多月	传统型	丝线
	背带盖	韦凤仙	47×44	2012	不详	传统型	丝线
	背带盖	韦凤仙	51×53	2015	6 个多月	现代型	丝线
	背带盖	韦凤仙	50×53	2012	1 个多月	现代型	布料线
	风雨桥	韦凤仙、龙建英、韦秋洁、梁晓洁	63×56	2015	不详	现代型	布料线

（转下页）

	风雨桥	韦凤仙、梁晓洁	104×65	2014	3-4 个月	现代型	布料线
	十二生肖	韦凤仙	55×54	2015	4 个多月	现代型	布料线
	中国梦	韦凤仙、韦秋洁、梁晓洁	84×63	2015	1 个多月	现代型	布料线
	美丽三江，清洁乡村	韦凤仙、韦秋洁、梁晓洁	85×82	2015	2 个多月	现代型	布料线
	芦笙舞	韦凤仙	66×76	2016	1 周	现代型	卡纸

（转下页）

	赶圩	韦凤仙	49×49	2016	1个月	现代型	布料线
	首饰	韦凤仙	64×6（平均尺寸）；27×15（最大尺寸）	2017	不详	现代型	布料线

韦凤仙一些有代表性的刺绣作品多是背带盖，其中最有意义的一张是她在1984年为她的大儿子做的。

这张背带盖中间是8个小圆围着1个大圆，一共9个圆，象征传说中的9个太阳。大圆里面是侗绣最典型的螃蟹纹样，四周围着的小圆分别绣上了蝴蝶、凤凰以及结了果实的树和花草，都是侗族刺绣传统的纹样。绣片的上、左、右侧分别绣了小儿健康、人财两旺、富贵双全这些带着吉祥寓意的词语。

绣片上左右两侧的纹样都是对称的，除了螃蟹、蝴蝶、凤凰等主图之外，还有一些留白，用花草树木和小鸟来填补。

图4 韦凤仙《背带盖》丝线 49x54cm 1984年

这张背带盖韦凤仙自己做了大半年才做好，上面的图案和纸都是用传统丝线绣上去的。而9个圆圈外面一圈白色的芽芽都是韦凤仙专门请师傅做的，韦凤仙说这圈白色的芽芽必须加，不加不好看，而她自己不会做，所以就去其他村子里找了专门做白芽芽的人来做的。

韦凤仙和她的姐姐韦云仙都是跟她们的妈妈韦奶云仙学做刺绣，从韦云仙的作品中，我们能看出侗族刺绣传统的背带盖的图案组合一致，都是八个小圆围着一个大圆。这张是韦云仙在1976年做给自己大女儿的。

韦云仙告诉我们，中间的螃蟹和两个小的凤凰还有蝴蝶是每个背带都有的，必须放在固定位置，中间必须放螃蟹，也可以放螃蟹加凤凰，螃蟹旁边必须放蝴蝶，蝴蝶上面必须放凤凰，这是每个背带都需要有的，这些图案都是按照传统排出来的，颜色也必须是一样的，也都必须是用丝线做的。这张背带盖上的底样和芽芽都是妈妈韦奶云仙剪的。

韦凤仙近期做的背带盖有了一些新的尝试，中间的主体不再是八个小圆围着一个大圆，而是十个小圆围着一个大圆，内容不再局限于传统图案，有对侗族现实生活的记录和自己的观察与创新，材料也用上了便宜且颜色更鲜艳的布料线。

这张背带盖中间的大圆里面是跳芦笙舞的场面。四周围着的10个圆里是一些是摘茶叶、打谷子、捶布、纺纱、犁田、插秧、耕地、织布、调染料（蓝靛）的场面。最外面一圈很有意思，上面是送新娘的场面。起头一人吹着芦笙，后面跟着新娘家的房叔，他们担着猪和肉。左边一圈是拿着伞的亲戚，右边一圈是担着米、腊鸡等的亲戚。最下面一圈是年轻人“打燕青”“打鸡毛燕”的场面。燕青是用鸡毛做的，像打羽毛球一样拍来拍去，表示男女相好，原来送亲结束后都会有这个活动，但是现在已经看不到这个习俗了。

图 5 韦凤仙《背带盖》 布料线 50x53cm 2012 年

韦凤仙在 2014 年做了《风雨桥》的绣片。侗乡的风雨桥基本都用杉木。同乐乡的风雨桥在 1973 年毁掉了，现在只有桥墩。韦凤仙用了 4 个月的时间做了自己想象中本乡的风雨桥。除了侗族传统的风雨桥之外，画面中一共有 22 个人物。桥上有 18 个人物，比较有意思的是左边第 4 个是中年男人在抽烟袋，左边第二组、中间一组在谈恋爱，男的吹芦笙或者唱侗戏的时候要穿传统服装。右边第二组吹芦笙，芦笙旁边的那位手上拿白色的绑头发的头巾在手上甩。画面左下角还有两个人洗头，右下角两个人钓鱼。画面右上角的太阳、云都是韦凤仙自己想象的。韦凤仙说山上的云多，有时候看到天上的彩色，就剪了彩虹。画面中横在桥底的木头都是韦凤仙的大儿媳梁晓洁做的。后来韦凤仙实在太忙了，就让梁晓洁搭把手帮忙绣了一些。

二、韦凤仙的理想：作为传承人的坚守和会长的使命

韦凤仙不是一位普通的绣娘，她是侗族刺绣的市级传承人，是家族的第五代侗绣传人。同时，还是同乐村侗族刺绣协会的会长和主要办事人员。这

也就决定了她不能仅仅作为一个刺绣个体户来营生，她还兼具着社会责任和使命。

1987年至2008年，韦凤仙担任同乐村“妇代会”主任；2008年至2011年，担任同乐村副主任兼“妇代会”主任；2011年，担任同乐村副主任。在任职期间，她为同乐村妇女争取项目资金建成了一座占地面积为80平方米的3层木质刺绣楼。于2014年申请成立了“三江县同乐苗族乡同乐村刺绣协会”，为同乡的妇女和女童提供了刺绣培训场所和课程。

侗族刺绣协会是韦凤仙担任同乐村副主任兼妇代会主任期间以同乐村的名义申请下来的。2010年10月，全国妇联与李嘉诚基金会一起做的农村妇女发展项目中，韦凤仙以侗族刺绣作为项目“种子计划”，成功争取到项目资金2万元，2011年，她将这2万元作为自筹资金，争取到“国家财政一事一议”项目10万元，12万投入建设，绣楼架子建好后基本花光了所有的钱，绣楼装修工作便停止了，2014年乡里又投入10万元继续装修，同年4、5月份正式挂牌成立，并在2015年完成了二楼和三楼的装修工作。韦凤仙组织全村妇女投工投劳，克服重重困难建成了同乐村第一座侗族刺绣楼，此后利用农闲召集全村妇女在此互相学习探讨刺绣技艺，举办培训班，教授学徒。迄今，协会共有会员59人。2012-2014年，由广西美术研究所经办与操作，为绣楼提供英国皇家采购与供应学会的订单，由韦凤仙召集与组织村中绣娘制作绣片，每年提供2 ~ 3批绣品销往海外，但订购数量不多，也不具持续性，至2015年只提供了1批绣品，尚有1批滞销还未出手，因此这并不能构成绣娘们的稳定收入。

绣楼的二楼主要用于刺绣培训，绣楼的培训传承分为“项目性＋自发性”两种模式，对应的是成人和儿童的培训。成人培训班为县里总工会或非遗中心下达的培训项目通知，以侗族刺绣协会或三江侗绣博物馆为中心载体，由县里拨款组织开展侗族刺绣技艺培训与旅游工艺品加工培训，举办侗族刺绣技艺培训班。韦凤仙根据不同年龄层的培训对象设定了不同的教学内容，儿童教授的是侗族刺绣的传统纹样与绣法，每个假期完成一个小绣片。成人大都有刺绣基础，因此教授的并非传统的刺绣图案，而是12生肖的绣样，这些创新式的图案多是韦凤仙通过网络自学的。

协会的绣楼三层展出的作品均为侗绣的衍生

图6 同乐村侗族刺绣协会，左侧的木楼是刺绣楼，位于同乐乡小学旁边（地点：三江县同乐苗族乡同乐村侗绣协会，时间：2017年5月1日）

图 7 2014 年 6 月 23 日，县总工会在绣楼开展侗绣成人培训班（韦凤仙提供）

图 8 刺绣协会三楼的衍生品陈列展厅中，韦凤仙在介绍作品（地点：同乐村侗族刺绣协会，时间：2017 年 5 月 1 日）

品，如抱枕、背包、领带、茶杯垫、鞋子、首饰（项链、手镯、耳坠）等等，衍生品的开发是韦凤仙的想法，试求寻找侗族刺绣发展的新出路。

同乐乡四月初八“敬牛节”是本地侗族的传统节日，是日集市贸易繁茂，周边村民来往不绝，是同乐村妇女售卖刺绣、剪纸作品的好时机。2016 年农历四月初八，侗族刺绣协会开张，韦凤仙请了一些绣娘来绣楼展销侗绣衍生品。然而，协会的尝试并没有给绣娘们打开新的市场，这次的展销活动持续了两天，仅卖了 320 元，给参展的绣娘平分后，每人的收入都寥寥无几。2017 年 5 月 3 日“敬牛节”，同乐乡政府并未组织任何节庆活动，也没有外地游客过来旅游、参观，自然没有消费人群和购买力，绣楼索性就没有开门。同样遗憾的是，我们抱着来看“敬牛节”盛况的强烈愿望也落了个空。

后来我们了解到，从去年“敬牛节”至今，绣楼都再未开门销售。绣楼的一楼至今还没有资金装修，绣楼所属的同乐乡同乐村政府也并没有给予资金支持。三楼展销活动的筹办花费了 4000 元，展销仅有 320 元的收入，加之其他活动开展，目前协会仅有 1000 元的发展资金。

2014 年由县里拨款，在绣楼办过两期成人刺绣培训，来学习的农村妇女每人每天发放 30 元学习经费，韦凤仙作为培训教师每天也有 50-60 元的培训费用，学习周期为 1 个星期，每天下午半天时间（14：00—18:00），每期大概 50 人左右，培训对象为同乐村 6 个寨子的妇女，每人只能参加一次。

女童的培训在2010至2014年之间办过6期，每期大概20、30人。这是韦凤仙自费开办的，每期都会投入700-800元，培训时间为暑假假期的每天下午，每个儿童可以重复来这儿学习，绣楼盖起来之前，女童的培训多在寨子里的鼓楼开展。

韦凤仙的收入状况并不乐观。仅同乐村就有12家卖侗衣做裁缝的门店，店面越来越多销量越来越少，加之一件侗衣可以穿多年，因此侗衣服装店收入并不景气，除去成本一个月收入大概在200-400元。丈夫两三年前从事家电行业，由于入不敷出便不做了，近两年没有固定收入。家里主要经济来源在于出租门面所得，每年可以有两三万元的租金。

此外，县文化馆也为侗绣传承人提供了外出上课的机会，韦凤仙每周三下午去同乐中学教小学生剪纸、刺绣，一学期可以给1000元的讲课费，这也仅补贴了一小部分家庭开支。另外，随着近年非遗博览会、交流会的增加，外出宣传侗族刺绣的机会日益增多，外出展销收益多的时候可以收入上万元。这让韦凤仙尝到了甜头，同时这也成为她决心打造侗绣品牌、开展刺绣培训、带领村里绣娘进行新尝试的动力。

图9 韦凤仙在同乐村鼓楼开展女童刺绣培训（韦凤仙提供）

三、“韦凤仙”们的现实：同乐乡侗族刺绣的现状

为了进一步了解以韦凤仙为代表的刺绣传承人的情况，我们去到同乐乡乡政府，在该处拿到的资料显示：同乐村是同乐乡侗族刺绣的代表，全村有80%的妇女会刺绣。分别于2006年、2009年被列入柳州市非物质文化遗产保护名录和广西壮族自治区级非物质文化遗产保护名录。全乡共有自治区级非物质文化遗产代表性传承人3人，市级1人，县级3人。目前，全乡建成了“三江侗绣博物馆”1个、侗族刺绣协会3个（含刺绣楼1座），成立了三江县传福侗绣有限责任公司。

表三：同乐乡侗族刺绣代表性传承人

姓名	性别	出生年月	项目	传承人级别	居住地址	认定年份
杨甜	女	1962 年 12 月	侗族刺绣	区级	同乐乡平溪村	2009 年 5 月
韦江凤	女	1973 年 12 月	侗族刺绣	区级	同乐乡平溪村	2009 年 5 月
韦清花	女	1965 年 8 月	侗族刺绣	区级	同乐乡平溪村	2012 年 3 月
韦凤仙	女	1962 年 6 月	侗族刺绣	市级	同乐乡同乐街	2013 年 9 月
曹坤林	女	1962 年 3 月	侗族刺绣	县级	同乐乡寨大村	2013 年 9 月
覃林青	女	1969 年 1 月	侗族刺绣	县级	同乐乡高培村	2013 年 9 月
覃金媛	女	1984 年 4 月	侗族刺绣	县级	同乐乡同乐村	不详

表四：同乐乡侗族刺绣传承机构

<table>
<tr><th colspan="2">机构</th><th>所在地</th><th>成立时间</th><th>负责人</th></tr>
<tr><td rowspan="3">侗族刺绣协会</td><td>同乐村侗族刺绣及非物质文化遗产传承与发展中心（绣楼）</td><td>同乐村</td><td>2014</td><td>韦凤仙</td></tr>
<tr><td>名称不详</td><td>寨大村</td><td>不详</td><td>不详</td></tr>
<tr><td>名称不详</td><td>高岜村</td><td>不详</td><td>不详</td></tr>
<tr><td colspan="2">三江侗绣博物馆</td><td>同乐村</td><td>2014</td><td>韦清花、杨甜</td></tr>
<tr><td colspan="2">三江县传福侗绣有限责任公司</td><td>同乐村</td><td>2016</td><td>韦清花</td></tr>
</table>

同乐乡在第十三次党代会上将侗族刺绣确立为重点发展的“四大特色产业”之一，并被列入民族旅游产品开发项目。2013 年 1 月 17 日在该乡高岜村举行“三江县民族旅游工艺品开发项目”启动仪式；2013 年 5 月 17 日（农历四月初八）举办侗族刺绣技艺传承培续基地落成揭牌仪式；2016 年，三江县第十三届“多耶节”期间举办了三江县第一届侗族刺绣旅游工艺品设计制作大赛。从事刺绣行业的妇女也由原来的几百名猛增至几千名，年产值可达 300 万元。

村里绣娘在刺绣方面的收入多来自三江侗绣博物馆和侗族刺绣协会的刺绣订单，但承接订单的机会并不多，赚不了多少钱。我们对同乐村绣娘进行了随机调查，在对同乐村新寨 54 岁的剪花艺人石应清采访过程中得知，刺绣协会每年的订单平均 3-5 个，每个人每次能承接 20-30 个小花样，赚不到几十块钱。据年轻绣娘龙欢妹说，三江侗绣博物馆的订单相对刺绣协会要多一些，随着近年刺绣的手工镯子、项链、耳环、包包等越来越受到外地人欢迎，刺绣订单的数量也逐年在增加。

四、韦凤仙的刺绣协会与韦清花、杨甜的刺绣博物馆

在同乐乡针对侗族刺绣以及侗族刺绣的培训展开调查，我们了解到，像韦凤仙所在的刺绣协会这种“项目性＋自发性”传承的刺绣培训课程模式在三江侗绣博物馆同样存在。该博物馆是韦清花和杨甜两位区级传承人的私人家族博物馆，2015 年和 2016 年该处分别办过一次成人刺绣的培训，也是县里总工会或非遗中心的培训项目，活动与刺绣协会一同开展。

图 10 三江侗绣博物馆（地点：同乐村侗族刺绣博物馆，时间：2017 年 5 月 5 日）

图 11 三江侗绣博物馆内景（地点：同乐村侗族刺绣博物馆，时间：2017 年 5 月 5 日）

另外，博物馆从 2014 年开始也组织过 10 多次小规模的儿童刺绣培训，人数每次 5-6 人，时间周期较短，每次也就集中在一个半天，没有长期的培训。博物馆和协会之间经常开展合作培训绣娘，依据各自时间合理分配培训项目。2017 年，还未接到总工会的培训通知。博物馆目前的经营方式主要以展陈为主，收入主要来源于韦清花和杨甜外出培训、展销侗绣手工艺品，以及在网上和店面售卖侗族刺绣、剪纸的收入。

在对三江侗绣博物馆的调查中，我们发现韦清花、杨甜的博物馆和韦凤仙的协会存在着明显的发展不均衡的问题。首先，从投入资金上看，韦清花、杨甜的博物馆的修建花费了 100 多万元，虽然是私人博物馆，但得到了相当一部分政府财力支持；韦凤仙的绣楼作为全村的共同财产，韦凤仙建造过程相对坎坷，修建绣楼的 22 万元经历了漫长的申请过程。

其次，博物馆和协会都会承接刺绣订单，并分给村里的绣娘来做，在对同乐村绣娘的口述采访中，我们得知博物馆的刺绣订单要远远多于协会。这也正是韦凤仙的担忧所在。虽是自己好心为村里妇女谋福利，想要做一个协会，一个平台来发展壮大侗族刺绣，但是如果没有现实利益支撑，这个协会是否还能聚集人气，是否还能得到良性的发展，答案是模糊的。

表五：博物馆和协会业务情况对比

名称	建造资金	会员	订单量	互联网开发	营业情况
侗族刺绣协会	20-30 万	59	一年两批	无	除培训外，一般关门
三江侗绣博物馆	100 多万	69	一年数批	微店、网店	长期开放

五、韦凤仙的理想能否成为现实

那么，我们回到韦凤仙的理想，回到她历经很多艰苦来创办和建立的刺绣协会及绣楼本身来看。坦白讲，协会和绣楼的发展并不乐观，也的确存在很多实质性的问题。首先，从产品本身来说，产品需要创新，需要生产满足现代审美的产品。协会的刺绣衍生品缺乏设计，产品需要创新研发，目前协会三楼的刺绣衍生品多为绣娘们从外地批发来的成品，然后加入刺绣自己做出来的，缺乏设计理念，产品和刺绣工艺的结合显得生硬。

其次，协会自身的组织与管理存在问题。协会的管理者组成如下：

表六：同乐乡侗族刺绣协会主要管理者构成

职务	人员
会长	韦凤仙
副会长	吴小珍、陆梦云、覃日花
各屯小组长	李前花、石应清、杨跃云、覃红妹、粟佩娜、韦雪英
会计	陆吉
出纳	杨玉仙

除了韦凤仙之外，协会的其他工作人员是否主动加入协会，是否积极参与协会的建设，是否为协会的未来出谋划策、积极尝试？答案很显然，协会只是在成立之初聚集了一些人气，而后续活动、销售等均疲乏无力，向心力不强。而这对于一个新成立的协会来说，是一个比较严重的问题。

除此之外，政府在协会的监管、扶持上乏力。首先，协会资金缺乏，导致质量欠佳，难以开发高成本的设计类产品。在关注、宣传和实际资金支持上面，政府对于协会及绣楼的投入甚少。除了承接县、市级下派的培训任务之外，并没有利于协会发展的实际举措，致使协会发展惨淡。其次，协会的发展缺乏商业运作和推广。同乐村几乎没有村民会来买这些传统及创新的刺绣产品，绣楼的销售对象多为外来旅游人群。但同乐村并没有丰富的旅游资源，距离知名的旅游景点较远，村里很少有外来访客。在刺绣协会章程上还写到“为了更好地把侗族刺绣传承和发展，把侗族刺绣作为招商引资的窗口，特成立侗族刺绣协会”。而事实上，绣楼开发的产品多靠韦凤仙外出参加博览会、展销会时带出销售。网店、微店等互联网销售渠道并未开发，绣楼在宣传、展销上还处于闭塞状态，无法与外界建立商业联系。

再者，节日氛围减淡影响刺绣产业发展。2017年敬牛节相比2016年活动减少很多，传统的节日庆祝模式不再，难以吸引外村或外界人前来参加，无法打开对外沟通和销售通道，商业和贸易往来仅限于同乐乡的集市贸易，这种文化大环境的改变、传统民族节日庆贺方式的简化，还需要政府重视，同时做好规划，从侗族刺绣的特色产业打开对外交流的大门。然后，本地刺绣发展的不均衡，便容易导致小团体的出现，绣娘间存在单打独斗的问题，本地侗族刺绣产业的发展难成大气候。县非遗中心要重视传承人，用政府和机构的力量来实行一定的奖励机制，从而搞好传承人之间的内部团结，刺激当地刺绣的发展。

我们在韦凤仙的身上看到了她作为传承人的自觉，以及她对于刺绣行业的理想和行动。然而，我们也同样看到了一个传承人个人力量的局限，以及整个大环境的残酷现实。我们无力解决她的困境，也不进行任何无效的呼吁。我们只希望事实本身能引起各方关注与积极参与。只有正视困境、积极互动，同时在不断地关注、参与、试验、调整、坚持、再尝试、再调整的摸索中，才能找到理想的出路。

陈荟洁
中央美术学院非物质文化遗产研究中心博士研究生
张冬萍
中央美术学院非物质文化遗产研究中心硕士研究生

“花会”的延续与变貌

——非物质文化遗产的活态性特征及其启示

一、定仙墕娘娘庙花会

定仙墕娘娘庙花会（本文简称“花会”或“定仙墕花会”）是围绕位于陕西榆林市绥德县定仙墕镇的娘娘庙，所进行的一年一度的庙会。娘娘庙中供奉的是掌管生育之事的送子娘娘。每年花会的时间为农历三月十八、十九两天。笔者在2015至2017年期间对花会进行了4次田野调查，连续3年跟踪花会的举办。根据田野调查获得第一手材料。现将定仙墕花会的主要特征概括如下——

（一）盛大的花树游行

在庙会的游行队伍中，会使用大量的彩扎花树——这是花会之所以名为“花会”的原因[1]，也是花会的核心功能——求子进行的重要道具，同

图1 花树游行的队伍

1. 在绥德县的其他地区，虽在农历三月还有别的娘娘庙会，当地人也会称其为“花会”，但实质是有会无花，且所供奉神祇也不是“七姊妹”中的某一个，例如每年在农历三月十八日举办的义合镇紫台山娘娘庙会等，因此并非真正符合本文所要研究的“花会”概念

时，花树作为一种“显圣物”，将原本普通、无序的世俗空间标志转化为有序的神圣空间。[2]花树有大花和小花（女儿花）两种，都是在高粱杆或木杆制作的骨架之上安插数量不等的单朵纸花组合而成，单朵纸花由手工染色的麻纸或皱纹纸制作而成，颜色无特殊限定，但主要以红、黄、粉、蓝为主，样式共有三种，分别名为磕磕花、翻花、馍馍花[3]。

图 2 大花花树

大花高度在 2 ~ 4 米不等，除了单朵纸花之外，还要在顶部装饰一个大花头，并在单朵纸花之间装饰直接购买来的彩带等现成品。大花在送神的游行长队中使用，每一树花都需要安排五六位村民轮流抬护，不管执行轮祭的村庄离娘娘庙有多远，都必须步行送至庙上，大花到达娘娘庙之后，要进行盛大的“晒花”[4]仪式，晒花前后往往是人山人海的花会最高潮。

小花又被称为儿女花，高度在 1.5 米左右，儿女花的单朵纸花固定为 13 朵，儿女花除了在接神和送神时需要在游行队伍中使用之外，还在求儿求女的过程中发挥着重要的作用——求子在花会中的象征性仪式就是“求花”，有求子意愿的夫妻需要在花会期间前往娘娘莅临的神棚中跪拜，求得儿女花上的单朵纸花一朵，回家在灶旁供奉 3 天，之后挂在墙上，据说当年即可得子，得子后要在来年花会期间向娘娘庙中敬献一整树儿女花作为答谢；但若是当年未得子，则要在来年花会时拿去年的花换取一朵新的花回家继续供奉。

纸扎花树使用在仪式过程中，为仪式开展的诸多空间（神棚、接神送神的游行队伍、娘娘庙等）赋予了一定的神圣性，将原本普通、无序的世俗空间标志转化为有序的神圣空间，沟通着神圣世界与世俗世

2. 本文配图均由裴诗赟在 2016 年 4 月调查期间拍摄
3. 花匠高海军认为，三种花的样式各有指代——磕磕花为莲花、翻花为菊花、馍馍花为牡丹花；花匠张立生对此并不认同，认为三种花并没有明确指代
4. 这里，“晒花”的“晒”字有展示、亮相之意，之前有关花会的文字资料将其记录为“赛花”，由于晒花之时只是当年承担轮祭村庄或村户单方面的展示，并无较量和竞争的双方，且陕北方言中“晒”与“赛”的发音相同，经过笔者对多位村民的确认和核实，证实“赛花”一说实为方言发音导致的讹传

界[5]，而花会正是围绕这些“显圣物”景观，以送子娘娘祭祀活动为中心，在日常空间中构建了一个神圣而有序的仪式空间。

（二）定仙墕花会“祭祀圈”与“轮祭”制度

在花会的民俗制度上，定仙墕花会采用的是轮祭的制度，如果按照“祭祀圈”理论进行分析，这个祭祀圈范围很大，包含了65个自然村（本数字为笔者调查期间确认参与花会的村庄数量，个别退出花会举办工作的村庄不计算在内），其中不仅涉及复杂的轮祭制度，还涉及一个古老的概念——社。

祭祀圈一词最早来源于日本农村社会学学界对于乡村社区的界定，而用以研究台湾农村，起始于冈田谦在1938年发表的《臺灣北部村落に於ける祭祀圈》，在此之后，台湾人类学者开始陆续注意到祭祀圈概念对于台湾民间信仰组织研究的适切性，进而开始了祭祀圈概念的“台湾化”实践，经由张光直教授主持的“浊水大肚两溪流域人地研究计划”[6]发展并趋于成熟。

林美容对祭祀圈的定义是：“以一个主祭神为中心，共同举行祭祀的信徒所属的地域单位”，概念的核心是“一定的地域单位”，其中还包含共同的祭祀组织与共同的祭祀活动两个因素。林美容认为划定祭祀圈有6个指标：1.建庙或修庙由居民共同出资；2.收丁钱或募捐；3.头家炉主；4.演公戏；5.巡境；6.其他共同的祭祀活动。其中，第一项指标是最基本、最明显的指标，之后其基本性（Primacy）逐次递减，且一个地方性祭祀组织必须满足一个以上的指标才能划定为祭祀圈[7]。

定仙墕花会具有祭祀圈指标的显著特征，至此，我们可以将定仙墕花会做如下定义：定仙墕花会是以送子娘娘作为主祭神，以周边的65个供养村（又叫65社）所在的区域为地域单位，在统一的祭祀组织（大会）之下，按照一定的祭祀方式（轮祭）开展的一年一度的祭祀活动（花会）。其中，花会的祭祀方式最突出的特征为轮祭。轮祭，即轮流执行祭祀的制度，这种轮流责任制的祭祀方式在中国民间宗教仪式中十分常见。而定仙墕花会的轮祭制度层次丰富，具有很强的典型性。（详见本文第三部分）

二、活态文化与活态性

（一）活态文化与非物质文化遗产

“活态文化”是当代文化研究领域提出并聚焦的重要概念，由英国马克思主义文化理论家雷蒙·威廉斯（Raymond Williams）在1961年出版的《漫长的革命》一书中提出，英文词汇为“Lived Culture”，从所使用的Lived而非Living即可看出，

5.杨渝东：《迁徙——山地苗族的历史心性》，王铭铭主编：《文化复合性——西南地区的仪式、人物与交换》，北京：北京联合出版公司，2015年，第36页

6.该计划作为区域性的汉人社会研究，试图在追求功能分析、台湾本土研究理论的背景下，寻求一个本土化的理论模式与分析概念，祭祀圈理论便顺应而生。主要参与其中的学者有：许嘉明、施振民、庄英章、林美容等

7.林美容：《由祭祀圈来看草屯镇的地方组织》，《中央研究院民族學研究所集刊》，1987年62期，第58-63页

威廉斯对活态文化的定义，主要聚焦于一个历时性的维度，强调活态文化的“不可重构”，认为它存在于过去的某种特殊文化——“由于后世人们无法再度进入历史上的人们所生存体验的活态文化的‘情感结构’，因此，研究活态文化的主要障碍是时间的历史变迁所造成的。”从共时性维度上，从事社会空间理论研究的学者在稍晚则对活态文化这一概念进行了进一步的丰富和扩充。法国理论家列斐伏尔的“活态空间（Lived Space）”、索亚的“第三空间（Third Space）”等等，都是顺着活态文化理论的路子，表现了对人类生活中“活态素质”的重视，“它们共同聚焦于人类日常生活的实践性、身体性和环境性的隐秘智慧。”[8]

活态文化之所以成为当下文化研究中的一个常见术语，主要源于其与非物质文化遗产概念之间的密切联系。2002年，乔晓光教授率先在非遗研究领域使用了活态文化的概念：“我们有一个文字历史的传统，一个文人精英的传统，一个王朝更迭的传统，但我们长期忽略了生活中还有一个民间活态的传统，一个非物质文化遗产的传统。”“如果说中华文明源远流长，首先反映在活态的民间文化传统上。”[9]“今天，人民传承着的活态文化仍在守护着我们这个时代最具民族特色的文化底线和情感底线，也是人类文化在时代中一个古老而又真实的存在。”[10]这是在价值论层面上给予民间的活态文化以高度的价值肯定，认为它是中华文明持久性的核心因素，也指出它在以往文化视野中被长期忽视的事实。

围绕活态文化观念，派生出来“活态保护”一词，探讨在非遗保护工作上，如何保持非物质文化遗产的“活态性”这一核心特征，例如蒲姣的《从“活态保护”论非物质文化遗产观的转变》[11]、王光荣的《论少数民族活态文化的抢救》[12]等等；以及围绕“活态传承”一词，探讨如何在非遗工作中加强和保证非遗传承的延续，例如高小康的《非遗活态传承的悖论：保存与发展》[13]、祁庆富的《存续“活态传承”是衡量非物质文化遗产保护方式合理性的基本准则》[14]等；此外，乔晓光的《活态文化·冰雹与祭祀——后张范“立夏祭冰神”个案的村社文化调查》[15]则探索了活态文化的研究方法，即村社研究法，通过自然、农业、节日、信仰等多方面呈现，寻求描述活态文化的恰当方法。

---

8. 张进：《论“活态文化”与“第三空间”》，《中南民族大学学报（人文社会科学版）》，2014年2期，152-157页

9. 乔晓光：《一个被忽视的活态文化传统》，《湖北美术学院学报》，2002年4期，第13-14页

10. 乔晓光：《活态文化：中国非物质文化遗产初探》，太原：陕西人民出版社，2004年，第1页

11. 蒲姣：《从“活态保护”论非物质文化遗产观的转变》，天津大学硕士学位论文，2009年

12. 王光荣：《论少数民族活态文化的抢救》，《广西师范学院学报》，2004年1期，第106-110页

13. 高小康：《非遗活态传承的悖论：保存与发展》，《文化遗产》，2016年5期，第1-7页

14. 祁庆富：《存续“活态传承”是衡量非物质文化遗产保护方式合理性的基本准则》，《中南民族大学学报（人文社会科学版）》，2009年3期，第7页

15. 乔晓光：《活态文化·冰雹与祭祀——后张范“立夏祭冰神”个案的村社文化调查》，《民间文化论坛》，2010年1期，第95-106页

由此可见，在目前绝大多数的现有文献中，往往活态文化在非物质文化遗产研究领域似乎是个“不言自明”的概念，绝大部分研究的惯用模式都是以某一非遗项目为例，借用“活态”一词来强调非遗的特点和状态，而并未在文中精确地定义或描述“活态”的概念与界定。

（二）活态性：非物质文化遗产的核心特质

活态文化着重强调的是非物质文化遗产在呈现形态上的生活性、传承性、流变性与当下性，即它在历史和社会发展的潮流中，是生存着并且不断延续下去的一个动态过程。活态文化之“活的”“动态”的特质，是非物质文化遗产的核心特质，因此，在非遗语境使用的活态文化一词，可以更确切表述为“活态性”。

活态性是非物质文化遗产概念中重要的核心特征，联合国教科文组织《保护非物质文化遗产公约》的第二条——“定义”中，对这种活态的特质作了如下描述：“这种非物质文化遗产世代相传，在各社区和群体适应周围环境以及与自然和历史的互动中，被不断地再创造，为这些社区和群体提供认同感和持续感，从而增强对文化多样性和人类创造力的尊重。”

（三）活态性的构成：延续与变貌

关于活态性的构成，是否存在一个有据可寻、有框架和条理的认知架构，而这个认知框架对非遗保护工作有何启示?

本文认为以定仙墕花会为案例，试在探讨非遗活态性包括两个方面：延续与变貌，即内在延续力与当代变貌。首先，非遗作为一项代代相传的传统，是在特定区域的一种固定的民俗惯习（民俗学专有词汇）或制度，在这种“传统”内部包含一种内在的稳定性，这种的内部生态机制支撑这一非物质文化遗产传承至今，并拥有继续传承下去的“原动力”，此即为本文所说的“内在延续力”；除此之外，非遗在当下日常生活与社会发展过程中的现代境遇，以及为了适应这些“大趋势”而发生的变化，即为本文所说的“变貌”，“变”是表象，其实质是花会为了适应周围环境以及与自然和历史的互动过程中，被不断再创造的过程。

下本将以定仙墕花会为例，具体分析活态性的两个构成要素——延续与变貌。

三、定仙墕花会的内在延续力

在定仙墕花会的民俗惯习和制度背后，有一种内在的稳定性，支持着花会代代相传直到今天，这种内在稳定性包含制度和心理两个层面。

（一）制度层面

1. 轮祭制度：花会的“新鲜感”

定仙墕娘娘庙花会涉及的65个村庄，不是每个村都要参与每年花会的举办，而是有一个轮流承办祭祀的顺序，即轮祭的制度。

花会的轮祭制度包括两个层面，首先是六个“大社”之间的轮流；其次，在大社内部，还有若干正社之间的轮流。

具体来说定仙墕花会的轮祭制度首先涉及6个大社，分别是前李家墕社[16]、刘家沟社、大庄社、安沟社、王家沟社、寨山社。这些大社的名字，据说可能是最早参与花会的6个老村。但广义上，6个大社不仅仅指这6个村庄，而是6个“若干村庄的联合体”，只不过由这6个村庄为代表，并以之为大社名称，各大社其实包括若干个地理上相聚不远的“供养村”。

其中，前李家墕社、刘家沟社、大庄社地处娘娘庙的东面或东南面，称为“前社”；安沟社、王家沟社、寨山社位于娘娘庙的西面或西北面，称为“后社”。

每年，前社和后社各有1个大社承担轮祭。2015年—2017年6个大社的轮祭顺序如下。（见图3）

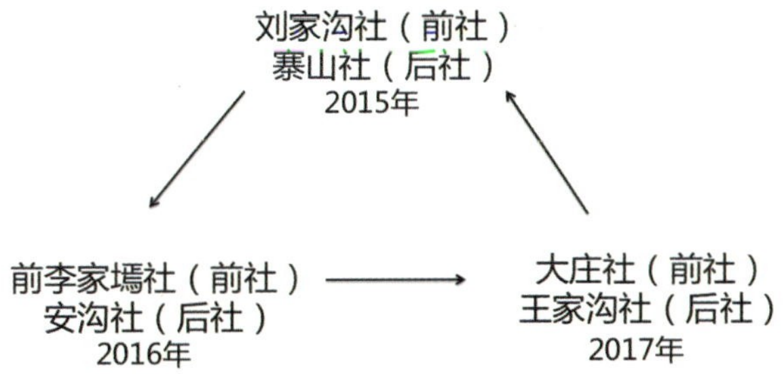

图3 六大社轮祭顺序示意（裴诗赟绘制）

至2018年，又是前社的刘家沟社和后社的寨山社承担轮祭，也就是说，6个大社两两执行轮祭的周期是3年。

如上文所述，6大社并不是指6个村子，而是指6个“村落联合体”，即每个大社包含着若干个村子；为娘娘举办的轮祭仪式并不是大社里所有村

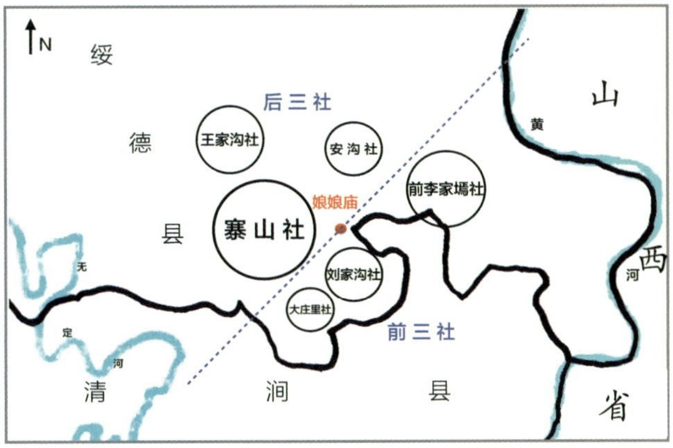

图4 定仙墕花会六大社分布示意图（裴诗赟绘制）

子联合举办，而是以3年为周期，每年2个大社内的某1个村子来实际操办，这就形成了轮祭的第二个层面，即在每1个大社内部的村庄之间也存在着轮流制。

在具体解释大社内部的轮祭层面之前，还要说明“正社”和“随社”两个概念，这里的“社”与之前说的大社不同，是存在于“大社”内部的单位，1个社就是指1个村落，6大社共包含65个社，即上文所说的65个供养村，这些社（供养村）就是每年定仙墕花会的“责任单位”，但并不是65个社（供养村）中的每一个都要实际操作花会事务（制作花树、搭建神棚、迎接娘娘入村等），有一些社（供养村）只起到协助作用，并不具体操作，或者只随份子钱。这样就形成了大社内部又划分为“正社”与“随社”：正社，即正式办会（实际操作）的村庄；随社，协助办会的村庄。因此，大社内部的轮流制度，是指所有正社都按照一定的顺序承担轮祭。根

16. 前李家墕的“前”是表示方位（靠近黄河，东边意为“前”），为的是与西边的同名村庄相区分，西边的李家墕村即被称为“后李家墕”

据田野调查，因为6个大社内部的社的数量不等，所以各大社中的正社举办花会的周期为6～39年不等。

综上，定仙墕花会的轮祭制度是：首先，6大社每年各有前后两社轮办，以3年为大社的轮流“大周期”，其次，具体每个大社里，又有若干正社轮流承办的“小次序”，由此构成二级轮祭制度。参与花会的65个村庄中，在正社的“引领”下，每个村子相隔6～39年不等举办一次花会。

轮祭制度的设立，实质上是创造了时间的间隔，每个村子间隔6～39年不等，才需要举办一次花会，轮祭制度的存在使得参与花会的村庄不至于每年都投入巨大的人力物力来操持这场仪式，实质上这是一种合理配置资源的方式，也让村庄保持了对操持仪式的新鲜感和期待。

2. 民俗聚落的边界——社：花会的强制力

举办和参与花会的村庄被定义为“社”（大社、正社、随社）的概念。社，本义指土地神，而祭祀土地神的组织也被称为社。关于“社”作为聚落性地域组织的记载，最早见于《礼记·祭法》：

王为群姓立社，曰大社；诸侯为百姓立社，曰国社；诸侯自为立社，曰侯社；大夫以下成群立社，曰置社。[17]

民众按照层级被划分进祭祀不同“级别”社神的地域性组织中，成为该社的一员，由此，作为聚落的社区便形成，也附加给社除了土地神之外的另一层地域性含义。

郑振满以江口平原（福建省莆田地区）很多流传至今的村庙以及村庙的祭典组织为例证，探讨了民间祭祀活动与明代里社制度的关系，他认为：目前存在的社大多由明代里社制度（里甲组织中的社祭制度）演变而来，且“只有开村年代较早的村落才有可能自立一‘社’”[18]。

而赵世瑜则认为，社祭的传统从中国的上古时期就已经形成——由于文化建设或文化传统的区划与政治、经济建设的区划时常是分离的，因此，上古村社的重要凝聚力量之一就是社祭活动，这是一种“社区之庆”，成为一种“民俗社区”或“民俗聚落”，只不过到了明代，统治者将这种文化传统与行政控制相结合，创立了里甲制度，此时的“社”就等同于里甲的“里”，统治者试图通过这种基层行政组织发挥教化乡民的作用。[19]

无论社祭起源于何时，又或与基层行政制度有怎样的关联，至少我们可以通过已有的文献和研究认为，社祭，或是以社为单位进行的传统庙会活动，是一种民俗社区或“民俗聚落”的基本单位，具有凝聚社区的意义。而具体到社对花会延续至今所起到的作用，则是一种明确的边界性，这使得花会形成了一个民俗聚落，在这个聚落中，村庄的参与不是依照信仰的选择，而是你生在这个社当中，所以你必须来参与花会的承办工作，具有一定的强制力。

17. 郑玄：《十三经注疏（标点本）：礼记正义》（卷四十六 祭法），北京：北京大学出版社，1999年，第1292页

18. 郑振满：《神庙祭典与社区发展模式——莆田江口平原的例证》，《史林》，1995年1期，第33-34页

19. 赵世瑜：《狂欢与日常：明清以来的庙会与民间社会》，北京：三联书店，2002年，第240页

3. 接神·送神：花会的参与感

整个花会的核心活动就是将供奉的娘娘请到执行花会的正社境内接受供奉，供奉结束后（时间为一天一夜），再将娘娘送回娘娘庙中。具体操作是将一尊娘娘的小型塑像放在一架龙轿中，由主办的正社村民抬到村内预先搭建好的神棚内，作为娘娘小像的临时庙宇，当晚村民以及需要求子的夫妻便会在神棚内烧香跪拜，第二天上午，村民又将娘娘小像送回庙里。如此一个往返便是接神和送神。

“接神—送神”是定仙墕花会的核心，其实就是娘娘对其供养村的“巡境”，在祭祀圈理论中，巡境指的是指主祭神在供养村的范围内按照一定的时间频率巡视，以保证自己的神力可以到达每个村子。这里的巡视主要是通过将神像或牌位抬出庙宇巡游的方式达成。从另一个角度来看，这种巡境的制度，让庙会不仅仅围绕庙来进行，而是充分激发娘娘庙与办会村庄的联动，给予村庄最大程度的参与感。

4. 主办与副办：花会的“竞争性”

每年执行祭祀的两个大社中，还会产生主办和副办的区别，这是因为定仙墕花会的正日子在农历三月十八，但当天只能有一个大社送神晒花，另一个大社的送神晒花则只能推迟至三月十九。主办社的产生通过占卜由神决定，占卜的形式让六大社都有获得主办的可能。通常，获得主办社资格往往意味着好运和光荣，且意味着要花更多的资金“维持”主办社的身份与“面子”，这类似一种象征性的权威地位，这种地位仅在仪式中有效。而“主办”“正日子”这类词汇正是对这种权力的加持和强调。

从另一个层面来看，主办和副办的设定也创造了一种前、后社之间的竞争关系，主办会尽力维持身为“主”办的面子，副办尽管会因为没有取得主办社的身份而感到遗憾，但同时不甘示弱，要和主办一比高下。一定程度上，主办、副办轮祭仪式的隆重与否，成了显示本社名声与威望的重要媒介。

图 5 迎请娘娘小像的龙轿

例如在 2016 年，副办的前李家墕社为了和主办的安沟社（具体执行轮祭的是前李家墕社中的前李家墕村，以及安沟社的王家墕村）王家墕“一争高下”，特地在送娘娘晒花的秧歌队表演中加入腰鼓表演，同时，租借十余辆一模一样的丰田城市越野车组成车队，以此取得更红火的效果。为此，前李家墕的村民告诉笔者：“我们虽然不是主办，但决不能输给他们（王家塬）。”

5. 宴请的互惠交换：花会的社交作用

花会仪式过程，除了庙中的仪式与神祭之外，也为村落的对外联络创造了机会。每一场花会的开展，都是村庄间宴请和社交的大日子。往往办会村都会邀请彼此“关系相好”的村子中的代表前来参与宴饮，2016 年王家塬办会时，甚至还制作了正式的请柬。这种行为有两方面的意义：一方面，通过这种“来往”和沟通，建立并强化了村庄社交的人际关系网络；另一方面，前来参会的人都会实名上交礼金，这不仅是供奉神灵的“布施钱”，同时也是“礼尚往来”的经济交换，下一次邻村承办花会之时，此次接受礼金的村庄要去“回礼”，且往往礼金的量度与村庄之间的亲疏关系成正比。这种“互惠圈”的情谊维系，有赖于花会过程中的宴请得以稳定和强化。

2016 年定仙塬花会期间，琶家塬村村长琶生宽接到了来自主办社安沟社当年承担祭祀工作的正社王家塬社村长王毛红送来的请柬，三月十七日，在王家塬接过娘娘后的宴席上，琶生宽村长如期赴约，并随上 200 元的礼金，“这是村庄间的私人关系，你来我往，大家都是这样，钱也是我们自己出的”，琶生宽如是说。

（二）心理层面

1. 对“红火”的迷恋：花会的狂欢性

民间信仰活动中，都流传着“娱神、娱人”的说法，即象征意义上的“娱神”同时也在起着“娱人”的重要作用。本村人、外村的亲友及好事者，都会在花会期间参与或观摩花会的盛况，陕北人将对这种盛况的外在形式与内心感受都称为“红火”。周越（Adam Chau）在研究陕北黑龙潭庙会时认为，红火是理解陕北地方文化的一个关键的地方性语汇，陕北人对于红火的追求在节庆、婚礼、葬礼、庙会等一切集体性的民俗事象中均有着深刻的体现，它代表了一种积极、令人向往的社会性模式。[20]

在定仙塬花会的祭祀活动过程中，红火与狂欢是其不可或缺的重要特质，办会村“闹红火”，娘娘以及村民“看红火”，所有人都沉浸在狂欢的氛围中。从外在形式上看，“红火”包括：“接神—送神”过程中，从村到庙的游行；到达定仙塬镇街的晒花；戏剧公演（包括戏曲、说书、二人转、吹打、

图 6 花会的宴会，赴宴的村民都要上交布施钱

20.Chau, Adam Yuet. Miraculous response: doing popular religion in contemporary China[M]. Stanford Calif: Stanford University Press. 2006:148

歌舞等）；酒席宴饮；扭秧歌队等。在精神层面上，这种“红火”过程中的热烈气氛与狂放情绪造成集体情绪的高涨，也强化了社区群体的凝聚和认同。[21]

2.“灵验”的诉求：花会的“服务”功能

花会的主祭神——娘娘作为生育之神，求子活动自然是花会中的重要环节。求子活动的主要行为就是“祈福”和“还愿”，“花”是穿插两者的纽带，是将娘娘之神力传递给求子夫妻们的显圣物。求子夫妻要在庙中求得儿女花中的1朵带回家供奉，来年得子之后，要在下一次花会中还回一整树儿女花，作为还愿的信物。因此，每年庙中的儿女花，不仅是这一年前来求子的夫妻们求“子”的象征，更是历年娘娘“神力”的彰显，是“灵验”的一种生动的外化，而这种外化一定程度上吸引了更多的求子夫妻。

图7 花会的游行队伍红火热闹，民众人山人海

但求子的诉求主要限于有生育计划却迟迟并未实现的适龄夫妇，而花会作为全体村民的盛会，求子的目的和神力也被逐渐扩充，不管是老人、成人还是儿童，都可以在花会期间向娘娘许下任何愿望，包括身体健康、升官发财、平安顺利等等，都成为“祈福”和“发愿”的内容，而到了第二年的花会，愿望实现的村民则会来还愿。从这个角度上看，花会庆典也是村民表达个人与社区需要的途径。

从这个意义上来看，花会存在的深层宗教因素即是人们对“灵验”的祈求与印证，中国民间宗教中的神祇必须为农民们提供多种通用的“服务功能”，一个民间神祇往往兼具医生、药剂师、心理专家、顾问、守护者等多重形象，并最终会帮助农民们实现心中的不同所求，周越（Adam Chau）称其为一种“神圣效力”（Divine Efficacy），并以此作为大众民间宗教的宗教活动表象之下一种更加深层、实质的功能。[22]这种服务功能引导民众通过许愿与祈福，希求美好的未来，并最终通过来年或若干年后的还愿为结束，完成整个灵验达成的过程，在此过程中，人们减少了忧虑、增加了生活的信心。

（三）小结

总结来看，在制度层面：作为民俗聚落的社，给予了花会明确的边界以及参与的强制力；轮祭的制度使得花会的举办开销合理且具有新鲜感；接神

21.赵世瑜：《狂欢与日常：明清以来的庙会与民间社会》，北京：三联书店，2002年，第136页

22.Chau, Adam Yuet. Miraculous response: doing popular religion in contemporary China[M]. Stanford Calif: Stanford University Press. 2006:123

送神的步骤给予花会最大程度的参与感；主办与副办的设定为花会注入友好的竞争；花会的宴请具有礼尚往来的社交作用。在心理层面，对红火的迷恋让村民身心放松，对灵验的诉求与印证体现了花会在实用层面上的服务功能。

四、定仙墕花会的当代变貌

花会作为一项乡村生活中的民俗仪式，也是表现和参与社会文化变迁的重要载体。因此，本部分将关注花会在当下社会中发生的变化，探讨定仙墕花会出现了哪些“之前不可能发生”的演变？这些演变是如何在这片黄土高原上酝酿并且发生的？即全面地阐释花会的“当代变貌”，以此，才能结合上半部分阐释的“内在延续力”，勾勒出花会作为一项非物质文化遗产，其“活态性”的完整面貌。

（一）国家权力的介入

1. 从“抢花”到“烧花”：花会的“新亮点”

晒花，作为整个花会仪式过程中最红火的时刻，常常是引发热闹事件的完美场域。年纪稍长的定仙墕村民们基本都拥有关于“抢花”事件的回忆，解放前的花会，当巨大的花树在定仙墕村的街道上游行之时，围观的村民们往往会争着去抢花树上的纸花，但1988年恢复花会之后，为了保证秩序，定仙墕镇政府开始介入花会三月十八、十九两日的晒花环节，每年镇派出所的全体成员，以及政府在岗的干部们，都要上街承担维持治安的工作，阻止了抢花这一具有安全隐患的行为。

但如果花树不被“抢”走，高达数米的花树又该如何存放呢？为此，镇政府决定在晒花结束之后，要将所有花树以及其他游行中使用的纸质仪式道具，在娘娘庙前焚烧。如此，传统花会中的“抢花”被全新的“烧花”环节取代，颇具仪式感的焚烧过程也逐渐成为花会之中引人瞩目的新环节，每年烧花的短短几分钟，都会吸引众多摄影爱好者在各处“抢占机位”开展民俗摄影。

2. 从纠首到村长：花会组织者的转变

上世纪四五十年代以前，花会操办的具体负责人是世袭身份的“纠首”，60年代末至80年代初，花会停办，到了1988年恢复花会之后，民主选举出的、具有更强号召力和领导力的村主任逐渐成为花会实际的操办人，甚至有的村长直接接任了纠首的位置，每年还去庙上参与组织工作。

首先，村长的介入和领导是自然而自觉的——作为全村民主选出的基层代表和领导者，村长本身具备相对更强的组织力和更高的声望，除了村长，一般村民很难有号召全村的能力，按照“能者多劳”的逻辑，此时村长的挺身而出是众望所归，也是能力使然；同时组织这样一个跨越村级的重大活动，也是展现个人领导能力、赢得更多威望的良机，2016年承担花会具体祭祀工作的王家墕村村长王毛红便是活动开展的主要领导人，他说：“作为村长必须承担起这个职责。”

再者，“村长介入花会”也与之前的花会组织者——纠首的处境变化密切相关。其主要表现在如下两个方面：首先，作为世袭身份的纠首不是按能力来定身份，而是按“出身”来定身份，因此，一旦纠首自身组织能力不够或年事已高，接手花会的管理工作自然力不从心；其次，农村劳动力大量外流务工致使越来越多的年轻纠首外出打工，甚至迁居外地，根本无暇抽出前后1个多月的时间回到村里组织花会，长期不在本村居住也造成纠首对本村情况的生疏，自然无法承担花会的组织工作。

目前，还有村干部或曾经的村干部直接“接任”了纠首身份。以2016年集结在庙上的55名纠首为例，其中现任或曾经担任村长、村书记或其他村委会干部的有10位。

综上，目前花会活动在村一级的组织者从“纠首负责”逐渐转变为“村长负责”，而纠首的世袭身份、世袭职责正被逐渐打破和削弱。

3. 非遗时代：花会的文化“自觉”

2011年，定仙墕娘娘庙花会作为民俗类项目，正式进入陕西省第三批非物质文化遗产名录[23]。而早在之前的2006年，花会已经入选绥德县级非物质文化遗产名录中。目前，定仙墕花会进入“非遗时代”已经历了十年的历程。

首先，进入非遗时代后，定仙墕花会告别了10年前“养在闺中无人识”的状态，花会的知名度和影响力大大提升；此外，从以前相对民间、自发的民俗活动，变成了一项被政府正式承认，并明确纳入保护范围的“传统民间文化活动”。这使得定仙墕花会进入了“文化化”的新阶段，也意味着政府要承担起花会“如何呈现出来”“呈现什么出来”的工作。

图8 2016年花会的烧花场景

非遗时代的到来给予了原本对花会并不“自觉”的村民一个发现自我文化价值的契机，原本花会作为一种与村民们日常生活融为一体的民俗活动，村民的参与与体验都是习以为常的，而成为非遗之后，村民们开始意识到花会的文化价值，也开始乐于向来到此地的外地人介绍花会的历史与传说。

此外，非遗时代改变了花会的文化传播形式，原本口传心受的文

23. 陕西省人民政府．陕西省人民政府关于公布第三批非物质文化遗产名录的通知(陕政发2011年31号)[EB/OL].[2011-06-03]. http://www.sxsdq.cn/dqzlk/sxsnj/nj2012/201402/t20140221_436926.html

化开始出现了媒介文本。在 2006 年开始申请县级非遗的时候，当地的文化工作者就进行了花会基本资料记录，所形成的印刷文本——《绥德非物质文化遗产保护名录图典》就被长期收藏于娘娘庙，当笔者去询问花会的相关信息时，就被告知可参考这本“标准”资料进行记录；当笔者完成田野调查后，还被花会的会长要求将整理好的资料给他们寄一份，好作为资料收藏。文本资料的“白底黑字”所具有的权威性，一定程度上改变了花会这种地方性知识的传承、传播形式，加上视频、音频等多媒体的介入，这种改变也在不断地加强。

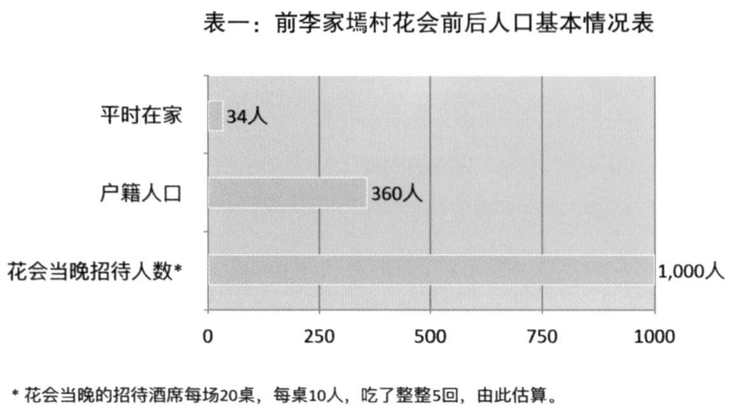

图 9 2016 年副主办村前李家墕花会前后，村中住宿人员基本情况统计表（裴诗贇制表）

（二）农村劳动力转移

除了国家权力的介入，农村劳动力转移也在深刻影响花会，使得参与花会的村民，在花会前后像候鸟一样离村又归来，这虽然发生在所有的中国农村，但陕北作为典型的生态脆弱、资源富集区域，这种对比来得尤为强烈。

广种薄收的农业生产使农民离开土地，被本地支柱性的第二产业吸纳，这是城镇化发展的必然结果。但花会却让村民突破农历节日与工作日制度之间的矛盾，坚定地归来，这其中有上一部分讲到的花会制度层面的强制力与新鲜感，还有离村之后，由于户籍等诸多因素，农民到农民工的身份转型、融入城市过程中的种种困难，这些困难强化了他们对故土的眷恋。而花会作为一种“来自乡土的召唤”，给予离村在外的村民们一次缓解和调节内心“乡土情结”的大好机遇，这种心理调节的需要成为了村民“归来”的重要理由。

（三）小结

从实质上看，国家权力的介入反映的是乡村从皇权不下县的乡土社会变为国家体系中行政细胞的过程；而农村劳动力转移的背后是劳动力的商品化，这都与民族 - 国家（Nation-State）的形成过程相吻合。一方面我们可以看作这是花会作为“小传统”对“大传统”的反馈；另一方面，更是地方性小传统直面社会发展浪潮时，不断寻找自身合理定位，调和、适应的过程。

结论：活态性与非遗保护

“内在延续力”与“当代变貌”共同构建了非遗活态性特征的两个维度。其中制度与心理两个层面构成花会得以稳定、传承的内在延续力；国家权力介入以及劳动力转移又折射出花会的变化以及应对外界的适应力。

这让我们不禁联想到在非遗领域争论不休的传统与现代、变与不变的二元命题。现代化之后传统会消失吗？如何看待非遗的变化？这就要将非遗活态性的概念运用到非遗保护领域进行方法论层面的探讨。

在传统如何被现代取代的争论中，所认为的“传统更多是审美意义上的传统，而不是现实中的传统”，常常诠释的是知识分子对乡村、对传统的记忆与想象——它是诗意的、永恒的、与世隔绝的。而令人憎恶的现代性正在吞噬这种纯净厚重的世外桃源。但实际上，传统之所以延续至今，它有自己存在的合理性，也有自己的生命力，也就是上文所说的延续的内在稳定性，它没有那么脆弱；此外，传统不是一个孤岛，而是历史发展中的一个部分，不管你愿不愿意看到，它都不断地在时代中寻找和更新自身存在的位置。

民间文化或非遗研究中的二元史观，常常简单对立传统和现代的关系，这无疑是有局限的——因为传统与现代之间的隔阂是虚无的，在时间上也不可分割，它是一个具体的历史过程。而非遗的活态性特征的本质就是变化，但变化不是对所谓传统的颠覆，而是传统如何得以存续的实践的历程。而有了对活态性具体、全面的认识之后，非遗保护工作该如何开展呢？

首先，要认识到非遗代代相传至今的传统，有其自身存续、延绵的“内在逻辑”，它对于所谓现代化的冲击并非毫无抵抗力。在此前提下，对于每一个不同的非遗个案，要具体分析每一个个案的内驱力为何，并在非遗保护工作中予以加强和弘扬。以定仙墕花会为例，比如看到花会的“竞争性”特质之后，可以每年在主办与副办村之间开展村民的投票环节，并对最终得票较多的村庄予以一定的奖励；又如花会的轮祭制度给每个正社带来 3~39 年不等的时间间隔，为避免办会周期过长，造成记忆断层，可以在本地义务教育过程中普及花会操办制度的知识，加强下一代对于花会的了解，建立自身与花会的关系连接等等，这些具体措施，由于所指问题的明确针对性，使得保护工作有的放矢。

再者，要客观面对非遗的变化，承认并尊重非遗的变化性，认可非遗是一个不断在新的时间和历史情境中适应、发展的过程，而并非单纯的“民俗、历史的遗留物”；在此基础上，针对具体案例，认清外在环境的变化，帮助非遗在适应这些变化的过程中，尽力不偏离最原始的“初衷”。以定仙墕花会为例，国家权力的介入与农村劳动力转移是花会所面对的最大的外部变化，在这两方面的变化之下，花会也随之进行了自我调整，我们首先要尊重这种调整，因为不调整就没法适应新环境，但同时，也要引导这些调整不至于“取代”变化前的“初衷”，例如抢花环节被烧花环节所取代，变化的是环节的形式，需要保留和延续的是围观群众对于沾一沾花会“喜气”的愿望，因此，可以适当增加花束上纸花的分享环节。

本文以定仙墕花会为例，探讨了活态性是非遗最显著的特征，且活态性由内在延续力和当代变貌两个维度构成，以此试图还原非遗项目的完整面貌；且将此认识论扩充到非遗保护工作的具体实施中，即不能一味对立传统与现代之间的关系，而要看到传统本身延续的力量，同时尊重并促成传统在当代生活中的适当调适。

裴诗贇
中央美术学院非物质文化遗产研究中心硕士研究生

第三篇

少年非遗：艺术教育的文化启蒙与传承实践

农村实验

——教育部农村艺术教育实验县个案

（一）杖头木偶戏的少年传习

——陕西洋县南街小学的“汉调桄桄”社团活动实践

初识汉调桄桄是在陕西省汉中市洋县南街小学的“汉调桄桄展示厅”，锣鼓声起，一场汉调桄桄杖头木偶戏《竹子山》开演了，表演者是南街小学三至六年级的小学生，唱腔和表演虽少了老艺人的醇厚结实，却也多了几分孩子们的活泼灵动。

一、洋县南街小学

洋县位于汉中盆地东部，南北为山区，汉江横贯全境，水土肥沃，是重要的粮食产地，也是珍禽朱鹮的重要栖息地之一，自然环境优越。同时，洋县也是文化名城，历史悠久，底蕴深厚。

洋县县城共有南街小学、青年路小学、城西小学 3 所小学，目前青年路小学和南街小学都利用当地非物质文化遗产资源开设了艺术教育课程，其中青年路小学开展皮影戏艺术教学，南街小学开展“汉调桄桄”综合类艺术教学。洋县南街小学的前身是始建于 1929 年的中山小学，校址在城隍庙东院；1931 年迁文庙西侧文昌宫，为洋县初级中学附属小学；1934 年，改名为横湖小学；1951 年，更名为洋县第一区第二完全小学；1952 年，定名为洋县南街小学。[1] 此后学校规模与办学条件逐渐扩大提升。现有 68 个教学班，学生 5100 余名，教师 207 名，分东、西两个校区。南街小学除了重视学生们的基础课程教育外，也很注重对小学生的艺术兴趣培养。全校现有 50 多个社团，包括朗诵、

1. 洋县地方志编纂委员会：《洋县志》，西安：三秦出版社，1996 年，第 598 页

管弦乐、舞蹈、体育等，汉调桄桄也属于其中一个兴趣社团。

南街小学的汉调桄桄兴趣社团开始于 2009 年，2015 年又增设了杖头木偶制作课程，主要负责人是南街小学副校长王清胜和德育处主任薛薇。汉调桄桄社团分为两大部分：表演和制作，表演部分包括“耍签签”（洋县方言，意为表演杖头木偶）和演唱、器乐演奏（分文乐和武乐，文乐有板胡，武乐有鼓、锣、钹等）。制作部分包括泥坯制作、糊纸、刮灰画脸谱、刺绣和戏衣制作。日常的社团活动主要围绕泥塑造型、裱糊脱模、绘画脸谱、陕南刺绣、戏装制衣、桄桄表演等六个板块展开。现在汉调桄桄社团的学生有 72 人，表演和制作两部分各 30 多人，均为三至六年级的学生（也有个别的二年级学生）。学生依个人兴趣，选择学习的环节。之所以让三年级以上的学生参加，是考虑到中高年级学生的理解力和接受力较低年级更好，表演桄桄戏需要架着木偶表演，对体力也有所要求。

图 1　学生正在练习杖头木偶表演（拍摄者：邹丰阳，地点：县南街小学，时间：2016 年 11 月 15 日）

图 2　南街小学汉调桄桄社团制作教室（同上）

二、农村学校艺术教育实验县

2016 年 4 月 11 至 16 日，教育部主办的全国第五届中小学生艺术展演活动，在山东青岛国际会展中心进行展示。洋县南街小学作为全国农村艺术教育实验县代表成果参加了展演。2000 年 2 月 13 日，教育部印发《教育部办公厅关于开展全国农村学校艺术教育实验工作的通知》，在全国不同地区选择了58个县（市、区、旗），到2004年，通过五年的实验，“探索出一些比较适应社会与教育改革与发展需要的我国农村学校艺术教育的规律和途径”。[2] 洋县被列入首批“全国农村学校艺术教育实验县”之一。

全国农村学校艺术教育改革和发展研究实验在初创时期经历了三个阶段：1. 准备阶段（1999年2月-1999年11月）；2. 实验阶段（1999年11月-2004年4月）；3. 总结阶段（2004年5月-2004年7月）。2008年11月，在广西北流市召开的“全国农村学校艺术教育实验县经验交流会暨实验课程总结会”，全国教育科学“十五”规划教育部重点课题《在全面建设小康社会背景下全国农村学校艺术教育改革和发展的研究》（2004年立项）的主研人员及各地代表参会，会议全面总结了1999年以来农村学校艺术教育实验工作的成果，并交流了具有推广价值的经验。[3]

2008年，洋县作为农村学校艺术教育实验县，承担了《农村学校改善艺术教育办学条件研究》课题，南街小学校长李志海与洋县教育局教育系统其他代表一同前往云南，参加全国农村学校艺术教育实验县交流会议。在会上，他们学习到了教育部的指导思想和其他学校的办学经验，还参观了云南地区将非遗门类与艺术教育相结合的案例，认为这个办学方法可借鉴。

洋县地区文化遗产资源丰富，2006年，“汉调桄桄”入选“第一批国家级非物质文化遗产名录”。申遗成功后，南街小学就经常请民间汉调桄桄艺人到学校给孩子们表演。2008年从云南会议返回之后，李志海就琢磨云南可学习的经验，想把洋县的非遗项目——汉调桄桄与艺术教育办学结合在一起。他认为汉调桄桄是洋县所特有的一门民间艺术，应该让孩子们从小就接触并学习这门艺术。一方面，能让孩子们在小学阶段就认识自己家乡特有的文化、培养他们对家乡的自豪感；另一方面，也能丰富孩子们的兴趣爱好，使学生在德、智、体、美各方面得到全面发展。这个想法得到了洋县教育部门和县文化馆的大力支持，在政策、资源等方面都给予了南街小学很多帮助，由此，南街小学汉调桄桄社团的传习实践逐步展开。

2013年10月16日，《教育部关于开展农村学校艺术教育实验县工作的通知》将实验县的数目扩展到126个，设定三年的工作实验周期，欲达到的工作目标为：通过艺术教育综合改革实践，破解农村学校艺术教育师资短缺、设施设备落后、开课率不足等难题，从农村学校艺术教育观念、教学内容与形式、教学管理与评价、教师配备与培养以及教育资源配置等方面，探索推进学校艺术教育均衡发展的规律和途径，在实现实验县区域内惠及全体学

2.《教育部办公厅关于全国农村学校艺术教育实验工作的通知》（教体艺厅[2000]1号，2000年2月13日），教育部政策研究与法制建设司编：《中国人民共和国先行教育法规汇编1996-2001（下卷）》，北京：高等教育出版社，2002年，第471页

3.张荣伟：《新中国教育实验改革》，天津：天津教育出版社，2010年，第90-91页

生，丰富优质的学校艺术教育，为推进全国农村学校艺术教育提供可资借鉴的经验和范例。[4]教育部农村学校艺术教育实验县正在不断推进实践政策，给农村中小学艺术教育提供了可行的发展方向，促进了跨区域的平衡发展的艺术教育实践。其所倡导的“从本地实际出发开展艺术教育”，意在立足地区文化遗产，在少年时期的文化启蒙的最佳阶段，开展艺术教育，播撒文化传承的种子。

三、木偶剧团与戏班

洋县地区的汉调桄桄，据说于明代末年，由关中传入汉中地区的秦腔与当地方言和民间音乐结合而形成，是秦腔在汉中地区的演变，成熟于乾隆年间。汉调桄桄在流传过程中曾分东西两路，“东路桄桄”是流行于陕西洋县、城固县、西乡县、佛坪县等地，主要用杖头木偶进行表演的桄桄戏，被称为“小戏”；“西路桄桄”则主要流行于南郑、勉县、略阳、宁强等地，为真人表演的“大戏”。

图 3　桄桄木偶戏艺人张毛虫和他妻子在展示镇箱的“庄王爷”，本是小时候孩子玩耍的布娃娃，“装藏”后便不同于普通的人偶（拍摄者：张冬萍，地点：洋县张毛虫家，时间：2016 年 11 月 16 日）

杖头木偶在古代又称“杖头傀儡”，用木杖来操纵动作，又分为“内杆”木偶和“外杆”木偶。汉中洋县的汉调桄桄以内杆杖头木偶的形式表演桄桄戏，并相对完整地保存了下来。在洋县，人们把杖头木偶叫作“木脑壳”“内杆木偶”“棍棍戏”，把表演木偶戏叫作“耍签签”。洋县的杖头木偶戏班尊“庄王爷”为祖师爷，是一个布偶的形象，相传古时宫里为求热闹，宫女做了十字架的偶人哄太子玩耍，由于太子过于喜爱便把太子封为“庄王爷”，而今“庄王爷”也就是“镇庄”的意思，是管理戏箱的神，一般有抱小孩的剧目都由“庄王爷”出演，后背要“装藏”[5]，唱戏前都要给他盖上红盖头并烧三炷香祭拜，保护箱子平安，保佑地方太平。

洋县汉调桄桄现存的传统剧目有 700 多个，其中连本戏 560 多本，折子戏 170 多出。洋县城关面积为 8.3

4.《教育部关于开展农村学校艺术教育实验县工作的通知》（教体艺函 [2013]6 号，2013 年 10 月 16 日），《中国德育》，2013 年 22 期，第 6-7 页

5. 装藏是指在“庄王爷”背后留一空洞，开光时将有灵气或能量的物品等放入体内，赋予某种神力

平方公里，大概有10万余人，西街城隍庙有老戏楼，建于明洪武四年（1371），已荒废多年，而今看小戏的人越来越少，戏楼也没有重修。

新中国建立后，洋县成立了专业剧团，1950年，程海清召集30多名艺人，组成洋县新民剧社，主演汉调桄桄；1951年，改名为洋县新民秦剧社；1952年，成立洋县人民剧社；1955年，改名洋县人民剧团；“文革”期间，改组为洋县毛泽东思想宣传站的宣传组；1974年定名为洋县剧团至今。剧团先后招收数期学员培养演艺力量。[6]

1958年，洋县文化馆以李艺才木偶班为基础，聘请了陈家班、叶家班、高家班部分艺人，成立了洋县木偶剧团，并参加了当年举办的山西首届木偶皮影戏调演，获演出三等奖。从1962年开始，排演了《血泪仇》《三世仇》《红嫂》《小保管上任》《鸭子司令》《中秋之夜》等三十多个现代戏剧目。“文革”中，剧团解散。为了抢救文化遗产，继承发展汉调桄桄艺术，1984年10月1日，洋县文化馆重新组建洋县桄桄木偶剧团，招收学员18名，聘请老艺人六名，经过传艺训练，于1985年正月正式对外演出。[7]

桄桄木偶戏是一项集唱腔、乐器、表演为一体的综合性民间艺术类型。汉调桄桄唱腔在洋县是以杖头木偶的形式表演出来的，因此汉调桄桄相关的传承人有两类，一类是汉调桄桄唱腔（国家级项目）的传承人，以李天明为代表；一类是杖头木偶表演（省级项目）的传承人，以李天明、杨丑娃、叶文卫等为代表。

目前洋县登记在册的在世的汉调桄桄艺人有23人，以汉调桄桄国家级传承人李天明、杖头木偶省级传承人杨丑娃、杖头木偶市级代表性传承人叶文卫等艺人为代表。民间汉调桄桄班社均是个体家庭经营的非公立剧团，共有5个：李天明班社、杨丑娃班社、叶文卫班社、王昌娃班社、张毛虫班社，均为私人戏班。现存5个民间戏班有着各自的传承故事。李天明和杨丑娃都曾是洋县木偶剧团的演员，是1958年招收的学员，师兄弟两人均跟随“小怪”李德山（艺名李义才）学习要木偶。张毛虫从1978年起便跟杨丑娃学习要签签和唱腔，是杨丑娃一手带出来的徒弟。1984年，县文化馆馆长陈建昌复建洋县桄桄木偶戏培训班，招收了18名学员，叶文卫和王昌娃经过四个月培训后出科。杨丑娃1985年置箱，创建自己的木偶戏班下乡演出。1994年李天明置箱，叶文卫、张毛虫、王昌娃分别在1995年、1998年、2002年置箱。5个班社各自发展至今并仍活跃在各个村镇。

6. 鱼讯主编：《陕西省戏剧志（汉中地区卷）》，西安：三秦出版社，1997年，第201-202页

7. 鱼讯主编：《陕西省戏剧志（汉中地区卷）》，西安：三秦出版社，1997年，第206页

表一：洋县桄桄木偶艺人及班社情况统计

老艺人	代表性传承人	中青年骨干传人	家庭班社			
			名称	演出场次（次／年）	创建时间	有无传承
章志斌	李天明、杨丑娃、叶文卫	何万庆、叶林林、王昌娃、杨建丽、王小兰、王　东、叶淑芳、赵永平、张小莉、杨新枝、张毛虫、李明庆、章彩平、杨念德、张贤女、吴金钊、黄义平、晏立新、雍福庆	李天明班社	30-40	1994	无
			杨丑娃班社	因卧病停演	1985	无
			叶文卫班社	50-60	1995	无
			王昌娃班社	10-20	2002	有
			张毛虫班社	60-70	1998	无

四、社区传承状况

图 4　汉调桄桄国家级传承人李天明展示桄桄木偶戏表演（拍摄者：张冬萍，地点：洋县小池李天明家，时间：2016 年 11 月 12 日）

谢村镇的小池村有个会“耍签签”的 75 岁老汉李天明，这是村民都知道的事儿。初见李天明是在一个笼罩着雾气的早晨，秋意深邃得很，进了屋，沏了茶，便细细聊起了他的人生。他 1958 年加入木偶剧团后才开始学桄桄木偶戏，那会儿也才十几岁，常年跟随剧团下乡演出，“每天演戏特别忙，从大年初一演到割麦，麦收完再出去演到打谷。”放过牛，做过搬运工，去过房管所，直到 1993 年买下了文化馆的戏箱，隔年开始演戏，2008 年被评为汉调桄桄国家级传承人。他每年春天都下乡演桄桄木偶戏，多为农村的庙会，一演就是三天，7 本连台戏，村民管吃管住，一年能演三四十场。现存的几个戏班自然状态下每年演出三四十场，多的可以演六七十场，少的则只有十几场。每场桄桄戏包括前台耍签子和后台乐队共 8 ～ 9 人，每人每天的收入在 130 元左右。戏班的艺人也都是吹鼓手，做红白喜事人均日收入也在 120 元左右。演桄桄木偶戏的收入不低于红白喜事服务，这大概也是桄桄木偶得以生存下来的内驱力之一。2009 年，李天明被邀请到南街小学传授汉调桄桄杖头木偶戏的表演。非遗进入小学校园，传承人与小学生互动，传人把地域性的传统文化带进了校园。

李天明的箱杖有十几个木偶，演一台戏十几个木偶都要用到，木雕偶头已很少见，如今的偶头都是纸质的，做纸偶头也只还有一位 74 岁的邓林庆。邓林庆是洋县谢村镇小池村人，这门手艺是他小时候常看木

图 5 本文作者邹丰阳（左一）、张冬萍（右一）采访 96 高龄的纸偶头制作艺人尉明善（拍摄者：蔚健，地点：西安市尉明善家中，时间：2016 年 11 月 17 日）

偶戏自己摸索出来的，虽已经做了二十多年，但只是一项业余爱好，目前，在洋县已经没有专门的偶头制作艺人，他是洋县唯一懂得偶头制作的人。邓林庆跟李天明是从小一起长大的玩伴，李天明和杨丑娃班社的偶头基本都是邓林庆帮他们翻修的。做一个偶头大概需要一周的时间，而今的邓林庆儿孙绕膝，加之偶头的需求量又少，除了受聘到南街小学教娃娃们做偶头，他只是平时做来给孙子把玩罢了。

洋县桄桄木偶戏艺人的偶头多出自西安的尉明善之手，1962 年，尉明善进入西安木偶剧团帮忙，那会儿他便开始做木偶，从纸偶头到服装设计都学。纸质偶头较木偶头并不省工，要先做泥塑，再翻模，然后糊纸，一个偶头要糊 10 层以上的报纸，最厚可达 20 层，做一批偶头的周期在一个月左右。1985 年尉明善退休，带领着家里的 6 个孩子一起做木偶，偶头、服装、道具都要精通，但市场需求不大，所以，这项技艺并没有成为儿女的主业，而今主要是大孙媳妇在做，她 1993 年嫁到尉家便学起了这门手艺。尉明善已经 96 岁高龄，提起民间艺术，他仍会竖起大拇指，说话语调抑制不住地高昂。

74 岁的杖头木偶省级传承人杨丑娃如今卧病在床，箱杖还在，但由于身体原因却已不能再演出，杨丑娃和杖头娃娃有着不解之缘。杨丑娃曾在上世纪 70 年代带过三四个徒弟，出师的只有张毛虫一人，今天张毛虫班社在洋县算是最活跃的班子，红白喜事、大戏小戏都唱，从 1985 年置箱开始就不曾停歇。

叶文卫和王昌娃同是 80 年代洋县桄桄木偶戏培训班的学员，叶文卫从 12 岁开始便跟随父亲学唱桄桄戏，父亲的戏箱还在，人已去世多年，他随父亲学了两三年便被招进了县文化馆戏训班。王昌娃从 14 岁进戏训班，表演、唱腔、乐器都精通，祖上二代都是唱桄桄戏的，只是传到这一辈却只有自己会唱了，儿子王振峰目前在南街小学读书，从小受父亲熏陶学习打鼓板，是学校汉调桄桄兴趣班的小鼓手。家族的技艺可以传承下去，这是王昌娃感到欣慰的事情，将汉调桄桄引入中小学生艺术教学中，得到了老辈艺人的首肯。叶文卫和王昌娃在 1985 年跟随剧团正式下乡演出，但政府财政上没法支持学员工资，剧团便没有发展下去，1987 年自行解散。当年戏训班的约 20 名学员至今还有 13 人从事汉调桄桄表演，其中仅有他两人成立了戏班子。而今，他们一年中有一半的时间在外边演出，表演木偶戏或接红白事，每年有二三四十场表演。

每年的几十场木偶戏表演、接连不断的红白事服务以及政府每年 60 场左右的惠民演出（从 2015 年开始“送戏下乡”，每人 145 元 / 天），也算可以维持家庭的生计，但艺人们心里却有解不开的疙瘩。80 年代戏训班招生时，县政府许诺成立公办洋县木偶剧团，如今一晃几十年，剧团的问题却一直没有解决，培训的学员无法安置，艺人们只得自谋生路。洋县和南郑县联合将汉调桄桄申报为国家级非遗名录项目，南郑县成立公立剧团，洋县现在的专业剧团则是秦腔剧团，洋县艺人认为汉调桄桄发源地是洋县，但跟南郑县相比，却没有自己的汉调桄桄剧团，艺人们很失望，认为洋县的桄桄戏没有得到应有的重视，几次到省里反映情况，请求建立剧团以支持桄桄戏的可持续发展，但并没有得到回应。李天明、杨丑娃的老师李艺才，担任过 1958 年成立的“洋县木偶剧团”团长，“文革”期间木偶剧团撤销，他被遣派回乡，含恨自缢，对于这些老艺人来说，他们的生命似乎是和艺术的生命捆绑在一起，艺术赖以生存的土壤没有了，作为艺术家的强烈个体意识也便自觉失去了价值，用叶文卫的话：“成立专业剧团，才能把这帮老艺人的心凝聚起来，能生存了才能把传承做下去。”

惠民演出一定程度上解决了桄桄戏艺人的经济收益问题，但不能轻松地养家糊口和就业，导致年轻人都不爱学桄桄戏，政府失信于老艺人们，至今没有出面解决 80 年代戏训班问题，历史是否重演，如何解决新一代传人的后顾之忧等问题迫在眉睫。李天明、杨丑娃、张毛虫、叶文卫等传人的子女都远离了桄桄戏的舞台，他们也没有正式学徒。“洋县的桄桄戏流传了几百年，可能到这一辈就完了，感觉太可惜了。”叶文卫感慨道。

五、传承人进校授艺

南街小区对学生们开展的汉调桄桄学习，邀请非遗传承人走进学校传艺，这从一定程度上解决了社区中汉调桄桄后继无人的难题。南街小学的汉调桄桄社团由“制作＋表演”（杖头木偶制作、汉调桄桄杖头木偶表演）两大部分的课程模式构成，设有“汉调桄桄工作坊”和“汉调桄桄展示厅”。

图 6 李天明、叶文卫等艺人表演桄桄木偶戏《秦琼观阵》，叶文卫展示“吹火”特技（拍摄者：张冬萍，地点：洋县文化馆，时间：2016 年 11 月 15 日）

南小汉调桄桄授课采用“传承人（“校外辅导员”）+学校教师”联合授课的模式，制作方面有主教泥塑和彩绘的邓林庆、教授刺绣的李素兰；表演方面有教授表演和唱腔的汉调桄桄国家级传承人李天明、负责文武乐演奏的李明庆等。

2009 年，南街小学汉调桄桄社团只涉及戏曲表演部分，学校聘请李天明作为“校外辅导员”教授学生最纯正的汉调桄桄。2015 年，又邀请了李天明戏班中主要负责文乐的艺人李明庆，一同到南街小学授课。社团表演课程的固定上课时间是每周二至周五的上午 7 点半至 8 点半左右，有时下午放学后也会安排练习，时间不固定，基本是每周加设两次下午的课。李天明和李明庆不定期到学校上课，一般是学新戏或有演出活动的时候，前来授课与指导。平时的教学都是由南街小学的老师负责。音乐老师梁瑛是社团表演部分主要负责教师，她毕业于师范学校音乐专业，2009 年到南街小学教书，一直负责汉调桄桄社团的表演教学。两位李老师来上课的时候，她跟着孩子们一起学，成人的接受力会比小学生快很多，梁瑛又是音乐专业出身，所以，每段戏都是她先学会后，再继续辅导学生。当碰到不太明白的地方，她会在课后私下向两位传承人请教。她在日常辅导学生的时候，会把传统汉调桄桄的民间传习方法和现代的教育方法相结合，让小学生更快地掌握学习要点。关于学习周期，只就唱腔来说，一般一个孩子最多用 10 课时就可以学会，然后加上杖头木偶表演，则需要一个月左右。学习乐器演奏也差不多需要一个月。

在表演方面屡见成效之后，南街小学想要继续推进系统性的汉调桄桄传习，将各个环节都引进到教学中，让孩子从最基础的东西开始了解。于是从 2014 年开始，南街小学把木偶头的制作正式加入到教学中。起初学校到西安市专做木偶头艺人那里购买来了一批偶头，作为教学样本，由南街小学美术老师袁爱俊担任主要指导教师，教学生制作杖头木偶头。袁爱俊初期不知洋县有会做木偶头的艺人，就自己摸索偶头的做法，碰到了许多困难，也走了不少弯路。后来了解到县城里有

图 7 邓林庆展示他做的纸偶头，他做偶头的小工作室就在自家狭小的储藏室里（拍摄者：张冬萍，地点：洋县邓林庆家，时间：2016 年 11 月 12 日）

74 岁的邓林庆会做木偶头，袁爱俊就前往拜访，学习制作方法，南街小学也把邓林庆聘为校外辅导员，不定期到学校给孩子上课。

南街小学还请来了一位校外辅导员李素兰，她是谢村镇大池村人，主教陕南刺绣和戏衣制作。做一身完整的刺绣戏服，几个学生需要花一个多月的时间，没课的时候，他们便会去活动室做刺绣。现在社团表演的木偶所穿的戏衣大多都由孩子们自己亲手制作。

整个汉调桄桄社团有 12 名老师，除了 4 位校外辅导员，还有 8 位老师分管汉调桄桄表演和制作的不同方面，他们都是南街小学的教师，他们也在学习汉调桄桄相关技艺，辅助四位老艺人指导学生学习。

表二：南街小学桄桄木偶课程模式

课程内容	学习流程	传承人	主要负责教师	课时
制作	泥塑造型	邓林庆	袁爱俊	16-32
	裱糊脱模			
	绘画脸谱			
	陕南刺绣	李素兰		16-32
	戏装制衣			
表演	唱腔	李天明、李明庆	梁瑛	4-8
	乐器			16-32
	表演			16 32

六、社团传习实践

一进偶头制作教室，便看到左手边的墙上都贴满了邓林庆上课时给孩子们画的脸谱范本以及偶头的制作方法，其他墙面上则贴着许多孩子们自己绘制的脸谱，四张大桌上整齐地摆放着正在制作的偶头和工具。洋县汉调桄桄杖头木偶头现在基本都使用纸质偶头，南街小学的社团传习也是教授纸质偶头的制作方法。制作一共分为三大步骤：第一步，用泥巴塑形。据袁爱俊说，最开始使用的泥巴是家长到砖厂挖采或学校花钱购买，由于用量大、消耗快，往往捉襟见肘。后来洋县青少年活动中心同意免费向学校提供泥巴，原材料的来源问题解决了。第二步，待泥坯干后用水在表面粘上两层纸，再加乳胶糊 10 层纸，在糊好 5 层纸时需粘上一层布以加大稳固性，纸需要撕成小片，这样才能更

图 8　正在小戏台上表演《竹子山》的四年级学生（拍摄者：邹丰阳，地点：洋县南街小学，时间：2016 年 11 月 15 日）

准确地把五官的体积感表现出来。第三步，刮腻子，用砂纸打磨，平整后用丙烯画脸谱，最后在表面上清漆，以达到保护面部色彩的作用。这三个步骤都由不同的学生来分工制作，尊重学生的兴趣与选择，比如很多男生对第一步感兴趣，喜欢动手玩泥巴，所以这步大部分都是男生在做；第二步贴纸的步骤相对较为细致和烦琐，女孩子的心思要更安静细腻，所以做这一步骤的以女生居多；做第三步，则会更多地选择对绘画、色彩感兴趣的孩子。因材施教，是老师培养学生时遵循的基本准则。

调查期间，正好赶上每周二至周五上午的课，所以我们也有机会近距离接触南街小学的非遗课堂。早上 7 点半准时开门后，孩子们就熟练地找到自己的位置，开始做课前的准备。表演和制作分别为两间教室，学校专门在表演教室内搭了一个小戏台。准备就绪后，锣鼓声响起，小戏台上就上演了一出《竹子山》。梁瑛一边指导着台下的 6 个低年级学生学习排演，一边密切观察台上表演的学生，出错时及时纠正。隔壁的制作教室里，袁爱俊也在指导学生制作偶头。

表三：汉调桄桄教学课程表

年级	时间				
	星期一 7:30-8:30	星期二 7:30-8:30	星期三 7:30-8:30	星期四 7:30-8:30	星期五 7:30-8:30
六年级	表演	制作	表演	制作	表演
五年级	制作	表演	制作	表演	制作
四年级	表演	制作	表演	制作	表演
三年级	制作	表演	制作	表演	制作

社团中有的成员的父母就是从事汉调桄桄表演的艺人，主攻鼓板王振峰同学的父亲就是现在洋县 5 个私人班社班主之一的王昌娃。王振峰现在是南街小学四年级的学生，他的父母、祖父母都是从事汉调桄桄戏表演和乐器演奏，两三岁开始，父母出去演出时就会带着他。他从小就对打击乐很感兴趣，王昌娃也说儿子很小的时候就音感好，听到一段音乐，就能很完整地再现出来。所以，王昌娃很早就开始在家里教儿子乐器，王振峰二年级的时候加入了汉调桄桄社团，现在他是社团中武乐表演的主要成员。除了学校每周固定的排练时间外，放学后写完作业，只要王昌娃在家，就会教上孩子一段。当我们观看社团排练时，就注意到了王振峰，他沉着自信，仿佛整个人都沉浸在过程当中。当我们问他喜不喜欢这个的时候，他毫不犹豫地说："喜欢！"那发自内心的、清澈的眼神，令人印象深刻。

对于孩子加入汉调桄桄社团，家长多持赞同态度。很多家长小时候就是看着桄桄戏长大的，这个不光是家乡的文化，也是他们童年的记忆。王昌娃对南街小学的做法表示很支持，近几年他也经常被学校请去给孩子们上课。说起儿子今后的发展，他说还是看孩子自己的意愿，但是从事桄桄戏的表演，他觉得这一行很辛苦、社会需求量也小，就生存方面来讲是一件很难的事情。

图9 未完成的偶头泥坯，需要在每次课程结束后用塑料袋包紧，以防水分蒸发，图为袁爱俊指导孩子们在捏制偶头（拍摄者：张冬萍，地点洋县南街小学，时间：2016年11月15日）

从上世纪90年代开始，南街小学就开始注重学生的艺术教育，从当年的艺术实验校到现在的陕西省中小学艺术教育示范学校，艺术教育的规模在不断扩大。开展汉调桄桄的教育活动，一是出于艺术教育的需要，二是因为当地的传统艺术需要传承，二者相辅相成。南街小学建立了与教师职称评比相关联的机制，比如规定一个艺术老师必须至少带一个专业社团，来共同推进传承课程的实施和前进。从戏曲表演到木偶制作，南街小学在不断地积累经验和吸收新的理念。目前，正在编撰汉调桄桄校本教材，南街小学也在准备把现代科技引进偶头制作中，计划成立“创客室”，用3D打印的方式来代替传统的手工捏泥，用泥巴做打印材料，教会学生用电脑建模制作并打印偶头原坯。洋县文化馆馆长赵剑波说：“对娃娃们的艺术教育也成为了洋县非物质文化遗产传承的重要方式。”

表四：近年南街小学汉调桄桄社团参与人数统计（2009-2017年）

	2009年	2010年	2011年	2012年	2013年	2014年	2015年	2016年	2017年
表演（单位／人）	46	50	63	78	80	100	100	102	105
制作（单位／人）	24	28	30	45	50	60	70	75	80
合计（单位／人）	70	78	93	123	130	160	170	177	185

余论：少年传习的可持续性问题

社团中稳定的核心成员大概有30人左右，都是在表演或制作方面学习得较好的孩子。在2016年全国第五届中小学生艺术展演活动中，这一批精英队员的精彩表演受到广泛关注，这支汉调桄桄团队已经小有名气，各地教育部门和机构都到南街小学参观学习，这让老师和孩子们都感到很高兴，这也是始料未及的事情。经常性的参观考察活动，让老师和孩子都变得忙碌起来，一有参观人员，老师就要放下手中工作来

图10 乐队的小演员，正在敲鼓的孩子是王振峰（拍摄者：邹丰阳，地点：洋县南街小学，时间：2016年11月15日）

接待讲解，学生也要耽搁学习时间来准备表演展示活动，也在客观上造成一定的影响。调查中，我们了解到参加汉调桄桄社团学生的家长，都很支持学校这一做法，觉得汉调桄桄是洋县有特色的民间文化，能让孩子从小接触和学习，是一件很有意义的事情。但是作为学生的主业，还是要学习文化课程，学校在安排社团课程的时候，尽量不要影响学生文化课的学习。因此，如何协调好越来越多的表演活动和课业学习之间的关系，也是南街小学现在所面临的一个问题。

南街小学汉调桄桄社团的实践成果，是教育部推行全国农村学校艺术教育实验县工作的代表性案例。此次对洋县南街小学汉调桄桄社团的调查，也引发了我们一系列的思考。进入学龄期的儿童，他们的各种感知、记忆、思维能力都得到进一步发展，在这个阶段，较长时间地学习家乡的传统艺术，一是能让孩子较好地理解和接受传统文化，二是能在他们的记忆中留下深刻的印象。在了解中我们得知，小学毕业进入中学后，因为学业压力，中学没有安排这类课程或课外活动，除了个别出身戏曲世家的学生外，其他人就没有机会继续学习汉调桄桄了。所以，需要考虑到非遗传习的可持续性发展的问题。

另外，通过少年艺术教育改善文化遗产传承中出现的“同质化”问题，这个现象反映的恰恰是非遗传承人在技艺方面基本功的不扎实。在当下的文化转型期，社会、传媒方式及年轻人价值观迅速转变，他们可能不会接受“回炉”再学习传统技法的观念，那么，非遗传承如何解决变成了一个最基本的问题。因而我们也在探讨中青年传人的文化持有和技艺传承过程中要重视童子功，从童年期开始学习文化技艺，可在文化传承中保持其地域性和民族特性。

目前，中国非遗的文化传承相对忽略童子功，在少年阶段民族艺术作为启蒙，关系到国家民族文化的多样性，关系到国家文化安全战略，这个意义是深远的。进入文化遗产时代，中国的非遗传承也不仅仅是泛泛的、课本上的简单介绍，也要强调身心体验，理解中国文化独具的特色。少年时期的非遗学习和传承，在孩子心中种下文化的种子，在他们成长过程中会慢慢发芽，成为心中永不落叶的文化之树。

张冬萍
中央美术学院非物质文化遗产研究中心硕士研究生
邹丰阳
中央美术学院非物质文化遗产研究中心硕士研究生

（二）“瑶族刺绣”少年传承调查与思考

——以广东省连南瑶族自治县民族小学为例

一、连南瑶族概况

广东连南瑶族自治县民族小学（以下文中简称“民族小学”或“民小”）作为全国农村艺术教育实验县代表参加了由教育部主办的全国第五届中小学艺术展演活动，为了调查“瑶族刺绣”的传承情况，十一月中旬，北京刚刚降温至零下，正逢雾霾，我们一路南下到达广东省清远市连南瑶族自治县三江镇。

连南瑶族自治县位于广东省西北部，辖三江、寨岗、大麦山、香坪、大坪、涡水、三排七个镇，全县面积1305.9平方公里。我们此次的目的地正是连南县县城三江镇，镇总面积近180平方公里，约有4万余人。瑶族分支众多，在中国广泛地分布于广西、湖南、广东、云南、贵州等地，连南县的瑶族主要有排瑶、过山瑶两个支系，排瑶刺绣是我们此次考察的主要内容。

连南瑶族自治县是我国唯一的排瑶聚居地。连南排瑶在隋唐时期由湖南迁入，唐朝诗人刘禹锡，贞观年间被贬为连州刺史，写有《莫瑶歌》：

莫瑶自生长，名字无符籍。市易杂鲛人，婚姻通木客。

星居占泉眼，火种开山脊。夜度千仞溪，含沙不能射。

元明时期，他们聚居于连南油岭、南岗、横坑、军寮、马箭、里八垌、火烧坪、大掌等八大排（寨子），因而得名“排瑶”或“八排瑶”。

表一：连南瑶族自治县现有三项国家级遗产和六项省级非遗列表

	项目名称	非遗级别	批准时间	申报地区或单位
1	瑶族耍歌堂	国家级	2006 年	广东省清远市
2	瑶族长鼓舞	国家级	2008 年	湖南省江华、广东省连南、广西省富川
3	婚俗（赫哲族婚俗、畲族婚俗、瑶族婚俗）	国家级	2014 年	黑龙江省同江市、浙江省景宁畲族自治县、福建省霞浦县、广东省连南瑶族自治县
4	瑶族刺绣（连南瑶族服饰刺绣）	省级	2009 年	清远市连南瑶族自治县
5	排瑶民歌	省级	2012 年	清远市连南瑶族自治县
6	瑶族长鼓制作技艺	省级	2013 年	清远市连南瑶族自治县
7	瑶族银饰制作技艺	省级	2013 年	清远市连南瑶族自治县
8	瑶族扎染	省级	2015 年	清远市连南瑶族自治县
9	排瑶牛皮酥制作技艺	省级	2015 年	清远市连南瑶族自治县

瑶族刺绣是瑶族妇女世代相传的一门手工工艺。连南瑶族民间有句俗语：莎腰妹（未婚少女）爱绣花，不会绣花找不到婆家。

排瑶刺绣用一枚细长的针，以深青色布为底，以红、黄、白、绿、粉的绒线挑制成线条粗细相间、色彩协调的图案。瑶族刺绣是反面挑花正面看，图案不用打稿，不用打样，尽管绣纹样式各有不同，但刺绣纹式要针针相连，行行相接，绣完最终构成一个五彩缤纷的组合体。刺绣图案多以

图 1 连南民族小学四年级学生制作的刺绣作品，图中纹样从上至下依次是：松果纹、界线形纹、波浪纹、界线形纹、拱蛇形纹、界线形纹、波浪纹、界线形纹

三角形、圆形、正方形等几何形纹样为主，通过叠加、去减等方法，变换出许多自然景象和动物形象，如鱼纹、松树纹、马头纹、小鸟纹和象征皇权的盘王印等图案，具有强烈的艺术魅力。[1]

排瑶妇女的刺绣物品主要有：花冠、花衣、花裤、花裙（马裙、大裙、小伙子裙）、脚绑、小孩花帽、马裤、女青年头帕、挂袋等等，构成这些刺绣品的主要纹式有：亚多、邦邦单、九针、蜜蜂翅、马、马头、鸡冠、蛇、十二针、沙顶三、沙顶四、大花、带须龙、冠花、亚希、大埋、坦扳等等（瑶语音译）。这些绣物在使用时也有严格规定：马裙只是三至五岁孩子穿；脚绑只有青年女子打扮使用。瑶族人一般每人只有一套刺绣盛装，一生大都只穿三次：婚礼、民间盛大耍歌堂活动和去世入土安葬。

二、民族小学概况

连南瑶族自治县民族小学是一所全寄宿制的小学，除节假日外，学生一天 24 小时包括周末都在学校学习、生活。学校创办于 1953 年，1962 年停办，1982 年复办，招收全县农村地区的瑶族儿童。学校只设有四、五、六三个年级，每个年级有 10 个班级，一共有 30 个教学班。目前在校生有 1238 人，其中男生 575 人，女生 611 人，有 82 名教师任课，其中 39 名老师是少数民族。

2008 年，根据连南县“特色立县，生态崛起”的发展战略，民族小学被定为唯一的连南县瑶族传统艺术校本课程试点学校，学校开设了瑶族传统艺术校本课程，组织学生学习瑶族刺绣、瑶歌、长鼓舞等瑶族传统艺术，并且开发了《瑶族歌谣》《排瑶刺绣》《排瑶长鼓舞》《民族传统体育》《瑶族神韵》五本瑶族传统艺术学生读本。根据广东省校本课程一周两课时的规定，民族小学的校本课程具体到教学中以“刺绣课、传统艺术和队活动课”三门课程呈现。队活动课每周一节。刺绣课与传统艺术课以单双周分周教学的方式实施，全校学生通过校本课程的授课，每两周有四十分钟学习瑶族刺绣的时间，上课的地点基本是班级所在教室或者美术课专用教室。排瑶刺绣课程自开发以来也取得了一定的成绩与效应，2009 年，学校教研课题《排瑶刺绣教学研究》获市二等奖；2012 年，民族小学被确定为“连南县非物质文化传承基地”、“连南县瑶族刺绣传承基地”，并被评为全国特色学校。

正好赶上六年级八班的学生在上刺绣校本课，我们便跟着旁听了一小段。在美术课专用教室中，易丽莉老师正在教授学生们新的纹样，教室中间有两排大长桌，男女生分开，各自坐在长桌两侧。相比而言，女生更加娴熟地穿针引线，就算数错了格子也可以不慌不忙地改正，男生有些会粗心，只顾绣一面，直到绣线抽不过来了，转过来才发现早已打了几个结。因为是初级教学，老师便选用了常见的十字绣硬格布来做底布，格子孔大便于观察数格，一般刺绣使用的应该是白色或黑色棉布。学生看的教材是一张画满了格子的示意图，老师标好格

1. 本文图片均由张晓萌在调查期间拍摄

子数，可以清楚地看到每一根线在哪个位置，占几个格。每个学生都拿着四方不大的块布，用黄色、绿色的线绣着，绣完后放进竹簸箩中。观察这些完成的作品，也可以看出一点门道，同行的黎春辉老师介绍说，好的刺绣不光要看正面，反面也要是有秩序有美感的，有些学生作品的反面线过于紧绷，导致布有褶皱，有些学生作品则是打结不好，出现断断续续的情况。

图 2 在空隙较大的硬格布上的"X"形纹刺绣作品正面针法

三、一堂刺绣课

为了进一步了解刺绣课的上课内容与学生的学习情况，我们对刺绣课进行了一次全程旁听。此次旁听的刺绣课是唐秀明老师所在六年级一班的第三节刺绣课。六年级一班一共有学生四十名，男女生比例均衡，均为二十人。

图 3 易丽莉老师给学生上刺绣课

刺绣课开始后，唐老师并没有对纹样进行讲解，只是要求学生拿出布和针线直接刺绣。整节课下来，大部分学生可以安静认真地刺绣，学习状况大致可以总结为以下几种现象：

第一，学生的刺绣速度和水平有较大差异，有的学生仅仅开始绣第一行的界线形纹，有的学生已经绣满了半块布，并且学生之间绣的纹样都各有差别，唐秀明老师说“学会了基本的以后，喜欢绣哪一个就绣哪一个，喜欢和哪个图文搭配就和哪一个图文搭配，要求一样的话，学生会感觉单调”。

第二，教材使用情况也不尽相同，本节课并没有发放学校编写的《排瑶刺绣》教材，学生使用的都是自己手抄针法笔记，据统计，使用笔记和没有使用笔记的人数大致相当，各占一半。我们询问了几个学生，发现基本每个学生都有这样的一本手抄针法笔记，笔记上的内容是纹样的名称和针法的路数，因为教材是全校学生循环使用的，所以学生课下时间需要看自己的笔记。不使用笔记的那部分同学刺绣时则是根据前面自己绣好的部分进行纹样重复，如果另起一行开始一个新纹样，还是需要参看刺绣教材上的针法。

第三，老师在刺绣课中主要负责指导、纠错，学生经常会出现小的错误，例如，由于棉布的经纬线格空较小，不易观察，绣串行；换线时不会打结等等。

除了两周一次的刺绣课堂，学生还可以通过报名参加刺绣兴趣班的方式在刺绣教室完成作品。学校在周二到周五每天下午的课外体育活动结束后，安排了不同方向的兴趣班，上课时间是从 17:15 到 17:55。刺绣兴趣班目前有 22 个人，其中四年级有 12 人，五年级有 3 人，六年级有 7 人。

图 4 部分学生根据手抄针法笔记进行刺绣

图 5 在课堂上指导学生刺绣的唐秀明老师

图 6 刺绣兴趣教室内景

在刺绣兴趣班上，我们遇见一位参加过青岛展演（全国第五届中小学生艺术展演）的学生——李欣梅。李欣梅今年已经十五岁了，刚上六年级，因为比同班同学略大些，也更加懂事。欣梅老家在涡水镇新村，父母都在清远市里工作，四年级转到民小学习。她的刺绣手艺老练娴熟，颇有几分“莎腰妹”的韵味，同学们都“尊称”她为“刺绣大王”，她也略带几分骄傲地用行动向我们证实了这个实至名归的称号。欣梅说，她的刺绣是以前在涡水镇的老师教的，从二年级就开始学了，家中的妈妈、奶奶、外婆都会绣，她放假时会在家里刺绣，还曾经做过绣花袋送给妈妈。不过欣梅并不知道自己会绣多少种纹样，也不知道自己绣的纹样的意思。

四、校本教材编写

民小排瑶刺绣课程的开展离不开校本教材——《排瑶刺绣》，这本小册子是第一本针对学生、以实操为主的刺绣读本，同时这也是我们此次田野考察的重点之一。《排瑶刺绣》的编写由时任教学副校长的黄芷君老师带头，联合易丽莉、唐秀明、唐四妹三位刺绣教学老师共同完成。三位刺绣教学老师均为瑶族人，易丽莉老师是专职负责美术课程教学的老师，在1994年上学期间开始接触瑶族刺绣；唐秀明老师和唐四妹老师情况比较相近，都是数学老师兼代刺绣教学，她们在六七岁的童年时期便在家人的熏陶下开始瑶族刺绣的学习。

2007年，学校开始编写第一本《排瑶刺绣》教材，在12月完成了第一版，但是当时因为就几页纸，很不完善，只用了一个学期就淘汰了。在2009年，学校对教材做了进一步的完善，易丽莉、唐秀明、唐四妹等老师和学生共同搜集整合资料，编排了第二版教材，前后花了5个月，到2010年年底付梓印刷。

排瑶服饰因其所居住的“排”不同而各具特色。连南县的“八排二十四冲”在刺绣纹样上略有差异，3位老师从不同地区搜集纹样，易丽莉老师根据适用于教学的程度筛选了一部分，把纹样按由易入难的顺序进行了编排。

《排瑶刺绣》读本介绍了排瑶刺绣中20种常见的纹样，包括：界线形纹、波浪纹、×形纹、箭头形纹、菱形纹、鸡笼纹、梳子纹、8字纹、星星形纹、蝴蝶形纹、鱼骨形纹、风车形纹、雪花形纹、两边小鸟头形纹、马形纹、森林形纹、稻穗形纹、拱蛇形纹与松果纹。教材中对于每个纹样的讲解分为以下四部分：第一部分，纹样绣出来的正、反面效果图和对纹样名称的解释，传统纹样刺绣的用色；第二部分，纹样由来传说，个别纹样没有补充传说；第三部分，纹样的刺绣针法，用文字阐释、形针顺序口诀表格、形针的方法示意图三种方法进行说明，简明直观地呈现；第四部分则是说明纹样在服饰中的使用位置。瑶族刺绣中的针法大体分为十字挑、斜挑、平挑、锁边、结绳和滚边六种[2]，根据针法的不同来选择正面或者反面挑花。《排瑶刺绣》所选择的纹样以平挑和斜挑为主，都属于反面挑花正面看的范围。易丽莉老师在编写教材的过程中，

2. 龙雪梅、盘志辉：《瑶族刺绣：连南瑶族服饰刺绣工艺》，广州：广东人民出版社，2009年。

把瑶族刺绣走针的方式做成了数字口诀，学生通过看口诀就能清楚挑、压针数。

对于《排瑶刺绣》在学校的使用情况，我们对教授刺绣课程的易丽莉、唐秀明与唐四妹3位老师进行了访谈，3位老师表述了各自对课程以及教材的意见与看法。

备注	针序	挑	压	挑	压	挑	压	挑	压	挑	压
	第一针	5	1	5	1	5					
加一线	二	5	1	5	1	5					
减一线	三	5	1	5	1	5					
加一线	四	5	1	5	1	5					
减一线	五	5	1	5	1	5					
同上	六	5	1	5	1	5					
加一线	七	5	1	5	1	5					
减一线	八	5	1	5	1	5					
加一线	重复第一针										

图7　波浪纹形针顺序口诀表格（选自《排瑶刺绣》校本教材）

易丽莉老师是教材编写的主力，总结出了纹样的口诀，对教材在实践中产生的问题认识也最为深刻。她认为教材中的图片还需要进一步改进，排瑶刺绣是“背面绣正面看”，如果只看正面纹样图片，形象思维能力差的学生就难以理解如何在反面刺绣。现有的教材图片虽然有刺绣纹样的正反面对比，但图片太小，难以看清楚针脚走向和挑压的线数，需要用专业绘图软件对纹样进一步分析，尤其注意纹样的反面效果。另外就是纹样在数量上也要不断完善。

唐秀明老师在《排瑶刺绣》教材编写过程中提供了大量的纹样，她本人刺绣水平也很高，从对唐秀明老师的采访可以看出，在校本课程的开展中，《排瑶刺绣》确实有其优点，把瑶族刺绣简化为数字口诀的方式教授给学生，明确了针法，无形中降低了老师的授课难度。唐老师认为，教材编写初始也存在一些问题，首先是区域特色不明显，连南县有八排二十四冲，刺绣的纹样、颜色及用途都不尽相同，例如油岭地区颜色鲜艳，马头纹是当地特色纹样……校本教材在编写初期因为赶时间，这些风格因素都没有考虑进去；第二是教材对学生思维有限制，“小学生绣过一两个后，看着线路可以无限重复，如果有新的纹样，没有口诀，就又不会绣了，只有感兴趣的学生会去钻研”。第三就是教材存在有待考证的细节，例如故事说法不一。

唐四妹老师除了日常的刺绣课教学外，还承担了筛选兴趣班学生的任务。为《排瑶刺绣》教材编写提供了刺绣作品，也搜集了许多纹样的意义、来历故事，青岛展览中纹样的来历故事都由唐四妹老师撰写。唐四妹老师认为教材尚不完整，“全部需要改动”。首先是刺绣纹样并不丰富，教材中的二十种纹样只占排瑶刺绣纹样的三分之一；第二，刺绣口诀还需要改进，数字口诀繁杂，学生记忆不方便，唐老师提出可以“用歌谣的办法来表述”。

除了与老师的访谈，我们更多地是与这些学习刺绣的孩子们每日“玩耍”，聊他们的经历，他们喜欢的花样，他们钟爱的颜色。虽然民族小学的刺绣课程是从四年级开始的全校普及，但很多孩子在上民小之前就已经开始拿起针，制作他们人生中的第一个绣花袋。民族小学学生刺绣时一格一格、一针一针掰着数的专注神情，跳长鼓舞时一挥手、一转身，让我们难忘而欣慰。

五、连南县中学的后续刺绣教学

此次调查连南民族小学“排瑶刺绣”项目前，我们曾设想将原生态的社区非遗与校园少年非遗学习联系在一起，但到连南瑶族自治县民族小学实地调查后，发现 7 位省、县级的“瑶族刺绣”非遗传承人从未到过民小与学生进行交流，我们便将调查的重点转移到小初高学校排瑶刺绣非遗学习的后续发展中来，进一步了解这个项目的生命力有多大。

11 月 18 日，我们接连走访了连南民族初级中学、连南民族高级中学和中国瑶族博物馆，以期对排瑶刺绣项目有更全面、更深入的了解。

连南民族初级中学的前身是县民族中学，创办于 1953 年，2005 年 8 月，初高中分离后成为初级中学。连南民族初级中学（以下简称“民族初中”）的徐老师是学校美术课程和刺绣课的主力老师。她向我们介绍了民族初中瑶绣课程的基本设置情况，民族初中的瑶绣课是作为第二课堂开展的，有专门的手工室，每个星期都有一节，每个年级在不同的时间开展：七年级在星期二上课，八年级在星期三上课，九年级是在星期四上课。从报名的人数来看，每个年级大概 30 ~ 40 人，七年级报名的人最多，九年级报名的人最少，由于第二课堂开展的项目繁多，有些学生在这个学年会了，下个学年就会转到别的项目上；从上课群体来看，上瑶绣课的大部分是汉族学生，因为瑶族学生从小就会瑶绣，不太会继续报瑶绣课。另外，学校还设有瑶绣社团，但参与瑶绣社团的人基本和参与瑶绣课第二课堂的人是重合的。徐老师是 2005 年来到民族初中授课的，大学读的是工艺美术，瑶绣是后来再学习的。瑶绣班从她来学校时就有，断断续续在开课，只是 2015 年才有固定的教室。

图 8 民族初级中学学生把亮片等元素融入排瑶刺绣的创新绣法

接着徐老师带我们参观了民族初中的

手工室，目之所及都是多种多样的材料：有瑶绣、苏绣、十字绣的绣架，用瑶绣装饰的洋娃娃、新式的手提包、一桌子五彩斑斓、形状各异的亮片。徐老师说，“传统的瑶绣学生们已经很会了”，在瑶绣的基础上，徐老师加了珠绣、立体绣、闪片绣等，做了很多创新，我们所见到的学生作品有传统的瑶绣绣片，也有新式的珠绣，珠绣的纹样是瑶族纹样，但是形式材质已经完全换了。据徐老师和民族初中唐校长介绍，学校对于这种瑶绣的创新也很支持，工具、材料都由学校购置，为学生提供所有原材料，每年的花费在一万元左右。

连南民族高级中学（以下简称“民族高中”）前身是连南民族中学，至今已有 56 年办学历史。民族高中目前只有龙雪梅老师一人教授刺绣课程。龙老师在当地小有名气，她 2007 年在民族高中开设“瑶族民间刺绣”校本课程后搜集资料主编了《瑶族刺绣——连南瑶族服饰刺绣工艺》一书，分连南排瑶服饰刺绣工艺和连南过山瑶服饰刺绣工艺两部分，从整体上比较全面地反映了连南瑶族各地的服饰特点。

龙老师带我们参观了民族高中的刺绣室，给我们介绍了刺绣课基本情况。民族高中的瑶绣课是作为美术选修课开展的，高一学生上美术鉴赏课，从第二个学期开始可以选课，高二全年都可以选修课程，高三就取消了选修课；从选修人数来看，一个班有 10 个左右的学生选修瑶绣课，高二一个年级则有 16 个班。另外，学校在周五第 8 节课开展社团活动，瑶绣社目前有 40 多个学生，这些学生都是从选修课来的。从学习内容和学生的学习态度来看，虽然学生每周都会来学，但他们大多从小就会，正因为接触了很多，后来有些学生就不愿意学了，有些学生认为“不会才想学”，龙老师于是带学生开展其他方式的学习，例如，在纸伞、纱扇上用瑶绣的方法进行再创作等。一进入刺绣室，我们感受到的是高中不再轻松活泼的氛围，刺绣室里的作品并不多，整个教室被桌椅占据了大部分，挨着墙边的是苏绣的架子，龙老师现场为我们演示了她最近创作的苏绣作品。

虽然文中的 3 所学校并没有请排瑶刺绣传承人进校园，但我们还是找到了绣娘做了简单的采访。房伟艳是我们在博物馆现场表演中遇见的绣娘，她从 6 岁开始跟随母亲学习瑶族刺绣，已有近 30 年的刺绣经验。目前房伟艳更注重新型瑶绣产品的创新与研发，学习了潮绣、苏绣等不同风格的绣法，目前自己开设了小作坊，带领十几个绣娘每月接收绣厂订单，做些衍生品。另外，房伟艳告诉我们，瑶族歌谣里也有关于瑶绣的内容，她的妈妈就会唱，但老奶奶过于害羞，我们最终还是没有听到老奶奶的瑶歌。

六、瑶族刺绣少年传承的总结与思考

在了解了初高中的情况后，我们再把调查的焦点转回民族小学。11 月 21 日，在度过一个放松的周末后，民族小学的学生又迎来一周有序的生活，我们在周五拜托易老师在民小发放的 300 份问卷也收了回来。这三百份问卷的设计是为了更好地对连南县民族小学学生的刺绣学习情况、接受能力与程度进行了解。问卷共 15 道题，以填空题为主，每个年级随机抽取两个班级发放一百份，共计三百份。在回北京后的一个星期内，我们从中节选出 18 个重点问题进行了数据统计与分析。在收回的 297 份问卷中，96% 的学生是瑶族人，94% 的学生有会刺绣的家人，大部分的学生在学前就已经接触过刺绣，具体到刺绣学习的时间，从年龄和年级两个数据进行了分析统计：

从年龄分布上来看，刺绣学习年龄的高峰期集中在 9–10 岁的年龄段，9 岁以前学习刺绣的只有个别的少数人，经过学校刺绣课程的普及性教育，11–12 岁依然有可观数量的学生开始学习刺绣。

表二：刺绣开始学习时间年龄分布

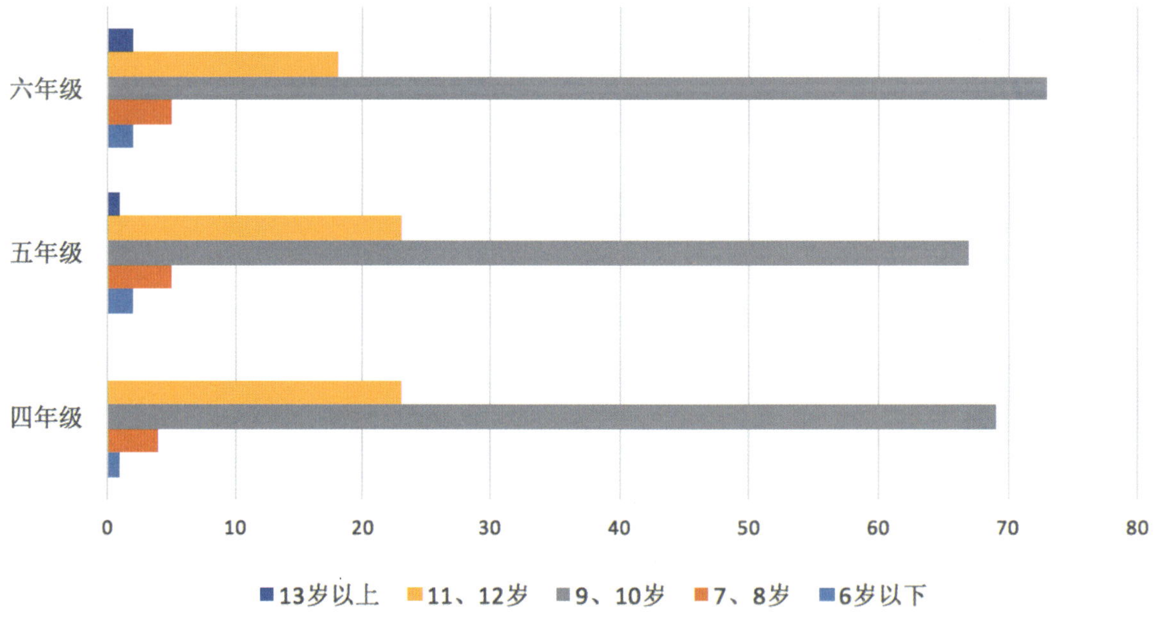

从年级分布上来看，在进入民族小学学习以前，每个年级都有 10–20 名不等的学生在三年级上过刺绣课程，到了四年级，接受刺绣课程的人数呈现大幅度增长，虽然民族小学从四年级就开始全校式的刺绣教学，但依然有 1–4 名学生在问卷上呈现出来的是从五年级开始学习刺绣，是学生填写数据有误还是有其它缘由，不得而知。

表三：刺绣开始学习时间年级分布

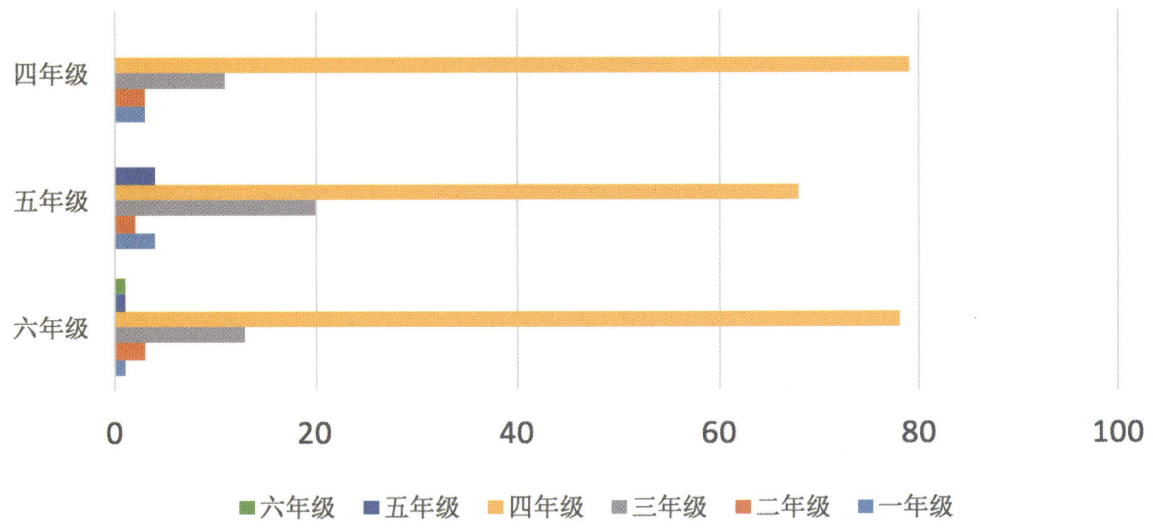

《排瑶刺绣》书中一共涉及了20大类纹样，学生的学习程度如何，具体会几种纹样，笔者做了如下梳理：三个年级的学生已经有过半掌握了5种以内的纹样方法，年级越高，出现的分化类型越多，说明在六年级学生中已经呈现出不同层次的水平差异。

表四：四年级学生掌握纹样数量统计

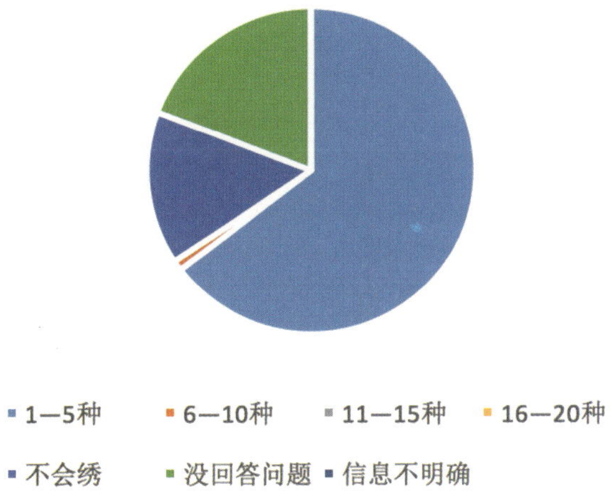

表五：五年级学生掌握纹样数量统计

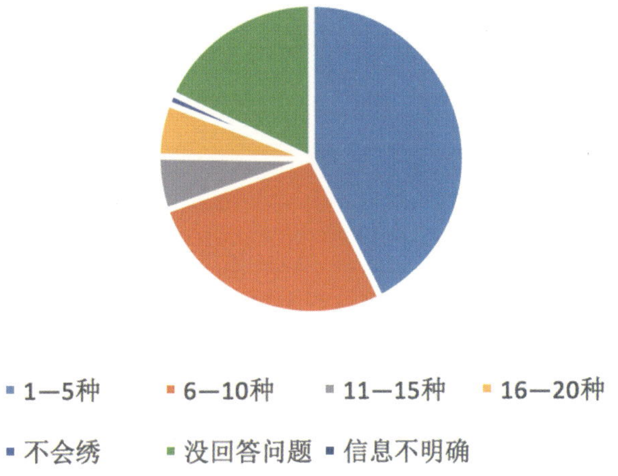

表六：六年级学生掌握纹样数量统计

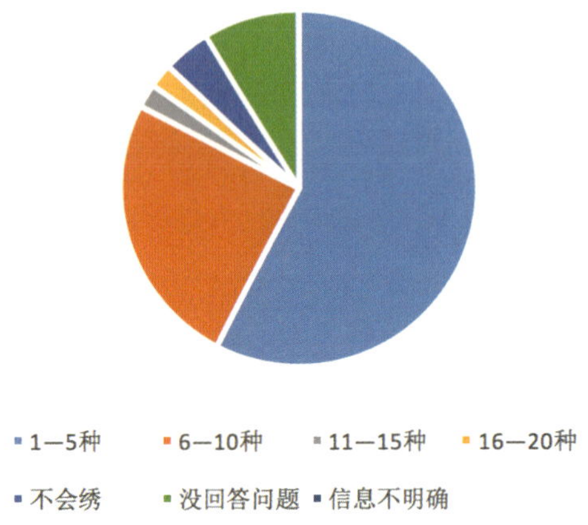

学生是否对瑶族刺绣感兴趣这一问题，我们也有了更为翔实的数据作为依据，在收回来的问卷中，学生对这个问题的态度集中在四大类上：喜欢、不喜欢、觉得一般、空白不回答。具体的数据如下：

表七：四五六年级学生对刺绣课兴趣百分比图

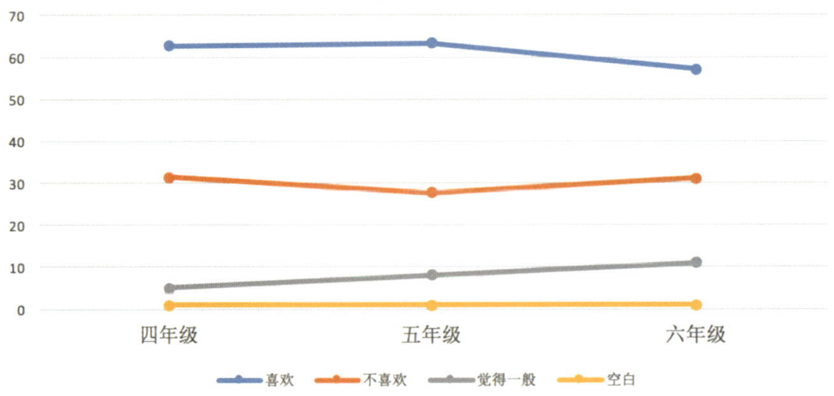

我们对连南民族小学的陈耿辉和李堆七校长进行了采访。陈耿辉校长提到“校本课程是国家和省的课程计划里规定的，具体的则需要由各地区、各学校根据自己的实际情况开设，排瑶刺绣课程从 2008 年正式启动到今天，已经取得了一定的成果”。通过对民族小学李堆七校长的采访，我们了解到民族小学对“排瑶刺绣”课程有一定的投入经费，主要分为三大方面。第一是教学中用到的材料，均由学校免费提供，刺绣课材料的经费投入大致是几千块，但是学校只提供十字绣片，真正刺绣所用的棉布需要学生自己购买。第二是学校对于硬件设施的投入，例如刺绣教室新添置的桌椅；第三种经费是用于对学生的奖励，校方会为留校作品提供三、四千的补助经费，平均每个学生 10 到 30 元。

这些日常的经费投入主要有两大来源：一是学校自筹；另一渠道是教育局。例如在青岛市全国第五届中小学生艺术展演活动中，教育局就拨出了 80000 元经费。也有校外组织提供一些奖励机制。为了鼓励发展瑶族艺术，2012 年由广东省地区慈善总会挂名，设立“广东地区优秀老师园丁奖”“广东地区优秀学生俊杰奖”，每年 9 月份颁奖，入选的 3 个老师中会有 1 个艺术类的，老师获得 800 元奖金，学生会有 10 个左右入选，每人奖励 200 元。另外，大概在 2011 年、2012 年，从广州过来的一些慈善者举办了拍卖会，学校组织了男生刺绣作品专场，最贵的一只香囊拍到了 2000 元。这场拍卖一共筹集到了 13000 ~ 16000 元，卖出作品大概有 20 ~ 30 件，所有经费用于学生的传统艺术学习，包括刺绣、长鼓舞等项目。

李堆七校长还对校本课程进行了未来的展望与思考，李校长认为学校多种形式的课程对学生进行普及型的文化推广，从广度上来看确是富有实效的，但还存在一些深度问题，例如内在的发展，刺绣的意义、含义，怎么通过作品表示精神价值……学校设想把 5 本参考书目真正开发成一套教材，增加思考练习题，按照四、五、六三个年级，划分出不同的水平。但目前距教材的第三次改版还需要一段时间，主要是缺乏人力与物力上的投入，没有专业教材编写的专家指导。

图 9　刺绣兴趣教室内陈列着学校收藏的优秀刺绣作品

由此，我们的连南瑶族刺绣项目调查之行已经基本告一段落，通过方方面面的调查与了解，我们发现了一些连南自治县民族小学“排瑶刺绣”项目存在的问题。

首先，作为校本课程，“排瑶刺绣”在连南民族小学是必修课，在校的每一个学生都会比较深入地学习。不同于学校轰轰烈烈开展的全员普及刺绣课，学校兴趣班就显得非常冷清。兴趣班原来有100多个学生报名，后来慢慢地走了很多，最后就只剩下22个同学。实际情况是，四年级的学生基本属于刺绣的启蒙阶段，对于刺绣本身究竟有多大的兴趣，或者说可以坚持多久，均未可知。从非遗传承的角度上看，普及性的教育是否真正对传承有益？是否能让瑶族的适龄学童产生兴趣，主动地学习和创作，好像在连南民族小学已能看出端倪。

第二，非遗传承在于传承的双方，除了接受者之外，起关键作用的还是授课老师。学校只有三位教刺绣的老师：易丽莉、唐秀明、唐四妹。只有易丽莉老师一人是专职美术教师，其余两位老师都是数学老师，兼代刺绣课，易老师1周有15节课，唐秀明老师有18节课，唐四妹老师有10节课。

第三，2010年，瑶族刺绣（连南瑶族服饰刺绣）被列入省级非物质文化遗产名录，目前连南县有2位省级非物质文化遗产传承人以及5位市、县级传承人。而这7位非遗传承人除了在中国瑶族博物馆不定期现场展演以及做活外，从未到过民族小学与学生进行交流，学生也没有机会到博物馆以及刺绣工坊跟相关传承人取经、学艺。学生的刺绣经验只来自自己长辈以及学校的授课老师

最后，客观地讲，《排瑶刺绣》读本由于时间仓促、无研究经费、欠缺研究经验、无专业人员排版等各种客观原因，存在诸多问题，如：未按年级做难易程度等区分、刺绣纹样不丰富、口诀难记、图示不明晰等等。

连南民族小学的“排瑶刺绣”项目在全国的少数民族的民族艺术校本课中并不是孤立的个案，他们也都面临很多客观问题。单就民族小学的“排瑶刺绣”项目来说，除了需要进一步深化校本教材，培养和引进师资之外，关键在于需要论证全校普及性刺绣教育是否真的有益。如果大部分的学生明确表示兴趣不大，而刺绣兴趣班学员仍然寥寥无几，那么，是否可以考虑在学校建立相对完善的“一校一坊”式刺绣工坊，帮助和引导真正热爱“排瑶刺绣”项目，并有兴趣深入学习的同学进行专业的文化内涵及技艺指导。

此外，应加强社区与学校之间的良性互动，让学生和非遗传承人之间有完善、流畅的沟通渠道，让学生走出去，多跟其他民族做有益的接触，对于自发的民族认同以及民族艺术的传承，或许这些举措可以成为对该项目有效开展的助力。

衷心感谢连南瑶族自治县民族小学、民族初级中学、民族高级中学各位老师与学生，连南瑶族自治县教育局，连南瑶族自治县文化馆，连南瑶族自治县县史办，中国瑶族博物馆以及连南瑶族刺绣的绣娘艺人对本次考察的大力支持。

张晓萌
中央美术学院非物质文化遗产研究中心硕士研究生
陈荟洁
中央美术学院非物质文化遗产研究中心博士研究生

蒲公英行动

——民族社区小学的民间美术教育传承

（一）成长在乡村大地上的"蒲公英"

——"蒲公英行动"的乡村少儿美术教育探索之路

非物质文化遗产传承人是解决非遗传承问题的主要群体，传承人是传承非遗的文化与技艺的承载主体，是保持非遗活态延续的直接践行者。从非遗传承的角度看，通过少儿教育培养未来非遗传承人，可以有效扩充非遗传承的潜在后备力量，更高效地延续非遗传承实践。"蒲公英行动"项目在长达十三年的时间里，坚持专门针对乡村地区儿童探索美术教育方法，探索过程中对非物质文化遗产在儿童美术教育中的普及、传承以及民间美术资源在美术教育中的开发应用提供了实践案例和有效方法。

蒲公英行动项目全称为"'蒲公英行动'少儿美术教育专项课题"，该项目是国家教育部艺术教育委员会和中国美术家协会艺术委员会主办的"成就未来——少儿课外美术教育工程"的组成部分，项目得到福特基金会和澳门同济慈善会的资助。

蒲公英行动联合了教育学者、非遗研究专家、艺术家、艺术理论家等专家群体，以乡村教师在社区内培训、在社区内实践的方式解决乡村地区的儿童美术教育问题。同时，蒲公英行动通过地域内的民族民间美术教育，对儿童的情感、伦理、心智进行文化启蒙，在教育过程中连接社区的生活、信仰、民俗、文化，使孩子在成长阶段认识、熟悉、尊重、热爱家乡，认同本民族的民族文化，继承家乡的文化记忆。蒲公英行动不仅解决了民族地区儿童的文化启蒙和认知问题，也弥补了义务教育中乡村地区的美术教育难题，更让我们看到了少年儿童在非遗认知中的可操作性。

一、非遗传承亟需少年力量

通过教育对广大青少年进行非遗知识的普及，可实现非遗更大范围的推广，具有普适意义。相对中青年群体，少年儿童接受速度快，可塑性强，适当参与非物质文化遗产技艺的操作与文化认知，培养热爱非遗的兴趣，等他们成长起来，便有可能发展为非遗传承人，由此，可以将非遗传承时间向后延续数十年，甚至更长。

然而，对少年儿童进行非遗知识或技艺的普及和教育并不等同于培养非遗传承人。非遗传承人是国家非遗保护四级体制内的某项非物质文化遗产的代表性传人，这一群体首先要熟练掌握所传承项目的非遗文化和技能，此外还具有保护、传承、传播非遗的义务。相应级别的传承人可以得到国家的资金补贴。对于不履行义务或丧失传承能力的传承人，文化主管部门可取消其传承人资格。[1] 少年儿童学习非遗并非要求他们达到传承人所具备的传承要求，而是在课内外学习中对少年儿童进行适当的非遗知识传授，让儿童了解非遗知识，适当参与、实践非遗技艺，培养儿童对非遗的兴趣。等这些接受过非遗知识的儿童长大成人，他们对非遗不陌生，这样便有可能将文化继续传递，甚至有可能发展为传承人。简单说，进行少年儿童的非遗教育是在普及非遗知识，是培养“潜在非遗传承人群”的基础。

无论是非遗主管部门，还是教育部门，都颁布了相关文件促进青少年儿童对非遗知识的学习。联合国教科文组织在《人类口头及非物质文化遗产代表作名录》实施指南中提出“以适当的方式将人类口头及非物质文化遗产学习列入学校的正式课程”。在我国，2005 年《国务院关于加强文化遗产保护的通知》[2] 第五部分要求“教育部门要将优秀文化遗产内容和文化遗产保护知识纳入教学计划，编入教材，组织参观学习活动，激发青少年热爱祖国优秀传统文化的热情”。我国《非物质文化遗产法》第四章第三十四条“学校应当按照国务院教育主管部门的规定，开展相关的非物质文化遗产教育”。《非物质文化遗产法》对开展非遗教育的规定使非遗的教育传承具有了法律意义，让非遗在年轻一代中的普及成为可能。

在义务教育中，虽然教育部没有直接使用非遗的概念，而是一直使用传统文化的概念，在教育措施实施过程中，传统文化与非遗项目有大量是重合的。2001 年美术课程标准要求美术教材“要渗透优秀的传统文化”。2011 年的新课标更加强调这一点，要求美术教材要“特别重视优秀的中国传统美术和民族、民间美术，弘扬优秀民族文化，体现中国特色”。从 2001 年课标的制定开始，义务教育阶段的美术课本中就增加了关于传统文化的相关内容，这些出现在课本中的传统文化多指向国家级以上的非遗，如剪纸、蜡染、年画、皮影等。在

1.《中华人民共和国非物质文化遗产法》，第四章，第三十一条

2.《国务院关于加强文化遗产保护的通知》，发文字号：国发〔2005〕42 号，发文时间：2005 年 12 月 20 日

各版本的初中美术教科书中与非物质文化遗产相关的课例占总课例的 8.6%，与非遗相关的图例为 1766 幅，占总数的 19.3%。[3] 课标“欣赏·评述”的教学内容中要求学生“了解中国传统工艺美术品，比较其不同点造型和装饰趣味，逐步形成崇尚文明、珍惜优秀民族艺术与文化遗产、尊重世界多元文化的态度”。[4]

在教学实践中，手工技艺类的非遗项目格外受到青睐，经常出现在美术课堂上。学校课堂上的非遗教学不同于对传承人的传承教学，不必有严苛的要求、持久的练习，学生能够了解、体验即可达到普及目的。但从普及非遗知识的角度看，目前通过美术课普及非遗的教学实践存在两个显著问题：第一，美术课上的非遗通常以引例、鉴赏的形式呈现，学生对非遗的感性认识较多，实践较少，操作环节转向其他的媒材形式。例如教材中以面花为课例，让学生认识面花，实践内容则使用泥塑或橡皮泥，学生并没有直接接触到面塑，若在教学中安排适当的面塑体验和学习，可以增进对此类非遗的更深的体悟。这种现象的出现，一方面是受到课时安排的限制，另一方面也与教师对传统非遗技能了解有限相关。第二个问题是地域性的非遗在教学中体现得不够突出。虽然新课标中鼓励利用地方资源、开发校本课程，但大多数地区使用的是国家通用教材，忽略了对地方性非遗素材的使用。另外，现行教材基本上是以城市生活为编写背景，这让乡村地区的美术教学在实施环节中面临脱离生活、材料不足等困难，而当地可纳入美术课程的教学资源却常常被忽略。

蒲公英行动的初衷是通过培训师资、乡村支教等活动改善城乡儿童美术教育不公平现象。由于受到地域、硬件的限制，蒲公英行动探索出因地施教的美术课教学方法，即利用当地的文化、物质资源设计美术课。教师们要发掘的当地传统文化资源，不乏非遗与民间美术资源，应该逐步摸索出将非遗与民间美术资源应用于乡村儿童美术课堂的教学方法。这为在少年儿童美术教学中普及非遗知识、在课堂中引入非遗资源的实践提供了参考。

二、蒲公英行动的初始

蒲公英行动于 2003 年 7 月在湖南湘西启动，经过团队的共同努力，参与课题实验的校点已由最初的 13 所学校扩展延伸至 92 所学校、单位及校点，范围涵盖云南、贵州、湖南、内蒙古、吉林、陕西、江苏、江西、广东、西藏和四川等 11 个省、自治区，涉及 13 个民族。

蒲公英行动主要针对乡村地区尤其是少数民族地区的乡村老师开展教育培训活动，作为非政府组织的儿童美术教育实践项目，蒲公英行动主要关注

3. 数据来源于华东师范大学颜慧珍硕士学位论文《非物质文化遗产进入中学美术课程与教学的研究》，2016 年，第 42 页

4. 2011 年版《全日制义务教育美术课程标准》，“第二部分课程目标”中“欣赏·评述”学习领域

和解决以下三个问题：

（一）解决乡村地区美术教师数量少的问题，促进城乡间美术教育的均衡发展

乡村地区美术教师资源严重缺乏，我国很多偏远地区的乡村学校教师数量少，教授美术、音乐、体育等科目的老师数量更少甚至没有。很多学校要求语文或数学老师必须同时兼任一门以上的音体美课程，或是由后勤工作老师教授这些课程，有的乡村教学点只有一位教师，这位老师要负责各个年级的所有课程。

由于很多乡村小学中的美术老师是文化课老师兼任，因此出现了老师“不会上美术的情况”。参加蒲公英行动 2016 年凯里培训会的贵州榕江县八开镇和平小学的吴平老师说：“我们学校现在有四百多个学生，一共有 19 个老师，这些老师都是教语文、数学的，但是每人都要另外上一门课程。我原本是语文老师，还要上美术课，我不太会画画，也不会教，美术课我有时候带学生去操场上画画，有时候在教室里画个东西让孩子们照着画。”蒲公英行动对湖南第一师范学院 157 名农村定向师范生进行的调查显示，有 59.87% 的师范生表示因 “美术技能不足”而无法教授美术课，还有 50.32% 的学生因自己“美术教学方法不足”而不会选择教美术课。[5] 还有一些学校因为老师不会上美术课，加之校长不重视，美术课就被语文、数学课取代。

2014 年，云南玉龙县没有一位专职美术教师，剑川县仅在县城有两位美术教师。2005 年，湘西自治州有小学 2200 所，专职小学美术教师人数为 190 名，平均 12 所学校中只有一位美术老师。2016 年 1 月，这一数据再次被统计，此时湘西自治州八县市共有学校 1000 余所，小学美术老师人数为 328 名，平均 3 所学校拥有一名美术老师。虽然湘西地区对美术教育的重视程度而有所改善，但是这 328 名教师大多分布在城镇学校，并且还包括了某些九年制学校中初中美术老师兼授小学美术课的情况，因此，乡村地区的美术教师资源仍旧缺乏。

乡村美术老师数量本来就少，同时还面临流失问题。乡村学校位置偏远，加上部分学校不重视美术课，难以让美术老师在农村长期任职。解决乡村学校没有美术老师的问题正是蒲公英行动启动的最根本目的。2002 年，蒲公英行动的项目主持人谢丽芳[6] 接到一封陕西省安康市乡村小学老师的来信，这位老师在信中写道：“我们学校的美术老师都到发达的沿海地区发展了，学校里没有人上美术课，我们该怎么办？”正是这个契机，让原本就关注湘西乡村美术教育的谢老师想到要切实解决这一问题，在时任中国美术家协会少年儿童美术艺委会主任何韵兰老师和美国福特基金会驻中国办事处高级项目官员何进博士的帮助下，蒲公英行动诞生了，主要解决乡村地区美术教师资源缺乏的问题。项目初期，谢老师召集广州美院陈卫和教授、

5. 数据来源于蒲公英行动 2016 年 3 月师资培育项目简报

6. 谢丽芳，1949 年出生，“蒲公英行动”项目负责人，原湖南妇女儿童活动中心研究员，中国美术家协会少儿美术艺委会副主任、湖南美术家协会副主席、湖南美协少儿美术艺委会主任，长期致力于儿童美术教育实践与研究

首都师范大学尹少淳教授、中央美术学院乔晓光教授等高校教师为专家顾问，分别就美术教育、非遗保护方面提出专业的指导意见。湘西的乡村教师成为蒲公英行动最早的践行者，接受培训的老师在日后教学中就乡村美术教学方法问题反复试验、推敲、反馈，不断总结经验方法，这批教师中的很多人现在仍奋斗在教学一线，仍是蒲公英行动的坚定参与者。

（二）解决乡村地区美术课材料匮乏问题，让孩子享有接受美术教育的权利

乡村地区美术教育发展不健全，不仅因为专职教师缺乏，还体现在课程教材的匮乏之上。我国国土面积广大，文化传统深厚，教育部门在编写美术课程教材时，无法全面顾及各地域的文化与地理差异，因此主流的美术教材基本以城市生活为文化背景而构建。大部分地区使用通用教材，没有校本课程，偏远的乡村学校出现了课程设置与学生生活脱节的情况，很多学校的老师有美术教材，但是无法按照正常的课程内容授课。2003 年，谢丽芳、陈卫和等一行到湘西小学调研，一所小学的校长说：“国家发的美术课本让孩子们画高楼大厦，用易拉罐做东西，我们大山里的孩子哪里见过高楼，也找不到易拉罐，给了我们课本也没法上课。”“蒲公英行动”的参与教师、贵州黔东南自治州施洞小学刘校长说：“国家发的教材在我们这里不适用，所以我们基本上不按照课本上课，只是大的方向参照课本，但是材料主题会根据我们的地方情况替换，把我们的文化融合进去。”美术课倡导学生体验多样的材料和艺术表现形式，刻刀、彩色卡纸、橡皮泥、吹塑纸这些在城市里很容易买到的工具材料，对于乡村地区儿童来说是不容易获得的。利用身边的材料上好乡村美术课是“蒲公英行动”倡导的理念。

美国教育学家罗恩菲德把儿童美术能力的发展分为六个阶段，4–7 岁是尝试象征性描绘阶段；7–9 岁可以使用夸张、变形等方法灵活运用符号，这两段时间是孩子进入学校学习的前半阶段，也是儿童创意的高峰期；9–13 岁，儿童开始进入写实阶段，逐渐形成对绘画品质的重视；进入 13 岁，也就是

图 1　材料匮乏是乡村美术课教学中经常遇到的问题，“蒲公英行动”让苗族的孩子们到田间收集稻草，编制成小动物，用身边的材料上美术课

孩子步入初中时（有些乡村地区的孩子入学年龄晚，13 岁可能正值五六年级）创造性处于停滞状态，大部分丧失对美术活动的兴趣。乡村学校的儿童在表现能力和创造能力最强的阶段没有接受良好美术教育的机会，这是儿童成长的巨大缺憾。对于课业压力较大的高年级学生来说，等有成熟条件接受美术教育了，已无法对美术课产生童年时的兴趣，那么，在他们的人生学习经历中很有可能缺乏美术实践的经历。

因此，如何在乡村地区教师缺乏、材料工具不足的情况下，让乡村儿童接受美术教育，开发艺术创造潜能，这是蒲公英行动要解决的问题。

（三）利用地区民间美术和非物质文化遗产资源，让民族社区儿童树立文化自信和民族自尊

蒲公英行动除了解决美术教学资源的问题，还有一个更高的目标，就是让偏远乡村地区的少年儿童树立文化自信。很多偏远少数民族地区的儿童不但意识不到自己本民族丰富的文化，甚至因为自己是少数民族而感到羞耻。十几年前蒲公英行动团队在湘西进行考察时发现，当地的苗族孩子不愿意承认自己是苗族，父母也尽量将自己与孩子的民族身份改为汉族。在湘西苗族学校，若是哪位同学成绩不佳，孩子们会用“苗苗的”来嘲讽，“苗苗的”即是愚蠢、呆笨的意思。在他们的眼中，汉族是先进、开化、文明的代名词，而自己的民族是落后、野蛮、愚昧的指代。清朝廷对湘西苗民的镇压，湘西苗族地区女性服装上的刺绣图案不是苗族崇拜的蝴蝶妈妈、姜央、鸟、龙，而是在清朝政府的强制下，统一改绣极具汉族文化特征的牡丹、莲花、凤凰等纹样，经历几辈人的传承，也基本形成喜好汉族刺绣纹样的习惯，很多本民族的文化传统随之被摒弃。这些由历史遗留下来的部分少数民族的自卑心理在一些地区延续至今。

图 2 蒲公英行动来到湘西，腊尔山阿拉小学的苗族孩子在美术课上穿上了自己用废报纸设计制作的苗族服饰

民族地区的成年人意识不到自己民族的文化独特性与文化价值，儿童更不以为然，因此文化逐渐开始出现断代与失传的

问题。要使民族文化得以传承，改变偏远地区少数民族民众的文化自卑心理是当务之急，学校教育是解决这一问题的有效办法。蒲公英行动希望通过让孩子们在美术课上接触、学习当地的民间美术或非遗等传统文化，认识民族文化，从小就树立热爱民族、尊重多元文化的态度，为未来几十年的民族文化传承铺垫基石。

三、蒲公英行动的经验方法

蒲公英行动项目自创办至今已走过十三年的历程，探索出了一套解决以上问题的经验方法。目前，蒲公英行动已开展四期，每期可视为一个发展阶段。

2003–2005 年，蒲公英行动第一期在湘西地区举行，这也是蒲公英行动立项后的第一次活动，可谓探索实践的第一阶段，主要任务是探索项目的可操作模式。第一期项目结题后，2005–2008 年，第二期蒲公英行动继续在湘西开展，贵州、云南等其他地区的少数民族乡村教师共同参与，这一阶段的主要任务是方法推介，并论证第一期探索出的方法是否在湘西以外的地区也适用。第三阶段是 2009–2014 年，此时的蒲公英行动基本摆脱了项目化的束缚，基本形成了可以解决乡村美术教育资源缺失的经验。项目组也开始梳理成果，继续扩大项目覆盖面，延伸至 11 个省、自治区的 92 所学校和单位，涵盖汉族、白族、傣族、基诺族、纳西族、苗族、侗族、哈尼族、藏族、羌族、土家族、蒙古族、满族等 13 个民族，使蒲公英行动初具规模和影响力。2015 年至 2018 年，是蒲公英行动正在历经的第四阶段，面对的是可持续发展问题。一方面是蒲公英行动的教育内容如何突破现有惯式，进一步惠及乡村美术教育；另一方面是蒲公英行动作为非政府活动，涉及的人数多、地域广，各方面力量均以志愿者的方式参与，组织方式相对松散，管理不够严密，蒲公英行动项目组自身的发展和延续正面临着挑战和转型。

就蒲公英行动现在所取得的成绩来看，已经探索出一套比较成熟的推进乡村地区美术教学的经验。这些经验对于我们探索在青少年学习中传播普及非遗知识和技艺具有借鉴意义。蒲公英行动的具体经验模式可归纳为以下几个方面：

（一）“就地取材，因地施教，文化先行”，美术课上“技艺”与“记忆”的双重学习

2011 版美术课程标准中提到，“农村、边远地区及少数民族地区的学校可以因地制宜，充分利用当地的各种资源，开展有特色的美术教学活动”；“教师可以运用自然资源（如自然景观、自然材料等）和社会文化资源（如文体活动、节庆……民族与民间艺术以及人类文化的遗物、遗迹等）进行美术教学”。这两点充分考虑到了乡村地区学校的实际情况。

蒲公英行动解决乡村美术教育资源匮乏问题的直接方法与课标给出的建议基本一致，概括起来就是“就地取材，因地施教，文化先行”，在准备课程时，任课教师要对所在地区的民族文化有一定了解，教师要在当地调查可供使用的非遗与民间美术资源。2006 年，乔晓光作为教育部艺术教育委员

会委员，参与到蒲公英的黔东南基层教师培训活动中，提出了将“活态文化”应用于美术教育的理念，极力推进非遗与民间美术的教育传承，在蒲公英行动的实践中，谢丽芳一直致力于利用民间美术资源来解决乡村儿童的艺术教育平等的问题，两人的理念相合、观点一致，乔晓光所提出的立足于地方文化传统、田野调查先行的建议，被引用到蒲公英的课程培训中，建立了在项目实践中注重田野调查的工作方法，并且开始关注民间美术的活态传承情况，而蒲公英也为中央美术学院非遗中心提供了探究乡村儿童传习非遗的一手材料和实践经验。

所谓“因地施教、就地取材、文化先行”，就是倡导教师通过实地考察，选择当地的民间美术或非遗类型作为美术课的教学主题，以当地最容易获取的自然材料作为教学资源进入美术课堂，以学生们生活、熟悉的文化环境为教学情境开展教学，注重启发学生对民族文化的学习和热爱，这一套方法就是针对性地解决蒲公英行动最初设定的三个问题。以云南省玉龙纳西自治县白沙小学为例，东巴文最早是纳西族写画在木头和石头上的图画象形文字，属于相对原始的象形文字形态，主要用于书写东巴经文，是东巴文化的符号载体，现在已经很少使用。写字画画教师带领学生在身边随处可见的石块上面，学习东巴文的图画记录方式，把身边的事物提炼成抽象符号描画在石块上，让孩子对东巴文有了寓教于乐的感性认识，并亲身体验了东巴文化。“就地取材，因地施教”既解决了乡村地区美术课材料不易获得的问题，又让学生了解、体验了民族非遗，尤其是学生在与材料的接触过程中，建立起对家乡文化的关注、认识和热爱。

不仅要用身边的材料，也要注重身边的文化。蒲公英行动在对教师的培训引导过程中注重发掘民族文化，让老师在美术课上向学生传递民族文化知识，让孩子们在成长阶段认识民族文化。2016年11月举办的蒲公英行动贵州培训会上，来自施洞小学的苗族美术教师向参加培训的教师展示了一节以苗族刺绣为主题的美术公开课。本节课的教学对象是六年级学生，实践内容是让学生参照手中的苗族绣片设计一件T恤衫。课程前段，教师耐心细致地向学生讲解苗族刺绣纹样的种类和特点，尤其重点介绍了民族英雄张秀眉在刺绣中的形象。

图3 云南玉龙县白沙小学学生在美术课上用东巴文的图画方法描绘自己的故事

学生在学习了民族刺绣的文化背景后，将自己喜欢的民族纹样画到 T 恤衫上。这堂课展示了蒲公英行动的实践成果，即老师关注当地文化，主动向孩子介绍民族文化，让学生在美术课上了解当地民间美术或非遗的文化核心，培养学生对民族文化的热爱。

蒲公英行动在每次培训过程中至少为老师们安排一天以上的实地考察实践，《田野考察与课程开发》成为蒲公英行动独具特色的培训课程。这一课程是让老师们在了解了蒲公英行动的基本教学理念和方法后，走入乡村寻找日常教学素材。教师首先要寻找和发现可以引入课堂的当地民间美术或非遗，与传承人或艺人交流，了解文化传统与内涵，尤其要注意对民族节日、民俗生活的考察和运用。简单的田野考察后，老师要把在考察中收集到的民间美术或非遗类型进行教学转化，设计出一堂教学课例，通过讨论修订教学方案。最后，培训教师展示课程设计，直接为当地学生上课，反馈教学效果、互相借鉴启发。通过这样一个过程，教师完整地实践、掌握了蒲公英行动的课程设计方法，培训结束后便可回到当地使用这一方法开设课程，将地域文化特色融入美术课，使学生认识本社区的活态文化，产生热爱家乡文化的情感。

在推行“就地取材，因地施教，文化先行”方法时，蒲公英行动也在向参加培训的老师强调美术课对学生创造力的启发意义，肯定儿童与生俱来的创造力，打破写实性绘画的惯式思维，提高教师的教学素养。思想观念的转变是引导乡村老师开设并上好美术课的第一步，可以增强乡村少年儿童的艺术创造力，体验艺术的魅力。

（二）直击乡村，探究性学习，在社区培训中实地解决课程设计问题。

蒲公英行动每年举办两次活动，活动形式主要是组织乡村教师集中培训，参与培训的教师进行现场教学、互相讨论交流课程方案。蒲公英行动培训的对象都是来自乡村地区的基层教师，他们有的是县、镇的小学老师，有的是乡村教学点的教师；有的是学校或少年活动中心的专职美术教师，也有学校的兼职美术教师，还

图 4　贵州施洞小学的孩子们听老师将讲解苗族刺绣纹饰中的故事后，参照自己喜欢的苗族刺绣图案，设计成 T 恤衫

包括一些地方教育部门的教研员。

蒲公英行动的每一次活动几乎都选择在县级以下的小学举行，参与活动的老师在乡村环境中学习交流。相比“国培”等政府部门组织的培训项目，作为非政府行为的蒲公英项目则独具特点。大部分教师培训项目，无论是针对城市教师还是针对乡村教师，多是将教师组织到条件较好的城市中进行学习，而蒲公英行动让授课专家学者和参与培训的教师共同走入乡村学校开展活动，全程始终没有脱离乡村环境。在乡村组织培训正是为在乡村环境下设身处地地让教师演练“就地取材、因地施教”的课例开发。

蒲公英行动的培训过程采取探究性学习的方式，教学方案在参加培训的老师、专家之间讨论，与教育专家和艺术家的零距离交流，为老师提供了极大帮助。完成《田野考察与课程开发》课程培训，参加培训的老师经历了发现资源到转化为教学内容的演练过程，每位老师都能够拥有一个可以投入实际教学的课例，这一课例是针对培训地区的学生设计的，具有地区文化背景差异的限制，不一定适合老师所在地区，但是，教师可以带着思路与方法回到当地继续进行课程设计，将文化资源转化为课程教学。老师们在培训中收获的不仅是教育学知识，更掌握了具有针对性和可操作性的实操方法。特殊的培训环境让老师们在实战和探究中掌握方法，蒲公英行动一贯讲求直面问题、解决问题，是一种有效的工作模式。

（三）带动多方面群体共同关注乡村美术教育。

作为非政府公益组织，蒲公英行动的参与者均以志愿者的方式贡献力量。志愿者的身份与文化背景也较为多元，有教育专家、艺术家、非遗研究者、城市和乡村的一线教师、教研员、大学生、媒体工作者、企业职员等，支持机构有地方教育局、学校、儿童活动中心等单位，不同身份的志愿者集结到蒲

图 5 来自陕西的教师带着孩子们拜访剪花娘子库淑兰，学习民间剪纸

图 6 蒲公英行动培训采取探究性学习模式，参加培训的教师进行田野调查后设计课程试讲，其余老师对其做出评价和建议，进一步修正教案

公英行动中，发挥各自优势，使蒲公英行动成为师资力量丰厚的综合性团队。尤其是从事教育和非遗研究的专家、具有成功经验的基层教师直接到社区中与参加培训的教师交流，省去了诸多中间环节，让身处最边远地区的乡村教师能够直接接受到前沿的专业教育理论和课程经验。

蒲公英行动的专家、参加培训的教师、志愿者都是平等的参与者，授课的专家老师一改往日居高临下的形象，离开讲台坐在参加培训的教师中间一同听课，随时解答疑问；参加培训的教师在教学实践中有丰富经验的也会走上讲台传授经验；参与项目的高校大学生既是为培训服务的工作人员，也是教师学习的辅助者，在教学转换环节，大学生志愿者参与讨论并提供参考建议。这种专家、教师、大学生共同学习、亲密交流的培训方式，正是教育平等的体现。

近两年，师范生也加入了蒲公英行动的行列，启动了“种子的力量”子课题。“种子的力量”可以让师范生在学习期间接触乡村地区美术教学的方法，毕业后可直接运用到教学中。这支新生力量的加入，可以广泛有效地推行蒲公英行动的经验。

结语

蒲公英行动让乡村孩子享受到教育平等的权利，让乡村孩子在成长认知的黄金时期，同样享有迸发创造力的机会。蒲公英行动在解决教育问题的同时，也在促进文化的活态延续。

21 世纪上半叶是中国农耕文明时代的尾声，对于边远地区的儿童来说，他们成长的乡村拥有着城市无法奢望的稀缺资源。与上世纪相比，古老的文化记忆处在断裂的关口；与上一代传承人相比，青年传承人所继承的文化记忆在衰减。但在乡村地区，民族民间的活态文化仍然存在，因此要从儿童启蒙教育抓起，让孩子认识、接受本社区的文化传统，在“技艺”实践环节参与艺术体验，在“记忆”接受环节加深对文化传统的理解。那么，当孩子们长大成人，他们还会记忆着哺育他成长的乡土文化，对家乡心怀感情。也许，他们会将这些文化讲述给下一代；也许，他们会触发童年埋下的文化种子，促使他们传承一门非遗，不论哪种可能，都会让民族文化遗产延续下去。

从教育的角度看，孩子需要接受多元的文化知识和创造力启发；从非遗角度看，传统的传承模式在改变。在探索少年儿童的非遗传习问题上应当注意，我们不能让孩子在单一的文化领域故步自封，也不能要求孩子按照传承人的传承标准实践非遗、传承非遗，但是我们可以让孩子在农耕文明消失之前接触、认识、热爱身边的传统文化。

蒲公英行动以接地气的方式，扣住生活、扣住民族文化多样性，让生活在乡村的孩子们接触本土的文化资源，了解非遗知识和技艺，对家乡文化心存温情，使得非遗在少年儿童教育阶段得到推及，让非遗的文化延续成为可能。蒲公英行动在解决乡

图 7　蒲公英行动的青年志愿者与云南景洪市基诺民族小学的老师、学生们在校舍前合影

图8 高校学者、研究生、艺术家是蒲公英行动的主要参与者，图为国家美术课程标准制定负责人尹少淳教授与乔晓光教授在贵州施洞的培训项目中参观、指导孩子们的美术作品

村美术教育问题的同时，让我们看到一条非遗传承的可持续之路。蒲公英行动经验的成熟，让我们看到了乡村活态文化传承的希望。蒲公英行动仍在坚持，这是蒲公英撒向大地的花朵，明媚的春光让我们看到了非遗传承可持续的希望。

苏欢
中央美术学院非物质文化遗产研究中心博士研究生

（二）边境小学的“少年非遗”

——“蒲公英行动”夏令营云南基地深耕营教学纪实

2017年7月13日下午，伴随着航空管制和接连而来的滂沱大雨，在首都机场等待10个小时后，我终于登上了飞往中国西南边陲春城昆明的航班。飞机的延误给情绪带来了些许烦躁，我把这当成“好事多磨”的另一种形式，彼时，我最大的心情是期待，因为接下来的12天，我将代表中央美术学院非物质文化遗产研究中心，作为一名志愿者教师参与到“蒲公英行动”夏令营云南基地的深耕活动中。

中央美院非遗中心与蒲公英行动的渊源已久，中心主任乔晓光教授是蒲公英行动美术教育专项课题专家组的成员，他所提出的“少年非遗”概念对乡村地区儿童美术教育进行的实践探索具有重要意义。我此行的目的一方面是参与景洪市美术教师培训，以观察者的身份梳理蒲公英行动在边境民族社区中的美术教育经验；另一方面则是与来自其他地区的教师一起参与到曼宛洼小学拉祜族村落夏令营中，给当地学生带来多种形式的美术学习、创作体验。

蒲公英行动从2008年进入云南开始，已经有近十年的考察调研基础，2016年9月，中国美术家协会少儿美术艺术委员会副主任、蒲公英课题组负责人谢丽芳与原湖南省少儿美术出版社副编审吴尚学两位老师在西双版纳傣族自治州景洪市勐龙镇中心小学、勐龙镇勐宋民族小学、勐龙镇小街嘎囡小学与基诺民族小学四所学校开展了一系列与非物质文化遗产密切相关的艺术教育活动。蒲公英行动以“平等·参与、分享·探索”为宗旨，通过美育夏令营活动践行美术学科核心素养中的“文化理解”和“创意实践”，推动乡村美术教育的全面发展，促进教育公平。

一、曼宛洼小学夏令营概况

7月10日，随着湖南永州双牌县何家洞镇蔡里口小学夏令营开幕，由中国美术家协会少儿艺术委员会、蒲公英行动美术教育专项课题组、云南省景洪市教育局、湖南省湘西自治州教育科学研究院、贵州省黔东南州教育科学研究所、无锡凤凰画材有限公司联合举办的“第二届蒲公英行动美育夏令营”正式拉开了序幕。在一个月的时间内，蒲公英行动项目组陆续在湘西龙山、云南景洪、贵州榕江、湖南永州、贵州丹寨等5个地区开展美育夏令营活动，笔者前往的正是云南营区。此次云南营区的夏令营活动主要分为两部分开展：7月14日到16日，在景洪市勐龙镇中心小学举办景洪市美术教师培训；

17 日到 22 日，在勐龙镇小街小学附属村小曼宛洼小学开展以“我们是葫芦娃——曼宛洼拉祜族村落”为主题的夏令营。

曼宛洼小学位于勐龙镇小街中心小学的西北方向，始建于 1963 年，小学原址位于曼宛洼寨子中间，1996 年搬迁于此，并改建为寄宿制完小。2012 年，学校撤并后将“完小”更名为曼宛洼村小，是小街辖区最远最偏僻的山区村小之一。学校服务范围覆盖了曼宛洼村委会和南盆村 2 个村委会，近 10 个村寨，最远的距学校有 20 余公里。小学建在一个山坡下，占地面积约 6400 平方米，在校学生以拉祜族和哈尼族为主，其中还包括有爱伲人、布下人和阿克人。学校教职工有 7 人，其中教师 4 人，现有学前班、一年级和二年级三个教学班，在校生一共 98 人，其中寄宿生占 90% 以上，在二年级学习结束后，学生会到小街小学继续学习，一、二年级的全体学生均参与了这次的夏令营。整个学校可以大致分为教学区、活动区和生活区三个部分，学校目前有两套多媒体教学设备，一套用于日常教学，一套放置在曼宛洼小学的陈列室内。在 6 天的夏令营活动中，夏令营团队与学生在学校中同吃同住，共同生活；教学上，佫蒙老师统筹、负责主要事务。教学团队由谢丽芳、佫蒙、贾方、黄亦菊和笔者五位老师构成，分别负责泥塑、绘画、版画、手工制作和剪纸，每个老师每次的课程控制在 2.5 ~ 3 个小时，每节课均有一名景洪市当地的美术老师作为助教参与。除了完成既定课程以外，团队还需要和学生创作校园壁画，并在最后做汇报展览。蒲公英行动夏令营所需的经费主要由赞助商提供，用到的画材除赞助渠道外，学校也会予以支持帮助。以云南营区为例，赞助商提供了 2 万元现金和价值 2 万元的画材，另外，部分夏令营活动中所需要的使用材料根据实际情况由小学提前购买，还有一部分画材是老师自己提供，例如贾方老师自己带了学生制作版画需要的刻刀、刻版、油墨和印刷用的彩纸。

在曼宛洼小学夏令营开营前，谢丽芳老师便为夏令营确定了活动的主题“我们是葫芦娃”，“葫芦”成为贯穿整个活动的中心和重点。选择葫芦这一意象与拉祜族的信仰密切相关，在拉祜

图 1 勐龙镇小街小学附属村小曼宛洼小学近景（张晓萌拍摄）

图 2 拉祜族学生所穿民族服饰上的葫芦图案（张晓萌拍摄）

族的民族信仰中，葫芦是创造生命的母体，是吉祥的象征，这一意象也出现在了拉祜族民间流传最广的一部长篇诗体创世神话——《牡帕密帕》中。《牡帕密帕》作为民间文学在2006年被列入了第一批国家级非物质文化遗产名录，在拉祜语中“牡帕密帕”意为“开天辟地”，其中便讲述了葫芦种子孕育人种的故事；在拉祜族的日常生活中，葫芦的形象时常出现，例如为了祈求平安，人们会把葫芦籽缝在小孩的衣领或帕子上，也会用葫芦或者葫芦花作为服装的装饰图案。在曼宛洼小学开展夏令营活动前，为了让所有的学生对葫芦传说有一个较为立体、全面的认识，谢老师在第一节课上就介绍了拉祜族与葫芦有关的传说和葫芦节的来历，围绕着“我们是葫芦娃”的主题，夏令营的课程经过教学团队老师的讨论也在不断的变化。

当夏令营真正开始，在教学活动中我们发现了许多事先没有考虑到的问题和困难。首先，七月份的西双版纳正处于一年中的雨季，天气虽然舒适，但接连不断下雨，影响了课程的开展，例如黄亦菊老师课程中有些作品需要晾干才能进行下一步，受天气影响最大的当属校园壁画创作。然而淅沥的小雨挡不住学生们涂绘的热情，学校用床架搭起了简易雨棚，供学生们继续发挥想象，自如挥洒；其次就是最初设想的用剪纸、版画来讲葫芦里的故事。这一理念对于一、二年级学生而言，难度太大，学生还没有接触过这些新的美术类型、技法，无法用叙事方式完成作品；另外，少数民族学生的普通话水平参差不齐，学生的接受程度不一，这次课程中贾方老师和笔者都被安排了两次课，我们需要根据第一节课的反馈及时对第二节课进行调整。

面对复杂多变的情况，我们对课程的内容、时间安排也在随机调整。佫蒙老师的课程以“村寨的故事”为题目，先带领学生在手工纸上做吹画的游戏，再介绍拉祜族村寨中的寨门、寨神柱、干栏式房屋等具有民族特色的形象，引导学生画出自己的村寨；凤凰画材艺术指导黄亦菊老师带学生体会综合材料的创作方法，用废旧纸板做艺术面具，用布料上色制作属于自己的“微缩版”民族服装；贾方老师利用第一次课教

图 3 俗蒙老师把艺术课堂延伸到了户外，在助教老师的协助下，孩子们在大树下做吹画游戏（Hank 拍摄）

图 4 在老师们帮助下，布置完成的美术作品陈列室，左边墙壁悬挂的是学生版画作品，中央桌子上摆放的是学生的刻版和老师编织的葫芦，后方墙壁上张贴了学生的剪纸作品（张晓萌拍摄）

授学生版画的基本技法，第二次课以“我是葫芦娃”为主题进行版画的自画像创作；谢丽芳老师挑选了一部分学生做泥塑，层层递进，引导他们用泥巴捏葫芦故事里的祖先，另外，谢老师还组织了一部分学生晚上在纸上创作儿童画“葫芦的故事”，待学生用笔熟练后白天上墙绘制壁画。

6 天的夏令营活动中，孩子们创作出许多生动有趣的作品，我们对这些作品进行了分类、整理，并选择了学校一间放置杂物的储藏室作为固定陈列室，为最后的汇报展览做准备。在蒲公英团队不断的讨论、修改中，作品的展陈方式和排列顺序也确定了下来。贾方老师的版画印在了当地的手工纸上，装框时以黑色卡纸为底，视觉效果较为强烈，并成三排挂在进门左手边墙上，原刻版则放置在了陈列室中央的大桌子上；与贾方老师的版画相对的是俗蒙老师的村寨图墙，用贾老师的部分版画来平衡画面；谢丽芳老师的泥塑作品摆在桌子和柜子上；黄亦菊老师的面具在展示时贴在了黑箱子上，成为陈列室里的“图腾柱”，谢老师又另外贴了些颜色、形状各异的剪纸上去，增添了图腾柱的趣味性，黄老师的“微缩服装”系列作品贴在了较厚的手工纸上，用麻绳将纸悬挂满墙。剪纸作品部分情况就略为复杂，我们先对作品进行了分类，进行大胆的联想和想象，把不同学生的作品进行了重新排列组合，一部分装框，一部分裱在了手工纸上，这些红色的剪纸都放置于陈列室进门正对的墙上，与左右两边贾老师、俗老师以黑色为基调的作品形成了对比；另外一部分的染色剪纸裱在黑色卡纸上，形成带状贴于陈列室门外；最后在窗户玻璃上贴的窗花则成为陈列室的点睛之笔，喜庆的红色让人联想起陕北热情的夜晚。

在蒲公英团队和当地老师的共同努力下，曼宛洼小学美术作品陈列室于7月22日结营式上正式开放，这是六天夏令营作品的成果汇报展，也成为日后曼宛洼小学校园文化的固定组成部分。

二、剪纸课的教与学

中央美院非遗中心一直是蒲公英行动的支持者，此次应谢丽芳老师邀请，我负责剪纸课程部分的教学，在教授过程中亦发现许多有趣之处。

在最初的课程计划中，谢丽芳老师给我安排了两节剪纸课：用剪纸来讲葫芦的故事和儿童剪纸创作（贴窗花）。这两个题目对我而言也需要花费不少时间思考创作，更遑论一、二年级的学生。如何能让学生更好地理解主题、进而将主题表现在剪纸作品中是我要面对的教学难点。思考之时，谢老师对我说起了她“不教而教”的方法，1993年谢老师提出了“儿童原生态绘画”概念，把儿童绘画作为人的表现方法之一，这种自由表达、自我意识的延伸也是创作活动的先导，成人不应过多干预，带着浓浓的湖南普通话腔调，谢老师说“你就放手去做，随便剪”，而“随便剪”也确实成为之后贯穿剪纸课的一个关键词。

18日早上我的剪纸课开始了，第一次创作的主题是团花，因为剪团花操作较为容易，易出效果，以团花的形式层层深入，最后把葫芦的形象和团花技法结合。我先带领学生用正方形的红纸对折、对折、再对折，此时三折的纸厚薄正适宜下剪，通过示范告诉学生在不把纸剪断的前提下可以“随便剪”，孩子们在直线和曲线的探索中找到了乐趣，随意的刀法而引发的无穷变化让他们乐此不疲，还有几位同学剪完了红纸甚至开始剪自己写作业用的格纹纸；在简单地探索了团花的乐趣后，我开始教学生用折剪法剪葫芦的形象，进一步体会对偶思维；最后则是把葫芦的形象和团花结合，剪出一个带有葫芦纹样的团花。最后一个步骤对学生而言有点复杂，但还是有几个学生完成了作品。第二次剪纸课的创作以具象的人物形象为主，剪一个自画像，首先在红纸背面画好大致轮廓，按照外轮廓线剪掉多余的纸，最后用一些图案纹样装饰内部细节。与上节剪纸课不同，这次确定了一个具体的形象，在将平面的线描画转换到剪纸时，有学生搞不清楚线与面的关系，会把自己的腿或脚剪掉，但是剪错后也往往能明白其中道理。两次的剪纸课下来，同学们对剪纸的兴趣增加了很多，一把剪刀和一张纸，一双灵巧的手和一颗通透的心，相信剪纸会成为他们闲暇时放松的习惯。

在蒲公英行动开展乡村和少数民族地区美术教育的过程中，解决美术课材料匮乏问题一直是关注的重点，像彩色卡纸、刻刀等对于城市孩子习以为常的美术工具，对乡村地区的儿童而言则是陌生新奇而不易得到的。如何利用云南地区丰富的自然资源和民族多样性特点实现美术课程的可持续发展成为我待解决的一个问题。初到西双版纳，这里形

图 5 孩子们兴奋地跑到校园里摘叶子、剪叶子（Hank 拍摄）

状各异、葱茏硕大、色彩丰富的植物引起了我的兴趣，也激活了我的资源意识，到达曼宛洼小学后我也在思考如何利用这些触手可及的天然素材。为了调动起学生的剪纸兴趣，我把“剪树叶”作为一个互动小环节放在了剪纸课前。首先让同学们去校园里采两片自己最喜欢的叶子，很快学生们带着一股儿“新鲜劲儿”采了叶子回到教室，这个不知名的树种长出的叶子形状很奇特，像是长了六根手指的手掌。我用折剪法教学生在树叶上“掏洞”，剪出眉毛、眼睛、鼻子和嘴，同学们使用的是安全剪刀，剪刀头比较圆滑，下剪不太容易，摸索一阵后同学们很快掌握了关键，把树叶剪成了面具，更为有趣的是，据我观察剪树叶也成为他们经常做的一种课间游戏。

用傣族手工纸制作染色剪纸则是曼宛洼小学夏令营中对当地资源利用的又一生动案例。“傣族、纳西族手工造纸技艺”在 2006 年就列入了第一批国家级非物质文化遗产名录，在勐龙镇中心小学教师培训的间歇，蒲公英教师团队便前往勐海县曼召村进行了考察走访，了解傣族传统手工造纸技艺。曼召村位于勐混镇北部，曼召村建寨距今已有 1300 多年，传统手工造纸距今已有 800 多年的历史。傣族手工造纸原料取自构树皮，经浸泡、煮、洗、打浆、捞纸滤水、晾晒、压平抛光、晒干、揭纸等步骤便可得到一张手工纸，在曼召村这些纸大部分用于给茶厂或茶商包装普洱茶饼。在村子的文化活动室内，我看到了用手工纸制作的笔记本、灯笼、剪纸等物品，有些手工纸在制作时还放入了花朵、叶子，十分典雅美观。受到手工纸剪纸的启发，我以手工纸为材料，在剪纸课上引导学生对剪纸进行染色。

夏令营期间最难忘的还是每日清晨在走廊上和同学们开展的“露天剪纸课”，也正是通过这一环节，我深切地体会到“兴趣是最好的老师”这句箴言的寓意。每天七点钟左右，寄宿在学校的学生就起床，在操场一直玩耍到九点钟正式上课，为了度过课前这段漫长的时间，我坐在走廊下铰些花草动物。这一举动逐渐吸引了许多学生聚拢过来，我便直接组织有兴趣的同学一同剪纸，相较于正式的课堂学习，课下的剪纸内容更偏向于日常生活。带着学生一起观察校园里的花草树木、飞禽走兽，有的学生剪出了俏皮的小鸡，

图6 学生用傣族手工纸制作的染色团花作品张贴在美术陈列室的外墙上（张晓萌拍摄）

还有的剪了大甲虫…短暂的剪纸时光逐渐成为夏令营期间紧张的课程安排外一种休闲娱乐的方式。

三、乡村民族小学教学之反观

在推进落后农村和少数民族地区美术教育发展过程中，蒲公英行动已经形成一套较为完整的框架，以此次云南夏令营的活动为例，围绕着最主要的学生美育教学，实地田野考察、民族文化传习、教师师资培训和校园文化建设成为支撑这个体系存在的有益补充。田野考察调查研究是获得第一手资料的重要途径，虽然谢老师、吴老师等已经在云南做过多年的田野考察，但在夏令营开营前团队中的几名老师还没有来过云南，对当地没有切实的感受。尽管时间有限，谢老师依然在不断安排机会让我们深入寨子体会。

“授人以鱼，不如授人以渔”，蒲公英行动团队不仅给学生传播了美育的种子，更是把美育的方法、传授给当地的教师：此次景洪市美术教师培训通过来自不同地区、领域的教师分享教学经验，帮助当地学校教师了解、学习并掌握泥塑、版画、剪纸、综合材料等多种形式美术课程的开发与实施方法，实现教育资源上的共享。除了理论部分的学习，参与培训的老师还要现场实践，亲手操作掌握技能技巧，并且在后续曼宛洼小学开展的教学活动中成为课堂的参与者。

在少数民族地区，学校是村寨的一部分，学生兼具村寨成员和学校主体的双重身份，校园文化无疑会影响到学生对个人身份、民族群体与传统文化的认知和感受，校园文化建设对树立学生文化意识具有重要意义，这也是蒲公英行动一直强调的重点。早在2016年蒲公英行动在景洪市各个实验点学校考察时，勐龙镇中心小学提出了邀请吴尚学老师帮助学校进行校园文化设计，吴尚学老师将勐龙镇中心小学的织锦图案作业设计成壁画稿，通过和美术老师进一步沟通，再与学校校长、老师和村寨社区成员共同完成校园壁画绘制。勐龙镇中心小学还在校园内建立了非遗文化园，把傣族的非物质文化遗产引进校园。中心小学非遗园的建造得到了各方的支持与认可，正如乔晓光老师为文化园所题序言：“蒲公英行动开启了少年非遗的民间美术传承之路，把学校的艺术认知与民族社区的文化连接了起来…从非遗园开始，让每一个孩子热爱熟悉自己民族的文化，让校园成为民族文化传向未来的桥梁。”把村寨的非遗传统和学校的艺术课程结合起来，最终形成互动、可持续发展的教育生态。

在曼宛洼小学时，教学团队中的贾方老师对我描述起很多年前在陕西交流学习听谢丽芳老师发言的场景，“（少数民族和乡村地区）美术教育你们不做我来做”，在贾老师看来，谢老师很多问题的思考都带有策略性。现在回首，蒲公英行动从 2003 年 7 月在湖南湘西启动至今已有近十五个年头，对少数民族和乡村地区儿童美术教育的探索也已经卓有成效。作为一个非营利性质的教育公益组织，蒲公英行动的发展并不是一帆风顺，目前，蒲公英面对的是可持续发展问题。

作为这次蒲公英行动夏令营活动完整的参与者，我也提出一些自己的思考和建议：

首先，蒲公英活动的组织方式，作为一个非政府组织机构，蒲公英行动中各方面力量大部分以志愿者形式参与，其管理方式较为松散，人员流动性大。一个团队的形成需要不断磨合，达到最终相互配合的效果。在这次的夏令营活动中，教学团队中的志愿者老师在活动开始前都是与谢老师和佫老师联系，互相之间并不熟悉，在勐龙镇见面后才展开了具体的讨论，曼宛洼小学夏令营课堂中规定的助教老师因为联系较晚，也没有达到理想效果。

其次，吴尚学老师在夏令营结营交流会中提

图 7　清晨在走廊上带领学生铰身边的剪纸（陈瑶拍摄）

图 8　将夏令营课程期间学生所有的剪纸作品重新进行排列组合得到了新的画面（张晓萌拍摄）

图 9　我们把学生的剪纸作品贴在傣族手工纸上，寻找更多的故事（张晓萌拍摄）

图 10 勐龙镇中心小学非遗文化园，周围设有制陶的电窑坊、傣族水井和傣族的茶歇亭。干栏式房屋二层是非遗陈列室，陈列有教职员工和学生捐赠的传统器物。图为参加此次夏令营的培训教师在这里开展教学分享（Hank 拍摄）

图 11 以傣族织锦为原型的校园壁画创作（佫蒙拍摄）

出了儿童绘画的欣赏问题，在教师培训过程中，虽然我们教授了泥塑、剪纸、版画等多形式的艺术表现方法，但如果老师对儿童创作的欣赏出发点有偏差，以成人的眼光来审视作品，把“像不像”作为评价标准，那教学过程中迟早也会出现问题，这也启发蒲公英行动在接下来的活动中，增强教师对儿童绘画的欣赏能力和评判能力。

再其次，涉及蒲公英行动夏令营活动所在学校的后续发展问题。在 6 天的活动期间，我们准备、使用了大量的画材，例如赞助商提供的丙烯颜料、油画笔、炫彩棒等都是当地学生日常不会接触到的材料，考虑到学校美术课程后续开展中的资金问题，我们也充分利用了当地资源如树叶、手工纸等。随着夏令营结束，刻刀、剪刀等剩余的材料已经成为学校的固定资源，教师更应该利用同学们熟悉的身边资源使教学发挥最大价值。

写下这篇文章距蒲公英夏令营结束已有月余，回忆起其间的点点滴滴，一切仿佛只是昨日再现，已然不能用有限的文字来形容参与到夏令营活动中所有天真无邪的小朋友和所有热情无比的大朋友。在十二天的过程中，我们有疑问和困惑，有难关和问题，有建议和批评……当我们心无旁骛地沉浸在儿童美术创作中时，我们也坚信，蒲公英的种子终有一天会散播到全国各地，在祖国的边疆大地绽放最靓丽的花朵。

张晓萌
中央美术学院非物质文化遗产研究中心硕士研究生

城市传习
——天津青少年活动中心的儿童剪纸教学

剪纸是我国古老的民间艺术之一，体现了人类艺术纯粹的审美观念和精神品质，具有鲜明的艺术特色，2009年被列入联合国教科文组织《人类非物质文化遗产代表作名录》。作为非遗，剪纸受到社会各界越来越多的关注，但是不可否认，剪纸这种艺术形式面临着传承危机。继承剪纸技艺不仅是发扬一种艺术形式，更是在保护我们的传统文化——剪纸带有中华文明特有的美学“基因”，凝聚着我国人民的聪明才智和审美品位。因此，从弘扬民族文化的角度出发，保护和传承剪纸技艺，责任和意义都十分重大。

天津是我国为数不多的盛行张贴吊钱、窗花的大城市，有着独特的历史背景和地域优势。在清代的时候，贴吊钱、窗花的习俗已经流行于津门。作为我国北方最大的沿海开放城市，兴盛、发财又是大众的心理需求。因此，时至今日，每逢过年的时候，天津的大街小巷都热闹非凡，无论是商户还是住家都是一片红火，家家户户张贴的吊钱、窗花，为天津的年俗生活增添了喜庆的色彩，同时也为城市中的儿童接触、了解剪纸提供了有利条件。

如何传承剪纸技艺呢？学徒式的传授是一种传统途径，但是无法大面积普及，也并不是所有学校都可以开设专门的剪纸专业或者课程。校外教育机构因为办学灵活、受限较小，让开展剪纸教学及课程不仅能够成为现实，而且大有可为，因此校外机构是传承剪纸这门“非遗”的重要阵地。

剪纸属于美术教育的范畴，校内外的美术课都可涉及剪纸教学，但总体而言剪纸教学所占比例不高，且教学方式大多以临摹为主，成人化的味道过重，少了儿童的自主感知与表达，而少数以鼓励儿童原创剪纸的教学方式又倾向于“剪刻画”，基本上是绘画语言的直接转换，虽然突出了童趣，却又少了传统剪纸的基本语言。

如何开展儿童剪纸教学？是单一的学习造型、纹样，掌握民间艺人的剪纸技巧，还是从生活出发，让儿童运用基本的剪纸技法进行自主感知与表达，进而了解民间剪纸所特有的造型观念和吉祥寓意？经过反复思考，我认为开展剪纸教学并不单是为了培养剪纸艺人，剪纸技艺的传承也不仅仅是技巧的延续，因为对于大多数儿童而言，学习剪纸的过程更应该是一种文化认知的过程。基于这样的理念，我进行了相应的教学实践，通过对实践经验的总结、升华，逐渐研发了适合儿童成长的校外剪纸课程。鼓励儿童从日常生活出发，自主观察、感受，结合经典作品的赏析、制作方法的讲解，进行无稿剪纸，由浅入深地带领儿童走进剪纸的世界。

一、教学相长，通过教学深入传统，透过剪纸理解孩子

（一）明确剪纸的基本概念

剪纸、民间剪纸、纸艺术是三个既有联系又有区别的概念，作为教师，在剪纸教学的过程中要理清三者之间的关系，才有助于日常教学。

剪纸是一个广义的概念，只要用剪刀、刻刀等工具在纸上进行镂空制作都可以称之为剪纸，但并不是所有的剪纸都可以称为民间剪纸。

民间剪纸是劳动人民为了满足自身精神生活的需要而创造，并在民间应用和流传的一种艺术样式。它扎根于劳动者深厚的生活土壤中，体现了人类艺术最基本的审美观念和精神品质，具有鲜明的艺术特色。民间剪纸主要流行于乡村，是劳动者依据民间习俗和个人审美喜好而传承或创作的剪纸作品。

纸艺术是指以纸为主要材料结合剪纸、折纸、衍纸、拼贴、设计、装置等多种元素和表现手法，进行综合表现的一种艺术形式。

纸艺术、剪纸与民间剪纸三者的关系为：纸艺术包含剪纸；剪纸包含民间剪纸，对于儿童剪纸教学而言，我们不做过细的区分。根据儿童的年龄特点和接受能力，让儿童逐步接触不同形式的剪纸艺术，在比较中去感受、学习和表达，进而深入了解我国的民间剪纸。

（二）了解工具的使用方法

“工欲善其事，必先利其器。”要了解剪纸，首先要从工具材料说起。

工具：主要是指剪刀、刻刀（我国民间剪纸大部分以剪刀为主要工具，蔚县、乐清等地则以用刻刀刻纸为主）、蜡盘或垫板等。在实际教学当中，建议以脱稿剪纸为主要形式进行教学，注重让儿童建立良好的剪纸规则，以及养成安全使用剪刀的良好习惯。学龄前儿童最好使用圆头剪刀，孩子上学后逐渐过渡到使用尖头剪刀。在平时剪纸常备两把剪刀，大剪刀用来剪轮廓，小剪刀用来剪纹样。

材料：常用的剪纸材料是纸，有单色纸、彩色纸、金箔纸、银箔纸、报纸、绒纸、电光纸等等。

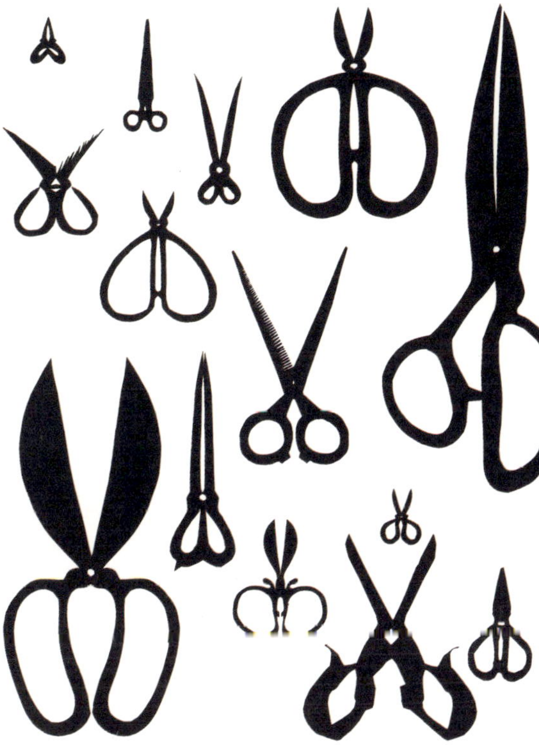

图 1-1 集体创作《剪刀剪剪刀》

图 1-2 李语心（8 岁）《赵老师讲剪刀》21cm×29.7cm

（三）采用适宜的教学方式

1. 视觉大发现——看见形象与方法

学习艺术首先从如何看开始。看不等于看见，同样的事物为何在你我眼中如此不同？为什么有人能明察秋毫，有人却视而不见？

我们的眼睛虽然负责看，但看什么、怎么看却取决于我们的内心。这其中有一定的规律和方法，教师的作用就是引导学生透过眼中的形象，看见方法、看见美！所以，在教学过程中，教师一定不能仅仅采用示范——模仿的教学方法，而是要启发学生思维、引导学生思考，鼓励学生大胆想象与表达。

学龄前期，是儿童想象力和创造力最丰富的时期，因此教师应该重视儿童这种可贵的创造性思维萌芽，通过一定的教育手段，使这种创造性思维得以充分发展，为未来的成长奠定良好的发展基础。儿童的创造力在各类游戏活动中可以很好地表现，剪剪、撕撕、画画等活动，可以把认知、情感、行为和能力综合起来，创造出美术作品。这一时期不做过多的技巧训练，以兴趣培养和养成教育为主。更多的是让儿童在剪纸活动中自主观察、感知和表现，同时结合绘本欣赏进行剪贴教学。在有趣的故事中融入剪纸的基本造型方法。所以我的剪纸入门课是从“让孩子们畅快地玩儿起来”开始的。

（1）碎纸片的联想

这节课的灵感来源于平时教学中剪剩下的碎纸片，经常会有学生利用碎纸片进行创作，一会儿做个面具，一会儿又组合成一把冲锋枪。我觉得这是一个非常好的切入点，是孩子们对“形”不自觉的感受和体验，于是特别设计了这项活动，让学生在随意剪纸的过程中，感受快乐、锻炼胆量，再由这些碎纸片展开想象，达到开拓思维的目的。

课堂中，教师要多利用语言来引导学生。例如：纸片的形状像什么？横着看、竖着看、斜着看、倒着看有什么不同？逐步引导学生在碎纸片中发现有趣的形象。

图 2 碎纸片的联想

课后设置延伸拓展环节，为学生布置简单易行的“小任务”：找找生活中自然形成的各种形状！借用这种方法大胆地展开想象，这是一种随手可得的创意思考训练。天空中变幻莫测的云彩、墙壁上斑驳的雨渍、大理石地板上自然的图案，都可以找到熟悉的影像。也许一朵云彩像只小兔子，大理石地板上的图案像幅山水画，我们可以借用这种方法大胆地展开想象，这是一种随手可得的创意思考训练。

艺术家罗丹曾经说过：“生活中不是缺少美，而是缺少发现美的眼睛。”课后练习有助于延伸课堂知识，激活学生思维，开阔视野。学生建立起这种自主观察、联想的思维方式，就不会存在“剪错了、剪坏了”的情况，剪纸活动也就不会出现所谓的“废纸”。每次出现问题，学生都会将错就错，就形联想，往往还能够出现很多绝妙的作品，正所谓“趣在法外，随机而化”，无形中，学生们的创造性思维也得到了发展。

（2）正负形的转换

对于中年级的学生来说，对于形状的认知又有了新的发现和体验。“赵老师，我发现了一个现象，珊瑚中出现了鹰头……”当我走到徐士尧身边的时候，他给我展示出自己的绘画作品《海底世界》。

当一个形状出现在画面中，它同时也从背景中创造出第二个形状。主要物体是正形，背景为负形。平常我们只看物体，而不是观察物体周围的空间，所以当我们把目光投向“空间形状”的负形时，需要历经一次认知的转变。对于创作而言，正形和负形同等重要。

正负形在民间剪纸中的运用，便是阴阳的转化。韦斯琪的这一系列作品就是一张纸的充分利用，先是剪出了大脚人，然后用剩下的纸进行重组，偶然得到了秦始皇的模样，然后顺势创作，剪出了皇太子，整个创作一气呵成，如果逐个拼回去，又回归

图 3-1 徐士尧（9 岁）《海底世界》

图 3-2 韦斯琪（10 岁）《大脚人与秦始皇》17cm×16.5cm

到一张完整的纸。这种正负形转化的游戏也是一种好玩儿的脑力锻炼。

2. 灵感从哪来——养成累积的习惯

不同于学校美术教育，在校外儿童美术教育中，教师可以根据学生的实际情况和主题创作需要开发、利用各类课程资源，引领学生从生活中、经典作品中汲取营养，平时的点滴积累是为日后的创作储备素材，同时也让学生学习的自主性得以充分发展。

（1）从日常生活出发

艺术源于生活，在日常生活当中，有很多学生们感兴趣的事物，从生活出发，可以生发出很多有意思的课题。教师平时要多鼓励学生将生活中的所见、所闻画出来、剪出来，既锻炼了他们的观察能力，也为日后创作积累了丰富的素材。

小作者对于研究动物非常痴迷，于是制作了这个作品，正面是一只完整豹子的形象，翻过来是豹子内部的解剖结构，每个关节用金属护圈连接，骨骼、内脏可以自由活动。

孩子们有自己的生活，有不同的兴趣，从生活出发，以孩子为本，能够走进属于他们的世界。至于作品是不是纯粹的民间剪纸，我想在这一时期显得不那么重要。孩子们能够运用基本的剪纸技巧自由表达自己心中的世界，建立观察生活、感受生活的习惯，是逐渐走进剪纸艺术之门的绝好途径。

同时我们也建议家长为孩子建立艺术成长档案，包括剪纸作品、设计思路、学习笔记等。几年下来，透过剪纸作品我们能够看到孩子在艺术方面的进步，更加了解孩子。

（2）来自绘本的启示

绘本是简化、净化、诗化、美化的世界。因其具有较强的趣味性，便于学生理解，对于充满好奇心的学生来说，无疑具有莫大的吸引力，而不同绘本因其题材的不同、情节的不同、艺术表现方式的不同也为儿童多层次地欣赏和创作提供了可能。教学中要充分利用绘本资源，借鉴绘本的主题、形象、

图 4-1　高苑铭（4 岁）《螃蟹》7cm×5cm

图 4-2 吕佳颐（5 岁）《豹》18cm×10cm

故事表现手法等，使课堂生动而充满新意。

《剪纸中·听妈妈讲老鼠的故事——老鼠老鼠》[1]一书，是以幼儿在日常生活中，对物象的感知来表现独特视角与形式。这种大胆、肯定、稚拙的剪纸造型非常富有童趣和艺术表现力。

于平、任凭两位剪纸艺术家创作的儿童文学作品充满童趣和民间风味儿，给儿童剪纸教学带来了新的思路和启示。孩子们在看图画说故事的过程当中，既体验了故事本身

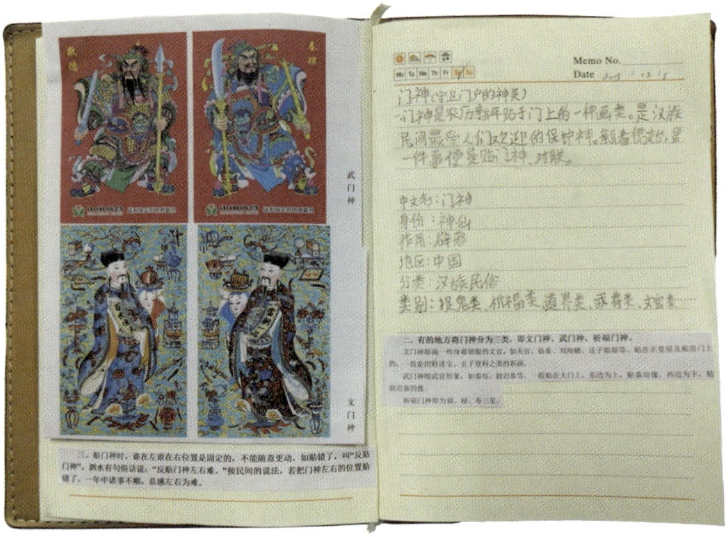

图 4-3 周美言（9 岁）学习笔记

1. 于平、任凭编绘：《剪纸中国·听妈妈讲老鼠的故事——老鼠老鼠》，北京：新世界出版社，2009 年

图 5 李语心（8 岁）《兔子的四季》21cm×25cm

的趣味性，又在无形中了解了民俗文化，提升了审美素养，教师再结合绘本进行拓展，让孩子们动手参与其中，续写故事，改编故事，进而提升孩子们的创造能力。

绘本作家郁蓉有一段话：“做剪纸就像做一种艺术创作游戏，剪纸成形后，你可以在纸上排来排去，给剪纸找到合适的位置和空间进行二次创作，虚、实、有、无之间留给读者的是无尽的想象空间。”这样的创作状态非常适合儿童剪纸教学，从局部入手，然后整体安排，让创作更加轻松、有趣。

（3）探寻古老的传说

如今，很多孩子都熟知奥特曼、蜡笔小新、喜羊羊，却很少能讲“盘古开天地”“后羿射日”“牛郎织女”，更没有听说过《山海经》……大环境对中国传统文化艺术的漠视，已经导致很多儿童从视觉到心理上逐渐远离能够真正滋养他们心灵的母体文化。本课程以民间剪纸为重点教学内容，剪纸技法只是一方面，更重要的则是以剪纸为手段，让学生了解剪纸背后的传统故事、感受剪纸蕴含的民族精神，这才是非遗传承的核心。因此，探寻我国古老的神话传说，是实施课程的一条重要途径，建议教师在教学中运用讲故事、看动画、角色扮演等多种形式，让学生从古代传说中感受祖先的勇敢、善良和智慧，加强对中华传统文化的情感认同。

相柳是中国古代传说中的神兽，出自《山海经》。身为长蛇，有九个头，食人无数，所到之处，尽成泽国，它喷出来的水比洪水还厉害，又苦又辣，吃了就会送命，因此，这种水泽连禽兽也不能生活。禹见相柳如此猖獗，就运用神力杀了相柳，为民除害。这幅作品，刀法自然成熟、形象简练概括。相柳不仅仅是简单的九头罗列，远看头部仿佛是一张脸谱，周围是黑色的头发，仔细一看竟是喜怒哀乐的侧面头像，构思非常巧妙，加上周围山峦、乌云的衬托，以及颜色的运用，营造出一种恐怖、

图 6-1 徐士尧（12 岁）《梦游山海经》

图 6-2 徐士尧（11 岁）《上古凶神·相柳》 53cm×38cm

神秘的意境。

3. 造型的秘密——来自民间的传统

随着教学的深入，针对具有一定创作经验的儿童，在剪纸教学中融入更多的传统文化知识，传递更深层次的造型观念。民间剪纸内容丰富、表现形式不拘一格，极富创造性。这种类似儿童画的稚拙、古朴的表现风格，非常适合儿童天真、无拘无束的性格特点。

侧面人头，为什么全是正面嘴巴？事物为什么没有前后遮挡，全是透明结构？认识观念的差异，带来观察角度的不同，因而也就出现了表现方法上的大相径庭。我们感觉神秘莫测的奇特构思、构图，在民间艺人那里却合情合理，这种独特的思维方式确立了其造型“以意写神”的基本条件。客观事物的外部形象已不是模拟的参照物，只是作者产生联想的开端。创造的源泉从“心里涌出”，艺术作品的感受也要用心去体会，民间剪纸让学生们重新感受造型的奥妙。

与此同时，通过对中西方剪纸的比较学习，可以让儿童了解到不同地域剪纸的不同风格与特色，开阔艺术视野，提升美学素养。

（1）剪纸“信天游”

信天游是一种随心所欲任意发挥的民歌形式，流传在我国西北广大地区。信天游式的儿童无稿剪纸，即学生们不画底稿，在头脑中大胆想象、构思，然后剪出具体作品，追求的是自由奔放的情节化剪纸趣味。

开始剪纸之前，要“默坐静思”一段时间。让我们躁动的情绪沉静下来，回归内心，然后在心中构思，我大致要做一个什么样的作品，包括哪些部分？从哪里开始剪？想好之后再动手。动手就要确定主体形象，先剪大样，突出形象的主要特点；再由主体展开联想，逐渐生发出其他相关联的细节，最后镂空细节，用月牙纹、毛毛纹、吉祥纹样等装饰打扮，构成完整作品。

（2）面面观

民间剪纸中的很多表现手法都打破了时空的局限，在一张二维平面的纸片当中表现出多角度的空间，这与西方的立体主义造型有很多的相似之处。

看一张人脸的正面和侧面，需要变换不同的位置才能做到。在现实生活中，正面和侧面无法同时出现，民间剪纸艺人在面面俱到的审美心理作用下，运用多角度、多视点的表现手法将正侧面同时表现出来，让大家能够从平面画面上直观地看到完整形象和场景。侧面的人脸，正面的嘴；平视的人物，俯视的棋盘，在儿童画中和民间剪纸中都有体现。

一个同学做完剪纸作品后，拿着剪刀随意走动，另一个同学慌忙的举手向老师求助，真是太危险了！仔细观察举手的那个同学，怎么有正面的脸和侧面的脸？小作者用面面观的方法把他左顾右盼、

图 7 李语心（9 岁作）《吉祥富贵》

图 8 郑茗榉（11 岁作）《危险的举动》21cm×29.7cm

图 9-1 师唱然 5 岁时的作品《妈妈生我》（左一）、郑茗榉 10 岁时的作品《新生》（左二）和民间剪纸大师高金爱的作品《怀子老虎》（右一）如出一辙

图 9-2 作品依次为韦思琪（10 岁）《石榴》、鲍抒渲（11 岁）《鲸鱼吃鱼》、聂敏旻（10 岁）《我的家》

十分慌张的感觉充分地表现出来。

（3）透视眼

心到剪到，没有谁能阻挡民间艺人的视线，水果的皮再厚，可以看到心里；房子的墙再硬，可以看到屋里。只要作者意识到了，任何物体的表象都可以看透。

（4）纸精灵

远古人类万物皆有灵性的世界观让人与动植物相互渗透，相互融合。同时，花草又是构成传统民间剪纸的重要元素，花草既可以是独立的剪纸纹样，又可以成为打扮剪纸主体事物的精彩点缀。动物身上可以长出花草，花草当中也可孕育人类。我们的身边到处都有花草，经常出现在儿童剪纸中，剪纸中的花草就像是一个个小精灵，点亮儿童的心灵，装扮着剪纸的画面。

（5）吉祥话

中国民间剪纸是劳动人民为满足精神文化需要而进行的一种朴素的、自由的表意创造。剪纸中“图必有意，意必吉祥”，表现了人们对美好生活的愿望、追求和精神寄托。祈福、纳福与伦理教化是学习中国民间剪纸的重要内容，了解其文化象征寓意，对于欣赏剪纸进而创造表现都有非常重要的意义。

小作者用两条蛇组成了一个心形花盆，从中长出了一束百合花，寓意“百年好合”。

“蛇盘兔，必定富”，这是在山西、陕西以及甘肃地区广泛流传的谚语，蛇因为好盘踞，身上有花纹，古人串起钱装入蛇状布袋缠于腰间，称之为“盘缠”。兔谐音“富”，且盘且缠，越盘越富。这幅作品造型可爱，生动简洁，是特定意义的吉祥符号。

由于“蜂”与“封”“象”与“相”“猴”与“侯”同音，侯又象征官禄，有加官进爵的意思，所以猴子的图案被广泛应用于吉祥文化当中。小作者借物咏志，表达出“封侯拜相”的主题，由于在猴子背上还背了一只猴子，又有辈辈封侯之意（图10-3）。

图 10-1 高天翊（7 岁）《百年好合》 42cm×29.7cm

图 10-2 徐士尧（12 岁）《蛇盘兔》 21cm×21cm

（6）时光机

春夏秋冬，四季轮回，斗转星移，天南海北，在剪纸的世界里可以随时打破时空的界限，仿佛坐上了哆啦A梦的

图 10-3 黄鑫涛（10 岁）《封侯拜相》 76cm×53cm

“时光机”，进行一场时空旅行。

这两幅作品都是和孙悟空相关，《悟空成长史》表达的是悟空从石头缝出来逐渐成长的过程，好像电影的分镜头，将不同时间段定格，桃树上花开桃在，悟空由毛猴成为大圣；《前世今生》更像是续写了大圣的传奇，门童拉开大树，如同拉开了时空的大门，一边前世，一边今生，大圣斩妖除魔、历经磨难，终于修成正果、立地成佛。

图 11-1 苏茗希（11 岁）《悟空成长史》 42cm×29.7cm

从作品中，我们能够读出苏茗希同学的思想世界，剪纸作为一种技术手段和一种独特的造型手法被小作者自如运用，畅快表达，它承载着小作者的所思所想，也深深感染着作为教师的我。

图 11-2 苏茗希（11 岁）《前世今生》 42cm×29.7cm

民间剪纸独特的造型方式有别于西方绘画，这是几千年积淀的结果，相比较于学院派的“正统艺术”，它更接近于艺术的本源，是我们需要不断认识和挖掘的智慧宝库。

民间剪纸造型观的形成，除去客观上的原因外，主观上许多造型认知观念是延续儿童期造型观而来的，像散点透视、四度空间的表现手法，以自我为中心的方位观，事物内外部特征的混合表现，在民间剪纸与儿童画中都能找到相应表现痕迹，虽然其内涵不尽相同，但我们可以看到造型观上明显的联系。人的一生是人类历史发展的浓缩重演，作为与人类童年期相呼应的儿童期绘画造型观，是我们研究和感知民间剪纸的一个不可忽视的渠道。

二、以展促教，在展览中收获自信，在交流中见证成长

天津青少年活动中心作为校外教育单位，开展了大量的展览交流活动，作为日常教学的拓展与延伸。由于活动中心地处天津市的文化中心，比邻天津美术馆、天津博物馆、天津自然博物馆等处，有非常好的地域文化优势，为活动的开展提供了更多可能。

（一）观展活动

1. 走进民间艺术家的剪纸世界

每逢经典的艺术展览，我们都会前期调研，结合教学整理成美术馆欣赏课。2016 年在天津美术馆举办了“生活的史诗——剪花的故事”作品展，展览展出了 80 岁的郭佩珍奶奶创作的 200 余件作品。还有中国首位被联合国教科文组织授予“民间工艺美术大师”称号的已故剪纸大师库淑兰奶奶的代表作品。

剪纸很薄，生活很厚。从郭奶奶的作品中，我们很少看到夸张的造型，吉祥的纹样，有的只是对生活质朴、直接的表达。作品中的人物都是生活在我们身边的人物，每一个都有名有姓，山水建筑也都各有出处。

库淑兰则用拼色剪纸的手法给我们展现了一个辉煌灿烂的剪纸世界。我特别拿来库淑兰的剪纸画册让同学们和原作比较，斑斓的色彩，微妙的变化，很难用画册还原出来，看原作可以让我们直接和作品对话，用心体会，还原出库淑兰奶奶剪纸时的状态。

现场的视频资料让我们看到老奶奶生活的那片土地，更深入地了解剪纸背后的故事。

2. 走进当代艺术家的剪纸世界

中央美术学院的乔晓光老师和吕胜中老师，无论是在专业理论还是在个人创作方面都取得了很大的成就。我曾多次组织学生参观他们的展览，透过他们的作品，我们可以看到传统剪纸在当代的另一种可能，从这些老师身上我们可以看到作为艺术家的个性，作为教师的责任，作为传承者的坚守。老师们严谨的治学态度和专业精神也深深激励着我，他们的言传身教更是对我和学生的鼓励。

（二）展览策划

展览既是学生展示自己作品的窗口，又是教师展现教学成果的平台，同时还是大家共同交流，彼此分享的聚会。根据每年的教学计划安排，我们组织、策划、参与了不同类型的展览。

1. 常规展

定期的美术展览，对于儿童剪纸教学的阶段性总结和树立儿童自信心是非常有帮助的。剪纸展览的展示方式要体现出教育的公平性，照顾到每一个儿童。为此我借鉴了装置艺术的一些表现方式，它是由传统剪纸的二度空间，发展到三度空间甚至是四度空间。将展出的环境、空间和时间因素，添加到作品中。有时候，甚至需要观众的参与，使作品继续发展、变化，最终才能成立。孩子参与作品的审美过程，是一个思维、想象、再创造的过程。

艺术展览不是精英的专利，每个孩子都是平等

的，教师需要做的就是提供这样一种方式：让每一个孩子都能参与其中，展现自我、体验成功！

为了充分发挥天津青少年活动中心的阵地作用，我们在每年春节期间举办天津市学生剪纸展览，搭建展示、学习、交流的平台。至今已经开展了9年，每年都有全市近百所大中小学组织学生参与。展览不局限于天津，蛇年剪纸展邀请江西谷中和老师带领学员参展，马年剪纸展邀请乌克兰部分学校参展，不同地域的剪纸作品丰富了师生的视野，加强了彼此的交流。展览同时，我们也会邀请相关专家进行剪纸讲座，提升全市教师的理论水平和专业技能。通过这些年的努力，已经涌现出很多剪纸特色校，学生们的剪纸能力和创作水平也有了很大进步。

每年的生肖主题剪纸展，不仅仅是剪一个生肖图案，更重要的是通过剪生肖，让学生能够了解生肖背后的文化。以鸡年的金鸡报春剪纸展为例，鼓励教师在教学过程中挖掘了更多关于鸡的民俗故事。

中国鸡文化源远流长，内涵丰富多彩，早在三千多年前，甲骨文中就出现了“鸡”字。自古以来，鸡与人类的生活息息相关，人们把鸡视为吉祥、勤劳、勇敢、自信的象征。

在我国古代，鸡被称为“五德之禽”，《韩诗外传》说，它头上有冠，是文德；足后有距能斗，是武德；敌前敢拼，是勇德；有食物招呼同类，是仁德；守夜不失时，天明报晓，是信德。汉族的民间观念更将鸡视为吉祥物，说它可以避邪，还可以吃掉各种毒虫，为人类除害。所以，开年第一天民间以红纸剪鸡作窗花，而且把这天定为“鸡日”。因“鸡”与“吉”谐音，民间还有“鸡日贴鸡，万事大吉”的俗语。

鸡除了是吉祥的象征外，还是生命的象征。金鸡报晓，万物复苏。在陕北民间剪纸中，有很多抓髻娃娃的形象。抓髻娃娃，顾名思义是头上梳两个髻的娃娃，是民间的繁衍神与辟邪禳灾的保护神。髻与象征生生不息的鸡读音相通，抓髻就是抓鸡的观念由来已久，早在商代的抓髻玉人中就出现了鸡形象的双髻。由此可见，“抓髻娃娃”中的人和鸡都具有旺盛的生命力。和鸡相关的成语故事、民间传说以及民俗生活还有很多，像金鸡报晓、闻鸡起舞、鸡食五毒、吉庆有余、官上加官、斗鸡等等。这些和鸡相关的民间文化都是宝贵的教学资源。展览展出的儿童剪纸作品，大多由此生发而来。

作品完成后，学生需要根据自己的作品配上一段文字说明，关于鸡的传说、鸡的故事、自创的童诗、童话都可以，分享自己的内心感受。我将这些作品做成了一本本小画册，作为新年礼物送给大家，并都签上了自己的名字，这是我们送给彼此的最好的礼物！

2. 专题展

除了每年的常规展览，我们不定期策划专题展。2016年，“行孝道，善家风”剪纸艺术展在天津美术馆举办。我组织美术书法部的青年教师共同参与、策划了“我的全家福”——来自儿童的剪纸专题展区。

（1）展览构架

展览包括“我说我家”“团圆饭”“我心中的

图 12-1 张若曦（9 岁）《雄鸡一唱天下白》 29.7x21cm、李语心（9 岁）《鸡吃五毒》 29.7x42cm、聂敏旻（11 岁）《斗鸡》 29.7x21cm

图 12-2 郑茗榉《日下争王》（12 岁）37x52cm、周美延（9 岁）《鸡年吉祥》 37x52cm、单思缘（9 岁）《魆雀》 52x37cm

家”“全家福”四个版块，以视频区、装置区、互动区、作品区分别呈现。

视频区包括：“我的全家福”照片展示、“我说我家”视频采访、“剪纸的故事”作品解读、“异乡的家”来自外来务工子女的声音。

装置区是 5-8 岁的孩子们通过各种方法制成的纸艺菜品，组成一大桌子的团圆饭，吸引了不少外国友人的目光。

在互动区，我们将儿童剪纸作品的局部元素二次加工、制作出来，包括：各种人物、家具、车辆等，孩子们可以自由组合，摆成自己心目中家的样子。

作品区分为高低错落的 10 组。展签的摆放降低到儿童的视线，方便儿童观看。部分作品设置语音二维码，观众可以随时扫描，聆听小作者的语音分享。

（2）专题讲座

为了让家风、孝道以及剪纸艺术在青少年中更好地传承和发展，我们在美术馆举办了四场主题讲座：《透过家史发现历史深处的自己》《“家”事知多少》《美育微光、伴你成长》《艺术家面对面》。著名学者李远江、天津美院教授阎秉会、策展人姜彦文等陆续来到活动现场与儿童对话，传递艺术声音、分享“剪纸故事”。

（3）对话大师

展览期间，来自各地的代表性传承人在展览现场展示剪纸技艺，分享剪纸心得，我带领中心美术教师组织学员积极参与、学习，通过和传承人面对面的亲切交流，了解剪纸背后的故事，深感民间文化的博大精深，增强了民族自豪感，更加坚定了我们深入传统，不断学习的决心。

（4）展览拓展

孩子们的作品被设计成各种形式的艺术衍生品，如书签、胸章、笔记本、鼠标垫、布袋、枕套等，来现场观展的孩子可以作为奖励领取。与此

图 13 视频区

图 14 装置区

图 15 互动区

图 16 作品区

同时，我们也编辑完成了《我的“全家福”——来自儿童的剪纸》画册，由天津人民美术出版社结集出版。

（三）教学研究展

出于对民间美术的喜爱，我个人在剪纸教学方面不断深入探索，这些探索最终以《“花开有声”剪纸教学研究展》作为“十二五”重点课题《基础教育中的传统文化数字资源建设与应用》的阶段性成果，于“非遗联展”期间，在天津美术馆进行展出。展览系统地梳理出活动中心“美玩社”面向4岁至12岁学员的教学体系，展示教学理念与方法，藉此探讨剪纸普及和传承的努力方向。

整个展览从设计思路到最终完成都是由教师、学生、家长共同参与，学生跟着老师走进美术馆共同布展。这是不可多得的机会，我希望他们不仅仅了解一幅作品的创作过程，同时还能够见证一个展览的诞生。

布展就像装修，需要了解房型结构（展厅环境）、分配布局、设计路线、核对展品、确定位置、调试视频等等。展览中视频的中英文翻译、视频合成，全部由学生合作完成。布展中需要提前调试，保证能够顺利播放。

其实，布展还有很多学问，需要我们去探索、去发现，这已经远远超出剪纸教学的范畴。但我觉得，这又和剪纸教学很近，处理各种复杂的关系就如同处理画面，解决各种问题就是化解各种局部冲突，最终达到整体效果。而其中的“匠人精神”也贯穿始终，每一幅作品的位置，每一张展签的内容，每一条视频的音量都需要我们反复推敲，这些看不见的细节决定着展览的品质，这不是别人对我们的要求，而是我们对自己的态度。

剪纸教学不仅仅是简单的技巧教授，而是培养孩子观察世界、解读世界的能力。在剪纸教学活动中，我们应充分考虑到学生的年龄特点、个性特征，有针对性地进行教学；还要注重兼收并蓄，在潜移默化中不断挖掘儿童潜能，不断提升儿童审美能力、动手能力以及创意思维能力。在日常教学活动中，要有目的、有意识地推进剪纸教学活动的品质，不断求索，积极创新。

（四）比赛交流

组织学生参与各类比赛、交流，可以拓展学生的艺术视野，促进剪纸水平的提升。名次并不重要，历练过程本身就是成长。

在 2014“西岸杯”剪纸艺术邀请赛中，天津青少年活动中心美玩社学员徐士尧作品《梦游山海经》获少儿组一等奖、王砚渤作品《科技达人》获少儿组二等奖。从 2014–2016 在妇女儿童博物馆举办的全国儿童剪纸作品展中，中心美玩社学员连续多年荣获一等奖。

作为教师，我个人也不断参加各种艺术交流、国际论坛，交流让我对剪纸教学有了更开阔的思路和更深入的理解。在我个人成长的同时，我也参与了各种公益活动、培训讲座，通过这些平台，我将所学所感分享给更多的老师。

结语

我们的美玩社就像一个大花园，每一个孩子就是一朵花，花儿的开放有快有慢，有早有迟，但不管如何，每一朵花开的声音都是从容的、悦耳的、令人兴奋的。

作为教师的我，在此只想做一名学生，是这些孩子教会我如何以儿童的眼光看世界。在他们的作品中，充满着童真、童趣和天马行空的想象。正是这些“小精灵”给了我无尽的灵感，让我能够从心出发，再次学习，我会继续用美术的方式记录孩子们的成长，每一张开心的笑脸，每一个专注的瞬间，若干年后，对于我们来说，都是一段美好的回忆……

随着教学的深入，越发觉得自己的浅薄和不足。民间传统文化的土壤是如此的肥沃与深厚，我们唯有俯下身来，以虔诚、敬畏之心去感悟、去学习，努力向下扎根，汲取营养，才能更好地向上生长。

终有一天，我们的生命会像山间的大树一样枝繁叶茂，像田野上的花朵一样饱满芳香。

那时，花开，将会有不一样的风景。

参考文献

[1]《陕北剪纸——黄土高原母亲的艺术》，汉声杂志社，1995年。

[2] 杨学芹、安琪：《民间美术概论》，北京：北京工艺美术出版社，1994年。

[3] 乔晓光：《中国民间剪纸天才传承者的生活和艺术》，太原：山西人民出版社，2004年。

[4] 乔晓光：《空花——剪纸研究与创作》，济南：山东美术出版社，2010年。

[5] 吕胜中：《再见传统》，北京：生活·读书·新知三联书店，2004年。

[6] 吕胜中：《造型原本》（看卷、讲卷），北京：北京大学出版社，2009年。

[7] 张宇:《中国民间美术与动画》,北京:人民美术出版社，2011年。

[8] 杨景芝：《美术教育与人的发展：儿童美术教学法研究》，北京：人民美术出版社，2012年。

赵罡

天津青少年活动中心教师

第四篇

海外非遗：跨文化的交流与传播实践

走向世界的中国剪纸

——剪纸的实践与思考

一、纸的文明·作为世界非遗的中国剪纸

图 1-1 波兰民间剪纸

剪纸，是一个世界性普及的文化物种，亚洲、美洲、欧洲的许多国家都曾有过自己的剪纸传统，至今一些国家仍在延续着自己的剪纸传统或活跃着现代剪纸的身影。南部亚洲一些信奉小乘佛教的国家，以及东亚的日本和美洲的墨西哥都保留着使用习俗剪纸的传统。而现代剪纸在欧洲、亚洲、美洲的一些国家，都有热衷剪纸的艺术家在坚持探索创作。虽然现代剪纸在当代艺术中的位置还是边缘的，但剪纸这个独特的艺术物种，正在显示出其最靠近日常生活和普通人的文化魅力。人类的生活需要剪纸，剪纸是日常生活中信仰情感和手工劳作中不可或缺的载体与媒介。剪纸也是人自身心与手沟通慰藉的重要方式。

图 1-2 芬兰圣诞节剪纸

在以往的传统社会，剪刀这个普通而又神奇的工具，把女人潜在的审美造物本能发掘得淋漓尽致，女红的手艺成为传统社会每个女人生存的必备能力。在古代中国，剪刀如同筷子和毛笔一样，都是对人自身能量的发挥与发掘，身体最基本的阴阳生命之气作用于手端，去完成简单或复杂的生存需求。手靠近于心，心导引于手，这是一个蕴含着形而上因素的行为过程，赞美“心灵手巧”，是中国人一种最普遍的人格审美价值观。今天互联网无纸办公时代的到来，印刷品开始衰退消失，数字化传媒兴盛起来。此时，剪纸开始被关注，剪纸作为纸文明手工价值的文化魅力与神性突显了出来。

中国是世界剪纸的原乡，最早的纸与剪纸都发

图 1-3 墨西哥民间剪纸

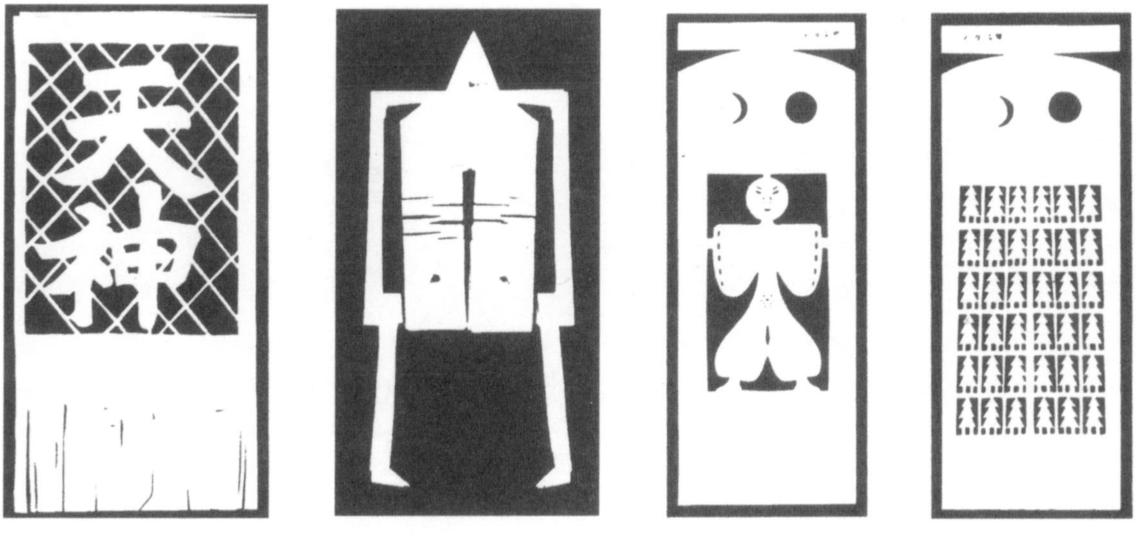

中部地区切纸·静冈县本川根町

远山祭中的切纸·汤男·长野县南信浓村

桂男·秋田县大森町

三十六童子·秋田县大森町

图 1-4 日本民俗剪纸

图 2 2013 年在挪威特隆赫姆举行的凯伦·碧特·维勒的剪纸艺术展览（乔晓光拍摄）

图 3 吐鲁番 59TAM306 出土的残片“对马”纹样复原图，图形还原的方法证实了残片的复原为八方 （曹量绘制）

生在中国。在新疆吐鲁番地区干旱的地下古代墓室中，考古发现了 1500 年前南北朝时期的丧俗剪纸残片。这是个惊人的发现，复原后的残片呈现出美丽成熟的团花纹样，这是世界上最早的剪纸团花。这些世界最早的剪纸花样，是用多次折叠的方式剪制而成的，这个方法今天在新疆吐哈盆地的维吾尔族村庄里仍然在延续使用着。今天维吾尔族村庄里的维族妇女仍然在使用着刺绣的剪纸花样，折剪也仍然是今天剪纸的主要剪制手段。20 世纪 60 年代以来，随着中国境内丝绸之路沿途不断的考古发掘，我们又看到一些地域出土的剪纸实物，在陕西宝鸡陇县原子头遗址唐墓出土的团花类型的剪纸，使我们看到了靠近平原地区千年前的剪纸形式。而在敦煌莫高窟发现与发掘出土的各种用于佛事与丧俗的剪纸实物，则使我们看到了一个千年前的剪纸文化形态（图 6）。

剪纸在中国的文化分布与文化多样性，比我们想象的更为丰富。在中国多民族的村寨，有 30 多个民族遗存着节日与仪式及刺绣使用剪纸的习俗传统，这是我带领中央美院非遗中心硕博士志愿

图 4 新疆哈密地区乡村里正在刺绣的维吾尔族妇女

者团队，十多年田野调查发现的成果。中国剪纸2009年入选联合国教科文组织“人类非物质文化遗产名录”，同期入选的项目还包括中国书法、中国篆刻、中国雕版印刷技艺、宣纸传统制作技艺，我们看到了一个互为关联的纸的文明形态。这五项入选的传统项目，不仅连接着中国古代造纸术及与纸相关的文化类型，也标明了这些源远流长的古代文化传统，今天仍存活在我们的日常生活中。中国古代科学技术“四大发明”之一造纸术的发明，极大地推动了古代文明的进程，也影响了世界文明的发展。“纸发明以后，它不仅在中国本土极为流行，并且向世界各地传播。在东方，纸在2世纪时传至朝鲜，3世纪时传至日本。在南方，3世纪时传至越南，7世纪前传至印度。在西方，3世纪时传至中亚；8世纪时传至西亚；10世纪时传至非洲；12世纪时传到欧洲；16世纪时传到美洲，并在19世纪传入澳洲。”[1]

造纸术的发明、发展和普及，积淀形成了独具东方特色的中国古代纸的文明形态，这个形态同时作用于官方与民间，作用于文人精英，也作用于日常生活与信仰活动。纸文明形态包含两大基本传统类型：一类是以官方和文人精英为主体，以汉字和书写传统为核心，以笔墨纸砚为工具形成的纸文明传统，这个传统包括书法、中国画、古典书籍、官文、书信等；另一类是以乡村劳动妇女和农民为主体，以传统纹饰谱系为核心，以口传文化信仰为内涵，以纸、剪刀、刻刀为主要工具所形成的民间纸文明传统，其中包括剪纸、木版年画、纸扎、灯彩、冥纸、纸马等。民间纸文明形态也是历代民俗生活的反映，是纸的文明功能和载体形式在生活中不断拓展使用的产物。这两类文化身份不同的纸文明传统，满足维系了中国漫长农耕时代的生存信仰和文化的传递与发展。应该说中古时期以后的中国，在纸的文明形态中为世界做出了重要独特的文化贡献。今天，许多古老的纸文明形态依然在我们生活中传承和遗存着，如书法、中国画、年画、剪纸、彩扎、纸扎等，其中剪纸是最具民族普遍性和生活中使用

1. 钱存训：《中国对造纸术及印刷术的贡献》，国家图书馆编：《钱存训文集（第一卷）》，北京：国家图书馆出版社，2012年，第351页

图 5-1 陕西陇县原子头遗址唐墓陶塔式罐腹部粘贴剪纸图案复原图（图版来源：宝鸡市考古工作队、陕西省考古研究所《陇县原子头》，北京：文物出版社，2005 年，彩版）

图 5-2 塞柳藏《佘子花》5.6cmx5.6cm 宝鸡凤翔县（图版来源：陕西省文化厅、陕西省非物质文化遗产保护中心编《陕西剪纸·宝鸡、铜川、汉中、安康、商洛卷》，西安：陕西出版传媒集团，陕西人民美术出版社,2013 年）

图 5-3 史全梅剪《佘子花》6cmx6cm 宝鸡岐山县（图版来源：陕西省文化厅、陕西省非物质文化遗产保护中心编《陕西剪纸·宝鸡、铜川、汉中、安康、商洛卷》，西安：陕西出版传媒集团，陕西人民美术出版社，2013 年）

图 6-1 敦煌莫高窟北区石窟出土的唐代忍冬形剪纸

图 6-2 敦煌莫高窟北区石窟出土的唐代梅花形剪纸

最广泛的一种文化物品，也是历史积淀悠久、深厚的民族艺术传统。中国剪纸千年经久不衰的传承，是人类文化遗产历史上一个奇迹。

二、对话与交融·用中国剪纸讲世界的故事

改革开放40年的中国，正在经历着前所未有的农耕文明转型期，进入新世纪以来，社会的变革与现代化发展加速，互联网时代的经济发展，使昔日的农业时代生活方式和前工业时代的生产开始真正的退出历史舞台。乡村在不断消失，昔日的乡村习俗生活正在成为弱化的遗产。今天，我们已经进入前所未有的全球化背景下文明转型期的文化遗产时代，许多手工艺类型和传统工艺生产都在进入衰微的退潮期，非物质文化遗产项目的需求，成为其最后的栖息之地。

图7-1 河南淮阳二月会祭祀纸扎（乔晓光拍摄）

不仅中国在发生着巨大的变化，世界的格局也是动荡不安的，昔日全球化发展的强势正在发生着逆转，民粹主义泛起。从英国的脱欧以及欧美国家大选，都在出现逆全球化的趋势。文化在当今的世界又开始彰显出地缘政治和文明的独特价值。21世纪是古老的中国文化又开始与世界对

图7-2 青海互助县姚马村龙王庙“梆梆会”仪式剪纸（何梁拍摄）

图 8-1 现代舞戏剧《寻找娜拉》的中国剪纸版舞台美术设计（乔晓光拍摄）

图 8-2 象征着美丽和自由的蝴蝶在此设计成犹如面具的纹样，以此表达娜拉内心潜藏着的矛盾和忧虑（乔晓光拍摄）

话交融的时代，中国文化开始走向世界，开始在与世界的对话中去创造新的时代文化。我实践的用中国剪纸讲世界的故事，正是在这样一种人的时代背景下开始的，也是我在新世纪初，主持民间剪纸申遗项目时开始遇上的新课题。

2004 年受挪威易卜生剧院邀请，我用剪纸的方式为现代舞戏剧《寻找娜拉》的舞台美术设计原图，我接受了这个邀请，用了两年的时间完成了这项合作。2006 年现代舞戏剧《寻找娜拉》在北京国际舞蹈节的首演获得了成功，因为是一次跨文化的、不同专业艺术家之间的合作，又是世界性易卜生年的巡回演出，所以，剪纸的创作细节经过了复杂冗长的对话与讨论交流后方才确定。在合作的一年多时间里，挪威易卜生剧院的人来北京四次，他们的院长 Inger Buresund 女士、经理 Gry Wie 女士，还有编舞和舞台设计的两位女士，我们围绕着所有的细节进行了讨论，她们对剪纸中每一个纹样的细节进行了详细的询问，最终通过了我的舞美设计方案：1. 以中国北方民间剪纸风格为基调，强调形式的张力感；2. 使用民间剪纸纹样元素，并选择适合剧情内容的象征纹样；3. 剪纸的使用要根据舞台整体结构和剧情需要创意设计；4. 设计要把握住中国民间剪纸风格特色，但不雷同于民间样式，要有再创造；5. 剪纸镂空和结构韵律要考虑演出中与人的关系及超现实的效果；6. 考虑舞蹈演出行走路线的需要；7. 场景色调使用中国剪纸大红色作为基调，营造有视觉强度和中国剪纸特色的红色空间，象征母性生命的活力与端庄。

第一次设计舞台美术，经历了限制和约束的挑战，也体验到舞台美术独有的魅力。在最初的案头准备中，我花时间去阅读易卜生戏剧的脚本，阅读与易卜生相关的文学历史资料，听挪威 19、20 世纪的音乐等。2006 年 6 月，正是我们和教科文合作，举办“中国首届非物质文化遗产教育师资培训”最忙的一个月。我每天白天筹备安排工作、上课，晚上听着北欧音乐，通宵进行创作。27 个不眠的夜晚，一气呵成，剪制了 20 多幅作品。这些剪纸作品即是舞台美术的设计原图，它们最后也会随着《寻找娜拉》的演出同步展览。

和挪威《寻找娜拉》中国剪纸版舞台美术的合作，带来很大的成功。中国剪纸营造的红色舞台空间，为戏剧演出带来有视觉震撼力的深沉与陌生。走上世界戏剧舞台的中国剪纸，引来了更多国家的关注与合作的热情。这之后是十多年连续不断的与不同国家文化遗产主题的剪纸合作，我感受到了中国剪纸在悄然走向世界。2006—2008 年与芬兰《卡莱瓦拉》基金会合作，把芬兰著名的世界英雄史诗《卡莱瓦拉》用中国剪纸的形式表现了出来。为展览我创作了四十多幅剪纸和编织方式的作品，展览是在芬兰的《卡莱瓦拉》史诗流传地库赫莫举办的。这个展览的剪纸作品在史诗的时间表现上，采用了民间三段式的手法，也受到了复调音乐的启发，把史诗故事内的几条主要人物线索同时在一个平面上展开。剪纸中的史诗人物形象，如同东巴经书上的象形文字一样，采用高度简约的符号化表述，几个线索同时展开，叙述其不同时空中发生的事情。（图 9）

2007—2009 年我受美国堪萨斯大学研究美国文学的拜斯教授的邀请，为《白鲸》创作了多幅剪纸作品；2010—2013 年与瑞士阿彭策尔霍尔民间艺术基金会合作，用剪纸多联画的方式表现阿彭策尔加入瑞士联邦 500 年的历史内容；2011—2014 年为美国芝加哥奥黑尔机场创作了大型剪纸装置作品《城市之窗》，这幅长近 30 米高 3 米的大型作品，分 15 个窗格，这幅大型剪纸作品，以写实的手法表现了北京与芝加哥两个城市地标性建筑和遗产景观；2013—2016 年，我和北欧著名剪纸艺术

图 9-1 2008 年 10 月，与芬兰史诗《卡莱瓦拉》最后的传唱人尤斯西的合影

家凯伦·碧特·维乐合作《纸的对话：龙和我们的故事》联展，创作了大型剪纸装置作品《鱼龙变化》，并在中国、挪威和英国的泽西进行了巡迴展出。两个不同文化背景的艺术家，选择共同的主题“龙”作为展览的创作主题，这不仅是一种对话，也是一种深层的文化发掘与跨文化的交融。互联网时代，一个更加开放和信息国际化的时代已经到来，人类的文化正在开始新的纪元。

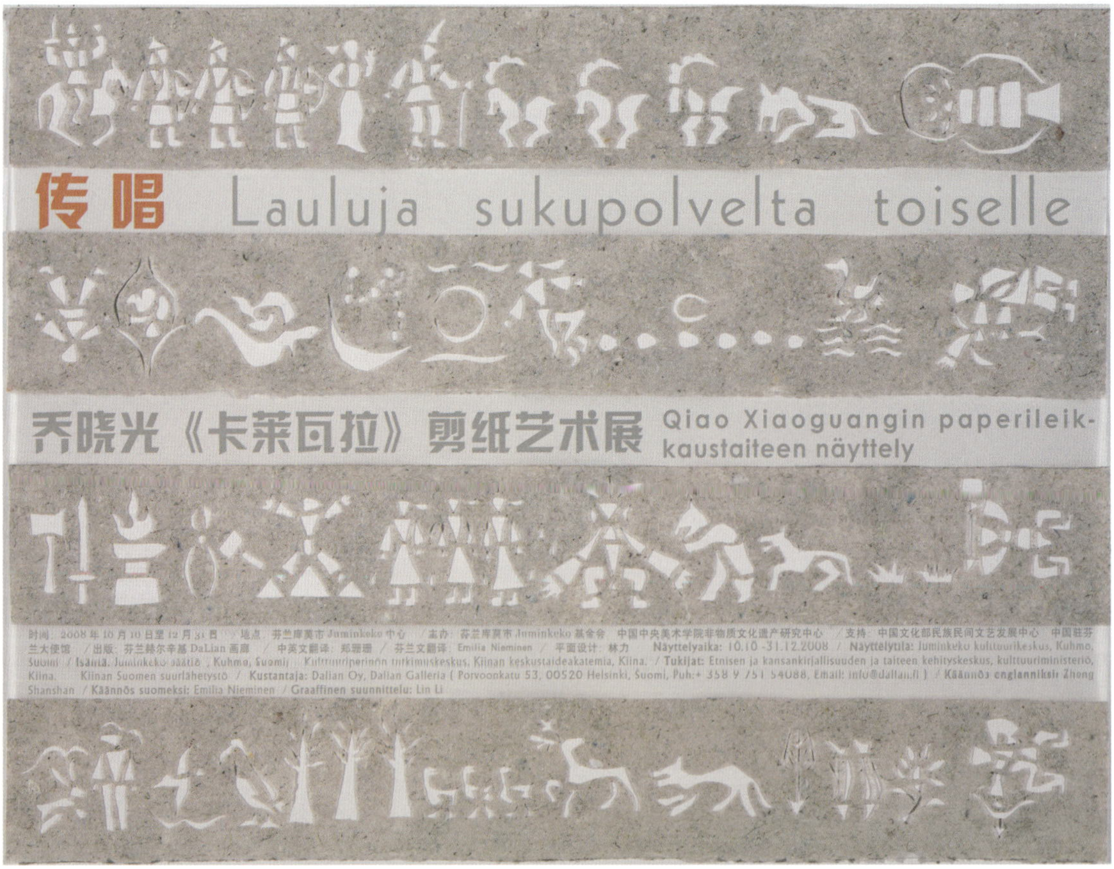

图 9-2 《传唱：乔晓光“卡莱瓦拉”剪纸艺术展》招贴，使用的图像为其作品《三宝磨·卡莱瓦拉英雄传之一》局部

图 9-3 《传唱·卡莱瓦拉之歌》 40cmx150cmx10 幅

图 9-4 展览开幕式上和芬兰孩子们的合影，芬兰非常注重在教育中传承文化遗产

图 10-1 2010 年为美国文学名著《白鲸》创作剪纸《海上之诗·白鲸的故事之一》138cmx69.5cm 现收藏于美国《白鲸》博物馆

图 10-2 2013 年，瑞士苏黎世《阿彭策尔史诗》展览现场（于皓拍摄）

图 10-3 安放于美国芝加哥奥黑尔机场的剪纸装置公共艺术作品《城市风景》，300cmx3000cm，2014 年

一切似乎顺其自然，剪纸这种方式确实是一种跨越了语言和国界的情感交流媒介，人们无论对它熟悉还是陌生，都欣然接受它。我发现无论和哪个国家合作，大家对剪纸这种艺术类型和叙事方式，都有着浓厚的兴趣和好奇心。每次与不同国家不同文化遗产主题的合作，用剪纸总可以找到比较恰当贴切的文化表达。剪纸这种极简的心手实践的艺术，是打开身心、解放思维的最佳方式。剪纸语言的简约与限制，为语言表达的丰富与变易带来了更多的机遇与可能。剪纸像一把“金钥匙”，能神奇地打开人性间很多的隔阂和障碍，打开通向人类文化艺术交流、融合与创造的大门。中国剪纸为观者带来了愉悦和欣喜；带来了清新好奇；也带来了尊重和赞叹。“无所不剪”，正在成为我推动中国剪纸走向世界的一种新艺术观。

每个人生总有自己命运中不期而遇的事物，有的人觉知后抓住了，有的可能在无奈中错过或放弃了。即使抓住了事物并不等于拥有了命运，因为每个事物都不是孤立存在的，都有着本体生命存在的诸多关联，有着自身在生活中存在的价值与事实。1984 年我发现了民间剪纸，进行最初剪纸创作的时候，我认为抓住了自己真正热爱的事物，在后续漫长的岁月中，我坚持了这个初衷。剪纸心手造物的思维方式打开了我的身心，也使我发现了民间美术的新大陆，发现了内心的“民间”。

图 10-4 《纸的对话》在英国泽西的展览现场（乔晓光拍摄）

三、日常艺术·剪纸与当代生活

从对剪纸艺术的热爱，到剪纸活态文化事实的田野调查，生活赋予了我们许多文化和人性的常识，这些生活中“底层的珍珠”带来了许多珍贵的启示。多年的乡村田野调查，在乡村“剪花娘子”人生的磨难与经历中，我们看到了苦难与吉祥的关联，看到了艺术的生成是从不是艺术的地方开始的，民间艺术是为生存的艺术。生活中常识的哲学，为我们开启了一个对偶的生命世界，我们发现了生活中的文化，发现了人性生存本能意识中的艺术，我们在渐渐靠近民间艺术活态的事实。田野的努力也在不断成熟学科的发展理念，我们在探索用中国本原的哲学，去认知、理解本土的艺术传统。

用中国剪纸讲世界的故事，是为了让世界更好地了解中国剪纸，了解剪纸背后乡村妇女的命运和她们的文化贡献，这些理念是新世纪初剪纸申遗时的愿望和信念。民间剪纸申遗的过程，使我们深入到了剪纸背后的村庄和人，走近了民间剪纸这条古老的母亲河。从了解乡村妇女传承的故事开始，我们也在体悟一个民间视野的中国。在中国古代传统生活中，汉字与毛笔形成的书写传统，塑造了文人精英的文化艺术观；剪刀与剪花，影响了乡村劳动妇女手工造物的传统。乡村妇女的文化传承是自发的，乡村剪纸的传承是约定俗成和群体性的，剪纸是乡村妇女生活与文化信仰活动的一部分。所以，剪纸不仅是花样，也是乡村妇女群体生存心理企望的表达。

作为个体艺术家的剪纸创作，是近半个多世纪前延安鲁艺"新剪纸"开启的现代剪纸艺术之路。我的艺术实践所要做的是，如何让剪纸这种传统语言和当下的文化叙事建立关联，让剪纸这个"空筐"去承载新的主题功能，从而激发出新的叙事能量与艺术表达。越是民族的越是独特的，世界不仅仅需要沟通交流，比沟通交流更重要的是融合，越是融合的才越是世界的。

图 11-1 1943 年延安鲁艺时期古元借鉴民间美术创作的木刻剪纸窗花

21 世纪是一个人类文化新的发现与融合的时代，这不仅是一种理念，互联网时代在不断更新着我们的生存现实。不同事物的融合会创造出新的事实，新的客观知识也是在时代不同事物间的重构与关联中实现的。在与不同国家文化遗产主题的剪纸合作中，我越发体会到敢于融合新事物的挑战与魅力。当然，这需要一个发现事物的复杂准备过程，需要耐心与敏感，也需要熟知禁忌与受众的底线。更重要的是要拓宽视野、解放思想，打破以往的思维模式和知识边界，去发现不同事物新的相关性，发现不同

图 11-2 夏风《夏锄》12cmx17.5cm

文化门类信息间的融合点，这些是数据化时代已呈现出的优势方法。

无论是古代还是现代，艺术无处不在。我们不仅要从生活中发现艺术，也要从古典的遗产中发现艺术，发现灵感。我们要学会从精神的层面感知任何空间角落中的事物，去发现艺术。要自觉发掘内心的艺术本能与潜质，既然是讲世界的故事，那就意味着无所不讲（剪）。像音乐作曲一样，我与不同国家文化遗产主题的合作，都需要找到适合的“音乐调式”和“旋律”。一事一剪、一物一剪、一时一剪、一地一剪……不同国家文化遗产主题内容的创作，为剪纸语言的丰富与拓展提供了机遇，也带来了挑战。我接受了每次国际合作带来的挑战，在实践中去推进每次的探索与新尝试。我努力使传统剪纸这种古典的公共性程式化语言，转化为个体独创性的语言。

今天，中国民间剪纸也正处于一个文化的转型期，改革开放的大时代，中国古老的农耕文明正在向现代工业文明和城市化转型，昔日民俗文化中许多民间艺术类型 开始弱化衰退，互联网及城市化进程，深刻改变着乡村的日常生活。传统的民间剪纸在乡村习俗生活中已不再流行，新一代的剪纸传人不再是自发的民俗文化传承人群，他们已经成为脱离开民俗生活的剪纸艺术实践群体。同时，剪纸在城市化的生活中并没有绝迹，城市生活中的许多地方开始使用剪纸，如商场、学校、公共文化场所、电视节目、年节晚会等。城市中的剪纸使用，突显了剪纸作为节日符号与大众化传统艺术的价值。城市中的剪纸开始失去原来的民俗功能，但城市大众文化意识中，对节日及人生礼仪中的剪纸使用仍保持着一定的认同与热情，这也反映出在中国人集体意识深处，对传统民间艺术文化程式的认同感，也是民族文化审美习惯的体现。

综观近百年中国民间文化的处境与发展变化，我们认为剪纸会像书法一样，脱离开最初的民俗实用功能后，不会消失。书法随着古代科举制的废除，以及辛亥革命后硬笔书写方式的普及，现实生活中书法的实用功能衰退了，但作为艺术的书法传统开始普及。书法开始走出古代文人墨客高雅艺术的范畴，成为现代社会雅俗共赏的社会化审美传统。

剪纸也同样如此，剪纸和书法一样，都是中国本土原生的艺术物种。剪纸作为一种文化方式与情感叙事传统，已经深入中国人深层的生存文化心理之中。剪纸和书法都塑造了中国文化的独特性与多样性，在时间的维度上，这些本土的原生艺术传统在经历了不同历史形态后，会转型成为现代审美形态中的艺术，成为城市文化和现代生活中新的大众艺术。同时，民俗类的剪纸传统也不会很快消失，在一些乡镇乡村，以及民族村寨的日常生活中，剪纸仍会遗存下去，这是国家非遗保护事业的作用和影响，也是不同地域民间文化信仰习俗的需要。

四、心与手·海外的剪纸传习

中国民间剪纸的艺术特性与西方的造型艺术不是一个体系，西方造型艺术依赖于视觉的物理与生理判断，追求三维空间视觉表达的真实。虽然西方现代艺术也融入了视觉心理的因素，追求四维空间的时间表达，但总的造型观念仍然保持了视觉物理与生理表达的基点。民间剪纸的艺术实践不同，民间艺术的文化思维联系着非逻辑的视觉思维，这也是与儿童艺术、稚拙艺术，以及原始艺术十分相似的造型思维。剪纸的表达建立在平面纹饰叙事的基础上，剪纸的图像是一个纹饰系统，纹饰的内涵并不来自符号形象，它是纹饰在使用的习俗文化活动中产生的，纹饰的内涵关联着口传文化。

在海外的剪纸传习，首先考虑在一个跨文化背景中，应该让听众和实践者了解什么，这不同于国内相同文化背景中的文化传习。剪纸的实践也不是一个简单的手艺学习。我们的经验是，跨文化的剪纸讲授，首先应介绍相关剪纸的文化内涵和特征，尤其是那些来自田野的具体信息。对于异域的外国听众，他们需要了解文化的具体性和生动的独特性，他们要了解剪纸背后的中国故事。对于动手实践，我们要教会外国传习者对剪刀和纸的掌握和了解，教会他们剪纸最基本的方法，如折剪、对称纹样、推剪、团花等。我在中央美院多年剪纸教学实践中总结的“十样法”，是教手艺、传文化的有效方法，“十样法”也适合于海外传习。

折剪是构成纹饰的主要方法，也是人类最古老的剪纸手法。剪纸的纹饰叙事是超现实、超视觉的。剪纸纹饰是观念化、象征化的语言。因此，剪纸的造型不追求表达视觉的真实，剪纸表达的是观念和心理的真实。视觉的物理性与生理性不是剪纸造型的基础，心与手的心像造物观才是剪纸的造型基础。剪纸表达内心的真实，而非眼睛看见的真实。尤其在表现日常生活题材上，剪纸的造型观念更接近儿童画的非逻辑绘画观。西方的视觉艺术注重眼与手在实践中的谐调，中国民间艺术注重心与手谐调的造物传统。

民间艺术没有脱离开生活，是为生存的艺术，因此，更注重生存实用和文化信仰需求的价值取向。从人类文化遗产视野来看，心与手的造物传统，也是人类农业社会具有普遍性的民间艺术传统。剪纸心与手造物的传统，在深层与人类文化有着更广泛的人性关联，这也许是中国剪纸在世界不同国家受到普遍喜爱的原因之一吧。

在十多年的海外剪纸传习活动中，剪纸的传习受到普遍欢迎，我每次在国外举办剪纸展览，都会安排几天与观众的剪纸互动实践，这是很有意义的公共性活动，它使国外的观众可以亲身体验中国剪纸。国外的博物馆及展览中心都十分注重剪纸的互动实践，在挪威奥斯陆维格兰雕塑博物馆、在特隆赫姆的国家装置艺术馆，他们都是有丰富公共教育经验的博物馆。他们把剪纸传习安排得更具年龄层次与不同人群的针对性，比如，首先安排儿童与小学生专场，以学习剪纸方法体验剪纸艺术为主；随后安排父母与孩子专场，主要是家庭式互助体验；还有成人专场，包括大学教师、文化艺术研究者、博物馆人员等，这类专场一半讲剪纸的习俗文化，一半是动手体验。在芬兰、瑞士办展览时增加了与当地剪纸艺术家的互动交流，我拜访了他们的工作室，也曾和瑞士剪纸协会的会长见面，了解瑞士剪纸的现状和活动特点，彼此进行了真诚的文化交流，我开始隐约意识到世界剪纸领域的存在。

赴美国的剪纸讲学，使我感受到了跨文化背

图 12-1 2004 年冬天，在芬兰国家科技馆举办中国剪纸专题讲座后，作者与芬兰人交换民俗剪纸

图 12 2 2016 年，作者在卢森堡参加剪纸推介公教活动

景中对中国剪纸情有独钟的艺术需求。在芝加哥艺术学院、印第安纳大学、堪萨斯大学、芝加哥海德艺术中心、堪萨斯劳伦斯艺术中心，不仅介绍中国剪纸的历史与现状，同时展示了我的剪纸田野调查与现代剪纸艺术创作。大学对剪纸的文化研究尤其是田野的内容是非常欢迎的，艺术专业的学生对剪纸的实践更是热情。美国的艺术领域也有现代剪纸艺术，虽然不是主流，但产生过有影响力的剪纸艺术家，如卡伦·沃克和一些在美国的欧洲、日本的剪纸艺术家。墨西哥剪纸随着墨西哥人移居美国，剪纸也被带入美国，但并没有在生活中广泛使用，只在墨西哥人自己的庆典中使用。

剪纸在美国并不普遍，但并不完全陌生。我在芝加哥艺术学院和堪萨斯大学为艺术史系和设计系的学生上剪纸课，国外学生专注的表现令人感动。学生们来自不同国家，但剪纸这种心与手的艺术方法让他们着迷。芝加哥海德艺术中心的主管希望我为他们培养两名年轻的剪纸教师，一名教授儿童和小学生，一名教授社区的成人与老年人。在芝加哥哥伦比亚大学的纸与印刷博物馆，看了他们上造纸课的工坊，也参观了他们铅字排版印刷的车间，这是一个保留了原有报纸制版及印刷的车间，学生们在这里体验传统铅字的排版和报纸的制作过程，这也是半个世纪前真实的美国传统。

剪纸心与手造物的实践意义，本质即在于剪纸实践可带来手工愉悦与情感叙事的迷恋。在十多年海外剪纸传播、传习实践中，我的剪纸传习观是不以模仿中国剪纸纹样为目的，更多的是向外国传习者教授中国剪纸的方法，讲授中国剪纸中的活态文化传统。对这些不同文化背景的外国传习者，我更倡导他们用剪纸的方法表达内心，用剪纸讲自己的故事、讲世界的故事。

十多年海外不同国家的剪纸互动传习实践，明证了剪纸与世界不同文化关联的可能性。剪纸使图形纹饰的原始意义在复活，使古老的剪纸方法在复活，外国传习者切身感受到一种有别于他们艺术传统的艺术。剪纸激活了参与体验者的心与手，为每个普通个体的情感表达提供了可能。材质的转换与新的使用环境空间，以及时代生活表达的需要，都在为创造新的剪纸语言提供可能。

海外剪纸的传习，使我们更清醒地认识到，在中国推动乡村社区剪纸活态的传承与保护，也推动城市空间与社区对剪纸艺术的认同与接纳，这是一件需要承上启下，双向互动共生的事情。在一张朴素平整的纸上，传统与当代的对抗与融合已经开始，历史也正是从这样一种相克相生的对偶世界发展而来。剪纸的深层反映了纸与人类生活的相关性，即使在今天互联网趋向数字化的时代，剪纸正在脱离昔日的日常民俗，以艺术的方式开始进入现代生活。纸的实用性在衰退，纸的精神价值突显出来。

剪与纸是一个开放的世界，剪出的花样创造了意义与审美，纸本身也在承载文化与表达。表达本身即在创造新的问题。剪与纸的概念，使我们发现了剪纸潜在的更多可能与空间的多样呈现。所以，无论是在学院的剪纸教学，还是少年非遗的剪纸传习，以及海外剪纸展览的互动实践中，我们都在倡导剪纸学习对于个体发展的价值和意义，强调剪纸的个体叙事价值。

传统剪纸的学习仍然有认知的意义。传统剪纸的学习，是一个方法与文化基础的学习，我们需要了解传统，传统中包含着未来。

乔晓光

中央美术学院非物质文化遗产研究中心教授、博士生导师

纸的对话

——泽西展纪实

图 1 2016 年 10 月，中挪两国艺术家乔晓光教授和凯伦·碧特·维乐女士的剪纸艺术联展“纸的对话——龙和我们的故事”，在英国泽西艺术中心展出

中国艺术家乔晓光教授和挪威艺术家凯伦·碧特·维乐带着他们的“纸的对话（Paper Dialogues）——龙和我们的故事”来到泽西，作为在英国的首展，生动地展现了古老而复杂的剪纸艺术，展现了东西方不同的艺术表现形式。

本次展览在圣赫利尔市政厅的一个专门布置的美术展览厅展出，由一条 9 米长的中国龙和 7 个巨大的龙（Dragon）蛋组成，这些作品完全是用纸剪出来的。非

图 2 在泽西艺术中心“纸的对话”展览现场，两位艺术家合影

常感谢康纳特博公司和西门·克劳克罗福特，他们的团队布置了这个临时的展厅，所有的材料都是由诺曼斯公司以优惠价提供的。

巨龙用玻璃罩着，把如此精美易碎的作品挂起来真是很大的挑战，因为在泽西很少安装这样又重又易碎的东西。但是在维多利亚艺术中心麦克·布克、劳伦· 勒罗依· 亨利和他们的团队努力下，成功地完成了安装工作，并没有任何损坏。

“纸的对话”来到了泽西

史蒂文· 拉佛莱· 爱德华承担了展厅的灯光设计，独特的音响技术被用于此次展览，显得非常特别。杰克·乔恩是一名制作人和设计师，出生于泽西岛，在伦敦生活，他曾在牛津大学和艾比路研究院受过专业训练。他根据龙（Dragon）和碧特的 7 枚龙蛋的故事构思并制作了富于想象力的配乐，优美的音乐从坐落在展厅不同位置的扬声器中流淌出来，非常富有韵味。杰克选择生活中常见的物品作为乐器，正如他所说：“把我们生活中常见的物品发出的声音组合起来创作出美妙的音乐，和剪纸展览恰当地融合，这是件非常棒的事情。”

“把生活中的声音编成一段段的音乐并整合起来，这个就好似剪纸过程的一个视觉体验。”作曲家杰克·乔恩说。

在泽西历时两个星期的展览期间，包括 600 名学生在内的 5000 多人参观了展览，给泽西人在艺术上以很大的启迪。

参观者的评论

“剪纸能让人产生如此多的感悟，这太神奇了。这让我感觉生活是多么奇妙。谢谢。”

“我一遍又一遍地欣赏和聆听，深刻领悟到了这件艺术品反映出的真谛：优美，震撼，令人深思。这是对公共空间最好的利用。”

“这是我见过的最棒的展览。感谢所有参与者，也感谢把这么好的展览带到泽西。”

“特别好的展览，它打破了文化差异和语言的障碍，艺术能带给人们享受。”

“能欣赏到这么美妙的作品真是让我着迷，而

图 3 泽西展览主办方组织社区工作坊，吸引当地艺术、居民与儿童参加体验活动，由两位艺术家教授剪纸技艺

图 4 工作坊活动中，乔晓光教授传授中国传统剪纸纹样“抓髻娃娃”，并演示窗花的张贴习俗

且还运用了这么丰富的阴影和色彩。”

不过，这只是剪纸艺术在泽西岛展出的开始。

从“纸的对话”到“剪纸新语”，艺术影响力仍在持续……

多亏斯基普顿国际团体长久以来的支持，只有通过斯基普顿艺术公司、One 基金会、泽西岛慈善委员会以及 JEDFAS 等团体的帮助，泽西岛艺术中心才能够凭借发起的“剪纸新语”（Paper Talks）这一项目，让剪纸对话在岛内得以广泛传播。

乔教授和碧特在泽西岛开办了一系列专家讲座，尤其特别培训挑选出来的 7 名艺术家，教授他们传统剪纸技艺。这 7 位艺术家为：艾比·奥佛兰（Abi Overland）、安娜·希普利（Anna Shipley）、本·罗伯森（Ben Robertson）、乔安娜·布朗（Joanna Brown）、凯伦·勒·罗伊·哈里斯（Karen Le Roy Harris）、利兹·希尔（Lizi Hill）和玛丽亚·塔兰特（Maria Tarrant），他们凭借新技能，接受了创造他们自己的剪纸艺术品的任务，他们的作品将用于“剪纸新语”展览，同时，他们也通过当地学校的孩子们和民众来引领社区工作坊的发展。

从 2017 年 10 月开始，这 7 名当地艺术家前往 22 所当地中小学，并且把剪纸艺术工作坊带给泽西岛的许多公司和社区团体，包括一些慈善团体、护理院和俱乐部。这些工作坊在整

图 5 泽西地区的艺术家在学习剪纸技艺并进行剪纸创作

个四月都对外开放，让越来越多的岛上居民接触到这个有着 1500 年之久的工艺，为泽西岛居民传授剪纸的智慧。

剪纸激发了泽西人的艺术灵感

这些艺术家们使用了同样的方法，也就是用乔教授和碧特在讲座期间所用的一些简单图样，来帮助学生们练习并改进他们的剪纸技术。参加工作坊的人们创造出了 A4 纸的蛋形剪纸作品，这些作品将成为最后会用来完成“纸龙”雕刻作品的一部分。

按照图样学习的过程可以建立学生们的自信心，并提高他们精细的动手技能。学生们意识到艺术课包括练习剪纸需要专注和协调。一旦学生们的剪纸技术到了一定的水平，艺术家们就会鼓励学生们练习更复杂的图样，并且亲手设计他们自己的剪纸作品。最后的结果会很精彩，因为会有各种各样的剪纸风格、样式和排列展现出来。

“孩子们真的很喜欢剪纸，他们学习了不同的艺术形式，同时提高了基本的剪纸技巧。”塞莫若斯学校的老师这样说道。

“我觉得今天是最棒的一天，因为我们不仅学会了剪纸，而且从中获得很多快乐。”圣克里斯托佛学校的学生说道。

“学生们有这样的机会和艺术家一起工作真是太好了。他们喜欢问各种问题，比如艺术家的生活是怎样的，她的艺术以及她是如何成为一名艺术家的。孩子们特别兴奋，还向艺术家要亲笔签名！他们真的喜欢剪纸，并乐于接受挑战来完成剪纸任务，他们认为用剪刀剪出不同的剪纸很有趣。这次体验令人难忘。”波利小学的老师说道。

展览：泽西岛之龙

为了延续“剪纸新语”的展出，在 2017 年 5 月期间，主题为“当地艺术家们和社区新艺术”的展览陆续在不同的场合都进行了展示。

社区工作坊展出一个名为“泽西岛之龙”的三维剪纸雕塑，成为此次展览的高潮，这一雕刻品从 2017 年 5 月 15 日至 6 月 30 日在泽西岛图书馆里展出。

图 6 泽西社区工作坊合作作品《泽西岛之龙》

泽西龙由接受过剪纸特训的 7 位当地艺术家设计合作而成，包括用纸雕刻的龙头以及用 PVC 制作的龙身体和其他部分的骨骼。环绕在 PVC 骨骼上的是剪纸模型，这些模型由作为工作坊一部分的社区成员完成。它被悬挂在泽西岛图书馆的中心位置——一个钢丝平台下面。

作为“剪纸新语”陈列品的一部分，这 7 位由项目挑选出来的艺术家，每人用混合材料制作的艺术作品，也在泽西岛艺术中心进行了展示。他们作品的灵感来自参与这一项目的创作过程，这是独特的创作来源，即“剪纸新语”。

这项文化遗产在泽西的未来会怎样？

本次世界级的“剪纸新语”展览吸引了 7 位本地艺术家和不计其数的学生及民众走进展厅，融入到国际艺术氛围之中。

“看到剪纸这项文化遗产在泽西的学校和社区受到热烈欢迎是件令人欣慰的事情。即将进行的展览将把泽西当地的艺术形式和世界各地的艺术类别结合起来；这体现了艺术在我们的社区起到了纽带的作用。”泽西艺术中心（Jersey Arts Trust）主管汤姆·丁古先生说。

在本次 3 个展览和 1 个全岛范围内的社区工作坊项目中，“剪纸新语”不仅吸引了当地艺术家和国际艺术家，同时也使剪纸艺术在泽西岛广泛传播。

“剪纸新语”这个项目由泽西艺术中心操作，并感谢给予极大支持的斯基顿国际下属的斯基顿艺术公司、One 基金会、泽西慈善委员会及 JEDFAS（泽西装饰及艺术精品协会）。

［英］杰李琳·安妮·哈特
泽西艺术中心托管人
苏欢 译
中央美术学院非物质文化遗产研究中心博士研究生

应对的实践

——全球化背景下的文化遗产时代与大学非遗课程

20 世纪下半叶，当全球化的发展成为一种世界潮流的时候，那些源自农耕时代的文化传统正在悄然地变化消失，许多文化传统在转化为衰退濒危的遗产。中国 20 世纪 80 年代初开始的改革开放，几十年的现代工业化、城市化的快速发展，中国已进入一个前所未有的文化遗产时代。面对一个全新的文化遗产时代，如何使诸多有历史文化积淀和民族代表性的非物质文化遗产类型，可持续的传承下来，我们需要有应对的社会实践，需要有文化遗产管理的措施和解决遗产问题的技术能力。尤其像中国这样拥有世界遗产与非物质文化遗产名录项目数量最多的国家，应当探索现代化高速发展时代文化遗产传承保护的中国经验，

今天，面临全球化背景下非物质文化遗产艰难传承的紧迫现实，我们亟需建立针对中国本土文化遗产需求的新专业学科，培养非物质文化遗产保护、发掘与研究和管理方面的专门人才。大学应当通过文化遗产的基础研究和合理的课程设置，以及与文化遗产传承社区关联的社会实践，探索中国非物质文化遗产可持续传承与社区文化发展的时代课题。全球化背景下文化遗产的可持续问题，是一个世界普遍存在的问题。联合国教科文组织开展的世界遗产与非物质文化遗产项目的名录评选，即在倡导推行人类物质与非物质遗产传承保护的理念与实践观。

2015 年 11 月 2-3 日，联合国教科文组织在曼谷召开了“亚太地区非物质文化遗产研究生学位课程发展区域论坛”，教科文组织把大学教育与非遗课程的关联提到议程，两天的曼谷会议来自 13 个国家地区的 20 所高校，带着亚太地区不同国家的

图 1 在曼谷召开的“亚太地区非物质文化遗产研究生学位课程发展区域论坛”会场，各国大学带来的非遗课程经验引起各国代表的极大兴趣（曹量拍摄）

非遗研究与教育传承的课程经验相互分享与交流，同时，会议也提出了许多有建设性的建议。在会议期间，教科文组织提出了倡导的相关非遗的工作原则：

1. 保护区域性的非遗；

2. 确保对社区、团体和个人所关涉非遗的尊重；

3. 提升本地、区域、国家和国际水平对非遗重要性的意识；

4. 推进课程发展资源集中的次区域协作，并促进教育学发展，以给予占世界人口 60% 的亚太地区重要的文化与语言多样性所应有的尊重。

曼谷会议期间，联合国教科文组织的非遗认证培训师及本次论坛高级顾问 Amareswar Galla，在关于亚太地区非遗研究生课程态势报告中指出，目前亚太高校的课程设置和计划主要关注有形遗产，一方面，就非遗而言，是通过大量的项目分配进行跨区域寻访，而另一方面，指定主修课程或者课程规划主要针对有形遗产。尤其是考古学和人类学拥有大量资源，包括人力和技术设施。然而，呼吁推进非遗研究生课程将是一个很好的开始。很多考古系通过教授民族考古学这种方式来接触非遗元素，韩国的汉阳大学、印度普纳的德干大学、伊朗的沙希德贝赫什迪大学以及斯里兰卡的帕拉代尼亚大学就是这类案例。活态的习俗遗产，尤其是少数社群被研究，然后活态的过程被再现出来用以理解有形遗产资源。在一些案例中，民族考古教学的贡献在于能够让包括濒危习俗在内的非遗的过程复兴起来。

不考虑理论渊源，人类学系的优势在于田野工作的模式。比如在澳大利亚国立大学，使用参与式文化映射的方式。目前，在亚太地区已经呈现出了一种思考方式转移的趋向，即走出学院进行田野调查，丢弃已经具有研究者著作权的知识，与社区族群同在，通过他们自己的语汇来映射包括有形和无形的文化元素。文化地理、规划和艺术史系包含了一定范畴关于有形遗产的方法论，也涉及活态文化和非遗。中央美术学院文化遗产学系、澳大利亚国立大学亚太学院、越南顺化美术大学、印度新德里尼赫鲁大学区域研究中心等则是这类案例。

中国的中央美术学院和中山大学参加了此次会议，我在会上做了“大学与非遗——中国剪纸田野调查与研究个案”的发言，介绍了2002年以来，中央美术学院以美术学、艺术史与美术考古为背景，相继建立了中国高校首个非物质文化遗产研究中心与文化遗产学系。同时开设了非物质文化遗产与民间美术专业课程，确立了本科、硕士、博士的学位专业研究方向。中央美术学院的文化遗产学专业课程设制包括以下内容：

基础课程：东西方美术史、中国美术考古、人类学、中国文化史、跨文化美术史研究、中国古代建筑史、艺术经济学；

专业课：文化遗产学概论、非物质文化遗产与民间美术概论、非物质文化遗产专题研究；

实践课：田野调查课、剪纸艺术语言研究与实践、文化遗产专题实践；

讨论课：专业阅读与专题讨论。

中央美术学院的课程教学与学术研究有自己独特的学科渊源，学科发展一直与中国乡村社区保持着持续的田野关联。同时中央美术学院非遗中心承担了中国剪纸申报人类非遗名录相关的一系列社会实践，以及持续15年的中国多民族剪纸田野调查研究个案。中央美术学院以中国剪纸这个最具普遍性和文化多样性的文化物种，进行了跨区域、跨民族的持续调查研究，以此来探索非遗研究的方法、保护模式，以及非遗作为大学课程与专业学科发展的模式与方法。我们的研究方法和田野成果引起了教科文和与会代表的极大兴趣。他们认为中央美术学院非遗中心的非遗研究与国外大学不一样，国外大学的非遗研究关注社区，注重社区非遗传承实践的自发与自觉的文化选择，但国外大学在非遗项目与项目之间很少发生关联。我们的剪纸田野调查与研究项目把中国许多民族连接了起来，而且剪纸这项非遗类型，还可以继续向世界其他国家地区的民族连接。因为，不仅有一个占中国60%区域的多民族剪纸的文化分布，还有一个世界区域的多国家地区的剪纸分布。中国剪纸这个古老的文明物种，成为连接世界不同地区的媒介与桥梁。

教科文组织的官员认为，教科文倡导世界遗产和非物质文化遗产的保护，其中即包含了对人类文化遗产的认识与尊重，也包含着通过人类文化遗产保护的共识，增进世界不同国家民族之间的理解、包容与交流，这也是教科文组织文化遗产观的宗旨。他们认为，令人振奋的是，中国剪纸不仅连接了自己国家的许多民族，使彼此间产生了联系。中国剪纸也可以和世界许多国家的剪纸连接联系，中国剪纸是神奇的。参加会议的印度、菲律宾、日本等国家来的大学代表，他们介绍了自己国家相关剪纸的信息，欢迎中国的大学去他们国家调查研究剪纸。

曼谷会议上，我们也介绍了中国大学教育与中国非遗现状和社会需求关系的观察与思考。中国快速发展的城市化和现代化，许多乡村消失了，乡村里以生活为载体的非物质文化遗产也随之消失。今天，现代化的发展及互联网时代的生活方式都在深刻地影响着乡村。乡村生活的改变，以及乡村年轻一代从乡村的离开，都在使非物质文化遗产的传承越来越艰难。

图 2 2008 年，乔晓光带中央美术学院人文学院文化遗产学系学生在陕北调查村落文化

图 3 2014 年，乔晓光带研究生到云南省澜沧县龙竹棚寨对拉祜族剪纸传统进行田野调查

生活的改变也改变了遗产的生存，不是所有的文化遗产都可以传下去，失去了生活与文化需求的遗产类型，会在转型中去寻求新的社会需求，但也会在衰弱的趋势中逐渐消亡。我们在多年的田野调查与学院民间美术教学中发现，乡村文化遗产中一些具有文化艺术独特价值的非遗类型，可以进入教育传承的渠道，为文化遗产实践体验类课程提供教学服务，也可以为民族艺术课及非遗手工艺术课程服务。

在中国，国家文化遗产博物馆的建设刚刚起步，地方性文化遗产博物馆建设还没有开始，所以，遗产博物馆的建设发展与遗产消失的速度是不匹配的。对于那些正在衰退的文化遗产，没有社会需求也就没有了文化发展的立足之地。当生活对遗产的需求不断弱化和消失，主动去发现并创造文化遗产新的社会需求和遗产依托机制，是当下文化遗产可持续的挑战之一。

中国作为文化遗产大国，教育领域对非物质文化遗产潜在着巨大的可持续的文化使用需求，大学不仅是非遗的文化研究与教育传承之地，也可以成为有当代价值的非遗文化物种的“活态博物馆”和“实践坊”，如：剪纸、造纸术、木版雕版术、活字印刷术、印染、陶瓷、金属工艺、编织、玻璃艺术、唐卡艺术、民间建筑营造等许多非遗手工艺术传统，都可以成为大学新的文化遗产知识资源，成为有民族文化价值的艺术实践类课程。尤其是民族地区文化遗产传统丰富区域的高校，与民族社区非遗传统双向互动与交流学习的方式，也是非遗可持续传承不可忽视的渠道。实际上，中国大学教育的知识体系与艺术史视野中，本土的非物质文化遗产资源还没有得到有效的关注。大学还没有建立起与中国悠久文明匹配的文化遗产知识体系和学科体系。

图 4 会议分组讨论，不同国家的代表分享交流各自的非遗课程教学经验，并以此寻找更合理的课程和社区实践模式（曹量拍摄）

曼谷两天的会议，发言与讨论是紧张而又充实的，首先，联合国教科文组织的官员与专家进行了主旨发言，联合国教科文组织亚太地区文化专区主管 Tim Curti 以《2003 年保护非物质文化遗产公约的关键原则概述》为题做发言；联合国教科文组织（巴黎）非遗部建设和政策处长 Susanne Schnuttgen 演讲题目为《联合国教科文组织对于加强非遗保护能力的全球战略》；联合国教科文组织的非遗认证培训师及本次论坛高级顾问 Amareswar Galla 演讲主题为《对亚太地区存在或潜在的研究生课程和计划的情景分析》。随后各国专家根据相应议题进行分组讨论，具体议题：1. 非遗研究生教育的领域、学科和结构；2. 共享教育方法论和教育学在研究生层面非遗教育的发展；3. 将非遗保护观念嵌入非遗研究生层面教学的发展。

亚太地区参会的不同高校在非物质文化遗产研究生课程与教学方面呈现出相同的特点，即各个国家的高校都没有与非遗相关的专业学科。由于非遗所涉猎文化复杂性与多学科性，许多高校是在人文类学科，如人类学、考古学、文化地理、生态学、历史学、博物馆学的课程中融入非遗的教学内容和社区实践。在东亚地区，日本与韩国建立起了比较专一固定的非遗类别的研究，尤其是在手工技艺、建筑营造、习俗节日研究等方面，以及在保护类型及社会互动方面积累了比较成熟的经验。

中国的高校在非遗相关专业学科设置方面也没有进入到议事日程，由于体制的模式，中国高校非遗相关课程的发展，更依赖于体制内专业学科的设制。因此，在国家教育体制没有设制学科之前，只有少数高校在自觉先行进行学科实践尝试。中央美术学院、中山大学以及国内一些非遗相关专业的大学，已经在探索实践建立非遗学科专业的初创模式。如中央美术学院在民间美术专业学科的教学、研究、社区实践和遗产保护等方面已经有了三十多年经验积累，已初具教学课程模式和比较强的社会实践专业能力，并对国内同类大学产生了一定的影响。中山大学、北京师范

图 5 乔晓光和印度专家 Dharitri Narzary 合影，她提供了印度西南部有剪纸传统的信息（曹量拍摄）

图 6 与会代表与教科文组织官员合影（曹量拍摄）

大学、中央民族大学、山东大学、苏州大学、山东工艺美术学院、苏州工艺美院等，也都在民俗学、民族学、民间工艺美术方面实践相关专业学科的建设发展，这些大学不同的文化遗产类型实践，为中国高校的非遗学科建设提供了经验。

在分组讨论的过程中，会议探讨分析了非遗研究生课程的可能模式与专业教学发展的愿景，与会代表普遍希望教科文组织能够建立亚太地区高校非遗课程交流的网络平台，尤其希望能为年轻的硕博士研究生提供机会。同时，大家希望非遗研究生课程教学可以融入到高校专业内，并希望把校园的非遗课程扩展到与田野和社区的关联。教科文组织官员表示会尽量考虑帮助高校建立网络，但大网络的可能性比较困难，小网络可能更有效。同时，教科文官员还表示，关于非遗的专业学科问题是建立独立的核心系统，把非遗归入其他的专业系统，因为，非遗涉及种类太多，教科文组织也在探索这一问题。这次曼谷会议的讨论显然是在探讨合适的原则与方式，对于不同的国家来说，各国有各国的社会背景和非遗实践，各国有各国的非遗教学经验，中国经验在新西兰可能不适应，因此，教科文组织不会制定单一的政策。

在曼谷的教科文关于“亚太地区非物质文化遗产研究生学位课程发展区域论坛”会议上，我介绍了中国高校与非遗关联的现状，目前在中国，大学和非遗的关系仍处在项目化的参与和科研项目课题的研究上，相关非遗课程的开设与普及仍处于起始阶段。社会化的非遗保护对大学的参与需求是急迫的，许多大学也以极大的热情投入进来，但从可持续的视角来看，由于缺乏相关非遗的专业学科建设和课程普及，大学在社会化非遗保护实践项目当中，欠缺活态保护的实践经验以及系统深入研究的专业能力。由于缺少与非遗相匹配的专业学科，高校的研究缺乏长远的眼界，忽视基础研究，很少有高校来跟踪一些非遗濒危物种进行长期的田野调查和文化保护方面持续深入的研究。应当说，教育领域对本土非遗作为文化资源的接纳与知识价值的确立还没有开始。

与非遗相关联的专业学科设置，是推动非物质文化遗产课程普及与社会实践的基础。中国作为世界首屈一指的非遗大国，其文化资源不仅丰厚，而且包含着独特的文化多样性，这也是高校知识体系当中欠缺的文化资源。这些活态的非遗资源是推动高校开拓有中国文化特色专业学科与课程的内驱力。当今，面对一个全新的文化遗产时代，我们亟需建立针对中国本土发展需求的文化遗产新学科，培养非物质文化遗产保护、发掘与研究的专门人才。大学应当通过基础研究和合理的课程设置，发挥教育在社会发展中的持久作用，发挥大学在民族社区的专业实践作用，以此推动中国非物质文化遗产的可持续传承。

乔晓光
中央美术学院非物质文化遗产研究中心教授、博士生导师

图书在版编目（CIP）数据

中国经验：多元化的非遗传承实践 / 乔晓光主编
-- 南昌：江西美术出版社，2018.11
ISBN 978-7-5480-6596-8

Ⅰ．①中… Ⅱ．①乔… Ⅲ．①非物质文化遗产－保护
－研究－中国 Ⅳ．①G122

中国版本图书馆CIP数据核字(2018)第278870号

本书由江西美术出版社出版，未经出版者书面许可，不得以任何方式抄袭、复制或节录本书的任何部分
本书法律顾问：江西豫章律师事务所 晏辉律师

出 品 人　周建森
责任编辑　吴文龙　危佩丽
书籍设计　梅家强　李倩丽　刘　展　先鋒設計 PIONEER DESIGN
责任印制　谭　勋

中国经验：多元化的非遗传承实践
ZHONGGUO JINGYAN : DUOYUANHUA DE FEIYI CHUANCHENG SHIJIAN

乔晓光　主编
董永俊　苏欢　副主编

出　版：江西美术出版社
社　址：南昌市子安路66号
邮　编：330025
电　话：0791-86566132
网　址：www.jxfinearts.com
发　行：全国新华书店
印　刷：江西华奥印务有限责任公司
版　次：2018年11月第1版第1次印刷
开　本：889mm × 1194mm　1/16
印　张：18.25
ISBN 978-7-5480-6596-8
定　价：105.00元

版权所有,侵权必究